观念读本

FREE MARKET

市场

秋风 编

生活·讀書·新知 三联书店

Copyright © 2017 by SDX Joint Publishing Company.
All Rights Reserved.
本作品版权由生活 · 读书 · 新知三联书店所有。
未经许可，不得翻印。

图书在版编目（CIP）数据

市场／秋风编．—北京：生活·读书·新知三联书店，2017.1
（观念读本）
ISBN 978－7－108－05267－4

Ⅰ．①市…　Ⅱ．①秋…　Ⅲ．①市场－研究
Ⅳ．①F713.5

中国版本图书馆 CIP 数据核字（2015）第 043878 号

责任编辑　李学平　徐国强
装帧设计　康　健
责任校对　安进平
责任印制　徐　方
出版发行　生活·讀書·新知 三联书店
（北京市东城区美术馆东街 22 号 100010）
网　　址　www.sdxjpc.com
经　　销　新华书店
印　　刷　北京隆昌伟业印刷有限公司
版　　次　2017 年 1 月北京第 1 版
2017 年 1 月北京第 1 次印刷
开　　本　635 毫米 × 965 毫米　1/16　印张 23.25
字　　数　319 千字
印　　数　0,001－6,000 册
定　　价　48.00 元
（印装查询：01064002715；邮购查询：01084010542）

总序

何怀宏

观念在一个急剧转型的社会中往往起着非常有力的，甚至时常是核心和引领的作用，尤其是一些基本的价值观念，而中国自近代以来，首先是思想观念，其次是社会制度出现了前所未有的激荡和巨变。思想和制度在中国将近两百年的历史中紧密连接，互相影响，古今纠缠，中西碰撞，有一些已凝结成形，还有一些则尚在未定之天。未定的需要审慎选择，而成形的也可能重启辩端。随着中国近年来经济和国家实力的快速发展，人们的心态和期望有了大幅的更新或提升，而曾经一度作为先导和共识的一些基本思想和理论或者趋于空洞化和分歧化，或者与真实的社会生活严重脱节，这就迫切需要我们比较全面地对中国百年来的思想观念予以重新认识和深入解释，以期中华的思想文化在引来活水和充分激荡之后有一较大的复兴。这套“观念读本”就是希望做一点这方面的准备工作。

追溯人类文明的历史，拥有语言形式的思想观念是人猿揖别的一个标志，各民族、各文明在自己的发展历程中都对丰富人类的精神宝库做出了自己的贡献，有必要互相参照。当世界进入“现代”之际，甚至在商品、资本的全球大规模流通之前，观念的流动其实就早已经开始，乃至后来引发了世界性的激荡。在这一“现代化”和“全球化”的发轫过程中，西方观念相比于其他文明的观念起了更重要的作用，而我们的母邦中国在最近一百多年中也发生了包括深刻的观念变革在内的一系列变革，故而我们对观念的关注的确是以近代以来舶来的西方观念为主，或更准确地说，是从中西古今思想观念互动的角度来观察西方观念。

对人的“思想”及其产品可分离出三个要素或过程：一是个人思想的主观过程，即思考、判断、分析、反省等；二是已经具有某种客观化形式以至载体的概念与理论；三是成为许多人头脑中的观念。我们这里所理解的“观念”是这样一些关键词，它已经不仅是思想家处理的“概念”，而且是社会上流行的、被许多人支持或反对的东西。对“概念”的处理是需要一些特殊能力或训练的，而“观念”则是人人拥有的，虽然不一定能清楚系统地表达，甚至有时不一定被自身明确地意识到，比方说，每个人都有自己的“人生观”“价值观”——不管有没有或有多大的独创性。这种“观念”的源头虽然还是“概念”或者说“思想”，但它已经不是一两个人的思想，而是千百万人的思想。这套读本要处理的“观念”就是这样一些共享而非独享的思想。

凯恩斯在《就业、利息和货币通论》一书中写道：“经济学家以及政治哲学家之思想，其力量之大，往往出乎常人意料。事实上统治世界者，就只是这些思想而已。许多实行者自以为不受任何学理之影响，却往往当了某个已故经济学家之奴隶。狂人执政，自以为得天启示，实则其狂想之来，乃得自若干年以前的某个学人。我很确信，既得利益之势力，未免被人过分夸大，实在远不如思想之逐渐侵蚀力之大。”

耐人寻味的是，凯恩斯作为一个主要研究经济或者说物质事物之运动的学者，却对思想观念的力量给予了如此之高的评价。当然，这可能是因为他生活在一个思想转型和社会剧变的历史时期。凯恩斯这里所强调的主要是观念对个人，哪怕是无意识地接受了某种观念的个人的影响，尤其是对政治家的影响；他还强调观念接受中的“时间”因素：观念从提出到接受可能是相当漫长的、隔代传递的一个过程。但无论如何，他还是倾向于思想观念支配着世界的观点。而韦伯的观点可能稍稍折中，他在《宗教与世界》中认为：“直接支配人类行为的是物质上与精神上的利益，而不是理念。但是由理念所创造出来的世界图像，常如铁道上的转辙器，决定了轨道的方向，在这轨道上，利益的动力推动着人类的行为。”也就是说，直接的还是“利益”决定着人们的行为，但是，人们如何理解“利益”，或者说，这轨道往什么方向去，却取决于人们的观念，尤其是人们的价值观，取决于他们认为什么是他们最重要的“利益”目标，什么是他们觉得最好的东西、最值得追求的东西。当然，这里对“利益”的理解就必须采取极其宽泛的观点，它不只是物质上、经济上的利益，甚至也包括精神上的“利益”。比方说，西方中世纪人们的主流价值观就并非追求俗世的好处，而是希冀彼岸的“永生”。但这样一来，“利益”与“观念”也就容易混淆不清。我们一般所说的“利益”，还是多指物质和经济上的利益。

影响人类行为、活动和历史的因素可以分为三类：一是自然环境，二是社会制度，三是思想文化。每类又可再分为两种。属于自然的两种：一是人类共居的地球；二是各民族、国家、群体所居的特定地理环境。属于制度的两种：一是经济制度，包括生产、生活、交换、分配等方式；二是政治制度，包括权力、法律、军事等机构。属于思想的两种：一是比较稳定外化，为一个群体共有的文化、风俗和心灵习性；二是比较个人化，经常处在争论和辩驳之中的思想、观念、主义和理论。那么，这三类，或者更往细处说，这六种哪一个对人类的活动和历史有更大的影响呢？或者用通俗的话来说，是地球或者地理环境，还是经济或者政治，抑或是人们的心灵习性或者思想理论更具有“决定性”呢？

“地球决定论”一般不会进入我们的视野，除非整个地球家园面临灾难乃至毁灭，但今天我们在一些生态哲学中已经依稀可以看到这样一种思想。一些面向人类比较广阔和长远的文明和民族进行观察和思考的人们，也曾提出过“地理环境决定论”的思想。在一个以经济为活动主线的时代，比较盛行的是“经济决定论”，而“政治决定论”乃至“军事决定论”则往往在传统书写的历史中占据主导地位。在一个变化激烈的时期，则不时还有“文化决定论”“国民性决定论”乃至“思想观念决定论”的出现。但在今天，我们也许首先要审慎地反思“决定”这一概念本身，因为“决定”的含义本身就难以“决定”。也许一切都有赖于具体情况具体分析，以及对范围、时段、条件的规定。不同的观察角度，会发现不同的决定因素，这样，客观上就呈现出一种多元的所谓“决定论”。

人们只有吃饭才能生存，才能从事其他活动，这诚然是颠扑不破的道理，但由此引出“经济决定一切”的结论却必须放到某些条件下才能有效。从更为根本和长远的观点看，地球千百万年来决定着人类生存和发展的基本可能性，地理环境则构成对一个民族的活动，包括经济活动在内的很难逾越的制约。人们如何生存、如何找饭吃要受这些基本条件的限制。而从更高的角度，或者虽然较短但可能更为关键的时段看，吃饭并非一切。政治常常更直接，更有力，并有它自己的逻辑杠杆。文化风俗和国民性常常造成一种政治经济改革的“路径依赖”。至于心态和观念，则无时无刻不在历史活动的主体——人——那里发生作用，尤其重要的是，它们往往在某些“转折”或“革命”时期起着关键的作用。如对于美国革命，白修德甚至认为，美国是由一个观念产生的国家，不是这个地方，而是这个观念缔造了美国政府，这个观念就是《独立宣言》中所揭示的平等、自由以及每个人追求自己所认为的幸福的权利。同样地，拿破仑也谈道，法国大革命是18世纪启蒙观念的结果。

还有一点值得注意的是，当我们说观念起了巨大的作用时，并不是说它起的都是好作用，或者说，起了作用的观念并非都是正确的。推介《进步的观念》一书的比尔德说：“世界在很大程度上由观念支配，既有正确的观念，也有错误的观念。英国的一位智者断言，观念对人类生活所具有的支配力量，与其中错误的程度恰好成正比。”而吊诡的是，过度引申和扩张的“单线进步观念”可能也恰好在某种程度上属于这样的观念：它最真实的成分往往不那么引人注意乃至显得苍白，而它最有力的部分却是不那么正确或周全的。

总之，我们不想夸大观念的力量，但观念的确还是起了巨大的作用，尤其在某些剧变时期：这时其他条件都没有什么明显的改变，但由于人们的想法变了，也就酿成了社会之变，虽然这里也可以进一步追溯说，人们的想法改变是其他条件变化累积的结果。

不过，对学者和思想者来说，可能还是会更关注思想观念，就像剑桥大学教授阿克顿1895年在其就职演说中所说的：“我们的职责是关注和指导观念的运动；观念不是公共事件的结果而是其原因。”但知识者自然有时也得警惕这种对思想观念的偏爱，警惕自己不要逾越某些界限。观念不仅在接受的个人那里常常是滞后的，它的社会结果是滞后的，对观念及其后果的认识也是滞后的。我们往往要通过一个观念的后果才能比较清楚地认识这观念。而除了时间的“中介”，我们还要注意作为人的“中介”，观念往往通过少数人，尤其是行动着的少数人而对多数人发生作用。指望由自身在当代即实现某种理想观念的“观念人”往往要在实践中碰壁。

所以，在这套观念读本中，我们将特别注重时间和时段，注重历史。我们将进行回顾。柏拉图说一个人的“学习就是回忆”，而一个民族的学习大概要更多地来自回顾，这种回顾也似乎更有可能，更有意义，也更容易着手。但我们将立足于现在来进行回顾，甚至观照未来进行回顾。我们是在一个历史剧变时期之后——但也可能还是在这之中——来进行回顾的。的确，我们只是从一个侧面，即从观念的历史来回顾，但我们也意识到观念在一个历史剧变时期的特殊的、重要的力量。

这套读本就是这样一种试图从观念回顾历史，而又从历史追溯观念的初步尝试。从“五四”时期的“德先生”（民主）、“赛先生”（科学），一直到最近中国共产党十八大报告所提出的二十四个字的“社会主义核心价值观”，其中如富强、民主、自由、平等、公正、法治等，都是一些长期感动或激荡过中华民族的声音。它们有些在这片古老辽阔的大地上掀起过风暴，有些则一直在对众多的人们产生一种“润物细无声”的影响。的确，这些观念的来源虽然可以追溯到久远之前，其思想萌芽或雏形也可以在几乎所有的民族和文明中发现，其意义有待于各民族和文明去补充、修正乃至更改和替代，但是，就像“现代性”是从西方发源一样，本套读本选择的这些颇具现代意义的观念，从源头上来说主要是西方的产品，或者西方人对之有过特别的解释。所以，我们先选择阅读这些观念在西方发展的历史，希望首先尽可能原原本本地厘清这些观念在西方的源流，尤其是那些对中国发生过较大影响的观念和文本。而今后如果可能，我们还希望能有一个更全面的观念的文库，包括中国人对这些观念的介绍和改造，乃至一些观念的新造。

中国自19世纪上半叶与西方大规模接触和冲撞以来，对于西方开始还只是注意“利器”和“长技”，继而则更注意制度，最后则相当强调观念与思想理论。20世纪初，尤其是1905年废除科举从而知识人失去体制依托之后，更是纷纷出洋寻求救国的新知识和自己的新出路，哪怕一时不容易去千山万水相阻隔的西洋，也赶到一衣带水的东瀛，因此中国人接触的许多西方观念都通过了“日译”的转手。目前我们所使用的大部分西方观念都是先通过日译，后通过不仅涉及名称更涉及思想内容的俄译。日译提供其名，俄译提供其实，日译阶段尚称多元，俄译阶段已趋一元。作为我们先辈的阅读者和翻译者常常不仅坐而言，而且起而行，不仅自己身体力行，而且动员他人和大众力行。

如上所述，“五四”时期，最著名的“观念先生”当推“德先生”和“赛先生”。很快这些观念又被“革命”“阶级”等观念遮蔽。今天人们又反省，还应该有“莫先生”（道德）、“洛先生”（法律）等，类似的重要观念还有多少自可商议，而一个毋庸置疑的事实是，西方观念大举登陆中国已逾百年，深刻地激荡了20世纪的中国。如果不参照西方的观念，一部中国近现代的历史将不知从何说起。这些观念已经深深地积淀在我们的日常生活和各种制度之中。与其他一些民族的观念改变世界的变革例证不同，这里的许多观念并非土生土长的，而是舶来的。今天，这些观念我们已经耳熟能详，有的甚至成为响亮的口号，但是，对于这些已经深深影响着我们生活的观念，我们是否真正了解或了解得足够透彻呢？我们是否真的对这些观念有足够清醒的认识和反省呢？不断兴起的一代代年轻人在享受或忍受这一原动力乃至主轴仍是来自西方的“现代性”或“全球化”的过程中，是否也愿意系统地思考一下打造这些动力和主轴的关键词呢？

总之，中国在近代以来发生了天翻地覆的变化，现在也许可以做一点回顾整理——回首一个多世纪以来我们对这些观念的认识和实践。我们必须离得足够远才能对观念的成果或后果看得比较清楚。而今天，当风暴的尘埃基本落定，我们也许的确有条件可以看得比较清楚了，是故首先有编辑本套读本之议，我们想从西方经典著作里重点选择这样一些主题词编辑成书：它们体现了在中国发生过巨大影响的西方文化的核心或重要价值，但在中国文化中迄今仍有所缺失或需要重新认识，或者本身具有某种普遍意义。

我们希望，未来全套读本包括的观念大致可分为三类：一类是具有实质价值意义的观念，如平等、自由、宪政、法治、民主等，它们相对来说是西方特有的观念；另一类观念是指称某一学科、理论的领域，或者实践、感受的范围，如科学、婚姻、性爱、幸福等，它们自然为各民族所有，但我们这里所关注的是西方人对之特殊的理解和特别的重视；最后还有一类初看不像观念，比如指称某一类人或某一地域的名词，例如知识分子、哲人等，这些名词在西方人那里实际也已经形成独特思想的范畴，常常表现为一种自我或他者的镜像。

另外，这套读本也可视为对一个翻译大国百年成果的回顾和利用。

最早的思想作品的系统“中译”，我们或可以严复的翻译为代表，称之为“严译”。但可能受文言的限制，严复的译名虽然“旬月踟蹰”，相当精审，却大都没能留传下来，而是被“日译”的名称所代替。今天我们不必恢复“严译”的名称与文字，但可以考虑恢复和发扬颇具远见卓识的本土“严译”的严谨态度，包括他在选文方面的精审。无论如何，我们希望这套读本努力从具有经典意义的著作中遴选阅读篇章。

经典中总是凝结了时间，时间使它更有味道，更加醇厚。时间是书籍最好的试金石，甚至是它的“克星”。许多出版物挨不过一年半载，甚至从出世时就无人问津。但经典不害怕时间，它是“陈年老酒”，而不是“明日黄花”。出生伊始，它和其他出版物差不多一样，有时无声无息，遭到冷遇，有时甚至被非议和攻击。当然，也有的一开始就受到好评，但这样的幸运儿并不多见，尤其是具有深刻思想性和超前性的著作。经典要依赖时间来和其他作品分出等级，经典本身也会被时间分出等级：有百年一遇的经典，也有千年一遇的经典。

经典会被一代代人重读，这样文化就有了传承。当然有些也是隔代遗传，甚至经过世纪尘封。但一般来说，还是需要每一代都有人真正喜欢它，哪怕只有很少的人喜欢它。有些经典的命运非常孤独，有些则好一些。经典是时间的造物。在时间中，它又有了自己的历史，一些读者会把自己的生命又加入进来。经典不怎么时髦，经典是安静的，它一旦出生，就不再说话了。经典等待着，它只能等待。它有时寂静无声，但并没有死去。它必须等到一个好的读者才能复活：这个读者有多好，它就能够复活得多好。

这是就经典本身以及文化的传承而言的，从我们个人而言，为什么要读经典？这也许是为了获得或者说加入更广大和更深刻的经验。因为我们每个人的外在和内在的直接经验都是有限的。我们还常常受到时代的限制，尤其是在一个快速变化、追新骛奇的时代。但还是有人会注意更深沉和更广大的东西。比如西方《伟大的书》的作者大卫·丹比就这样总结自己阅读经典的经验："我是在把自己暴露于某种比我的生活更广阔、更强大的东西之中，同时我也是在暴露我自己。"

所以，问我们为什么要读经典，尤其在一个印刷品泛滥的时代里，甚至可以简单地回答说："因为书太多了。"我们读不过来，所以我们不得不尽量读那些最好的书。当然，单纯反映时代的书也是不能不读的。我们要培养对时代的一种感觉，我们也自然而然关心切近的事，另外，我们的本性也自然而然地有喜欢轻松的一面。但我们还是应该努力"摸高"，我们还要通过一种更高的经验获得一种鉴别力和鉴赏力。就像歌德所说的："趣味是靠杰作来培养的……如果你通过阅读这些杰作打好了基础，你对其他作品就会有一个标准。"对于深入准确地理解观念来说更是如此，我们希望读者能够直接阅读阐述这些观念的最有力的原典，而不满足于二手的介绍。

即便强调经典的意义，我们也并不认为阅读经典就一定意味着总是要和艰涩打交道。我们这套读本的定位是希望具有中学及以上文化程度的读者就能基本看懂的、主要是面向大学生和文化人的通识读物，故选文不求思想艰深、学科专精或知识新锐，只求既具有经典意义而又比较好读的作品。在一般读者能读的前提下，我们遴选在西方思想中具有重要性或对社会有影响力的篇章。选文亦不限体裁，包括讲演、对话、书信、论文、论著节选、散文、随笔等，乃至很少量的能鲜明体现这一观念的小说或戏剧的节选。尽管如此，一番阅读的功夫和努力恐怕还是必不可少的。

我们还希望可以借此给读者提供一条通过阅读经典来把握观念的进路。阅读经典有各种方法和进路，我们可以从某个我们喜欢的作者切入，可以围绕着某个领域来阅读，也可以围绕着某个时代来阅读。我们还可以从观念着手，毕竟，所有的经典都是试图提出、阐述和传达某种观念的，而我们由观念入手，也可以集中注意经典中的基本观念，并巡视观念的历史，在一种交相辉映或互相辩驳中察看它们。但是，这套读本毕竟只是一个初步的编选，虽然我们努力挑选重要的观念和上乘的编者以保证质量和水准，但难免还是会有疏漏，会受编选者的视野以至个人见解的影响。但我们深信，它一定还是能够开启好学深思的读者进一步阅读完整的经典，系统把握那些深邃而有力的思想的道路。我还是相信我们的编者有精选的眼光，也相信我们的读者有深入的能力。

2015年4月改定于北京褐石

目录

编者序

秋风

为维持生存及改善生活，人们需要享有各种产品与服务。根据人类的经验，生产及供应这些产品与服务可以有截然相反的两大方式：第一种是市场经济，第二种是计划经济。

就像孟子和亚当·斯密所说，人有交换的本能。因而，文明社会自然地选择以市场方式来组织其经济活动。这种市场甚至自然地是全球性的：丝绸之路就是全球化的雏形。所以，在大多数文明体中，市场受到这样那样的约束。但总体而言，这种约束日益减少，市场经济体制逐渐发育成熟，人类的物质生活状况因此而有大幅度改进。

市场中的私利与公益

市场是平等的个人自愿地进行生产、服务、交换的机制。市场经济是指经济体主要依靠市场机制组织其生产、交换活动。

市场的活动主体是平等的个人及个人自愿组成的社团——企业。个人、企业在努力追求增加自己的利益。自市场出现以来，很多人反对市场的主要理由就是，市场活动主体，不论是商人、工厂主或跨国公司老板，都只追求自己的利益。他们认为，假如人们为了增进他人利益而从事经济活动，可能更有利于实现某种理想社会。

对此问题，中国人早就做出明智的回答，这就是孔子所说“君子喻于义，小人喻于利”（《论语·里仁篇》）。掌握社会管理权的君子必须自我约束，但普通民众可以自由地追逐物质利益。孟子后来详尽论述了这样的社会分工理念，这一理念，从伦理和政治上，为市场机制在中国的发育打开了空间。

现代经济学也是从直面这一伦理问题而起步的，故本书所收第一篇西方文献是曼德维尔的《蜜蜂的寓言》。曼德维尔阐明了，个人出于私利考虑而采取的经营活动，当然会增进个人利益，但同时也给他人带来了好处。因而，这种活动增进了共同的利益。相反，曼德维尔说，假如人们纯粹之基于公心，社会生活反而会陷入停滞。

亚当·斯密在《道德情操论》和《国富论》中继续讨论这个问题，并且提出了“看不见的手”命题。斯密说，个人确实都以改善自己的境遇为其行为动机，但是，在这只“看不见的手”的指引下，人们追求个人利益的活动却有益于公共利益。不过，“看不见的手”究竟是什么？斯密似乎并未明确阐述。推测起来，它应当就是宗教、道德规范、产权制度、法治等等人们从事经济活动的制度框架。

市场的机制：交换、分工与全球化

同时，市场的运转机制也可视为另一个层面的“看不见的手”，它引导个人通过服务他人增进自己利益。

在一个大社会中，任何人都难以生产出满足自己全部需求的产品与服务，所以，人们倾向于进行交换。孟子针对农家的自给自足幻想，阐明了分工、交换的必要性。斯密也说，这是人的一种本能。奥地利经济学家卡尔·门格尔则进一步解释说，因为交换能够增进人的效用的满足。

当然，门格尔在这里所说的是主观效用。古典经济学的价值理论基本上是劳动价值论，这种理论最终在理论上难以自圆其说，并且被人发展出很多荒唐的政治结论。门格尔等新古典经济学的开创人则提出了主观价值理论，这其中以门格尔《国民经济学原理》的阐述最为系统，其主观性也最彻底。

根据主观价值理论，价值就是经济人对于财物、服务对于自己所具有的意义所下的判断，它只存在于经济人的主观意识之内。因而，同一个物品，在不同人那里具有不同价值。正是由于这一事实，人们才自愿地进行交换。而通过这种交换，双方的效用都增加了。因此，任何买卖活动，只要是自愿的，就必然是公平的，双方都获得了自己所期望的收益。

这种交换会促使市场分工。孟子指出，人的最简单的生存，也依赖分工。亚当·斯密的《国富论》开篇就讨论分工理论。斯密认为，分工提高了效率，从而使所有人的收入得到增加。分工范围的扩大与深化，乃是国民财富增加的根源。

这种分工自然地具有突破国界线的趋势，因而，市场经济自然地会走向全球化。假如承认分工的好处，就必然支持全球性自由贸易。李嘉图对此则提供了一个非常著名的论证，即“比较优势理论”：自由贸易之所以是可取的贸易政策，因为，自由贸易的双方都可以发挥自己的比较优势，即使在所有方面都略逊一筹的国家，奉行自由贸易政策也比奉行闭关锁国政策，更有利于增进本国国民的利益。

市场的机制：价格、企业家、利润与竞争

根据上述主观价值理论，价格是交易双方基于对同一物品的估价而进行讨价还价所得到的一个结果。价格不是由客观的供需决定的，因为这种供需量是交易主体无法掌握的，价格是由市场参与者对于供需及其他相关情势的认知所决定的，并且不断处于调整过程。因为，一旦价格被交易主体所确定，就成为他人进行决策可以参考的客观的数据。其他

人为了进入市场，必须尽最大可能报出更低价格。

这就形成了竞争。竞争总是与价格联系在一起。因为，正是通过市场已经确定的价格，个人和企业来确定自己是否有能力在这个价格水平上获得利润，并计算自己有没有能力进一步压低价格，从而争取到更多消费者。因此，自由市场经济学家一致同意，价格信号是市场的神经中枢，如果政府干扰价格信号，就会导致市场扭曲。

价格这个信号一方面指导企业家，但另一方面，企业家又在发现价格。诚如哈耶克所说，竞争是市场内在的一种发现程序。竞争的压力迫使每个企业家都去寻找有助于降低成本、提高产出、更好地满足消费者的商品、服务，为此，企业家当然也积极地发现新的生产工艺、技术、流程，以及企业组织形态、产业整合结构等等。

正是通过这些创新活动，企业家获得利润。利润是市场给企业家的一种报酬。在米塞斯、熊彼特、哈耶克等奥地利学派经济学家看来，企业家是推动经济发展、市场演进的主体。他们所说的企业家，更多地指市场中承担一种特定功能的人，即基于成本收益计算而进行创新活动的人。由于竞争的压力，企业家不断地发现乃至创造消费者的需求，发现满足这些需求的更有效的办法，从而发现价格，并依据价格发现成本。

因此，在自由竞争的市场中，价格是由竞争过程决定的，成本则是由价格决定的。而利润就是企业家因为对未来做出了正确预期及采取了正确策略而获得的报酬。如迈克尔·波拉尼所说，利润是企业的一张记分板，借此，企业可以知道自己的表现。那些亏损的企业会被淘汰，相比之下，这些企业的资源使用效率肯定低于保留下来的企业。因而，利润乃是市场高效率配置资源的关键机制。

基于这样的竞争及利润理论，哈耶克等人指出，竞争是一个过程，而一个产品市场只剩下一家、两家企业，很可能表明此时效率达到了最高。这种状况并不构成垄断，只要潜在的竞争者的进入不受政府限制。可以说，唯一的垄断就是政府授予并且使用权力维护的垄断，而市场过程中所出现的独占或者两三家寡头独占，都是暂时性的，都随时可能被打破。

市场的制度基础：道德与法治

与人类其他重要制度一样，作为一种制度的市场体制，需要相当苛刻的制度基础。

首先，市场需要坚实的伦理基础。孔子所说的“君子喻于义”，其实也可视为对企业家的品质要求，一个人，唯有喻于义，才有可能成为企业家。通观司马迁论述战国时代杰出的企业家，无不具有杰出的德行。明清时代中国成功的企业家也都自觉地以儒家价值维护市场秩序。

曼德维尔、斯密等人在西方特定历史环境下，强调个人摆脱过于严厉的道德约束，承认个人可以基于自利之心从事经营性活动。这为市场的发育创造了某种宽松的道德气氛。但另一方面，他们又都指出了，必要的、温和的道德规范对于市场的正常运转是绝对必要的。斯密的“看不见的手”，部分就是指这种道德约束，正是借助这种约束，个人基于自利的活动，才不至于变成损人利己。相反，尊重他人，诚信，尊重他人财产权等等基本的道德规范，引导个人采取通过服务他人以增进自己利益的策略。这样的市场才会真正做到曼德维尔所说的“私人之恶、公共之善”。

哈耶克也认识到了道德对于市场正常运转的重要性，他晚年最后一本书《致命的自负》的最后一章就指出，传统宗教所进行的道德教化，能够使人们不假思索地接受某种基本的道德规范，而这些规范维系着家庭和私人财产权制度，这些乃是市场、法治的基础。

其次，市场要正常运转，需要个人享有一些基本的自由、权利，尤其是确获保障的私人产权。离开了自由的个人和私人产权，就没有市场的自愿合作交换可言。诺贝尔经济学奖获得者道格拉斯 · 诺斯对经济史的研究，证实了这一观点。

此处所说的个人自由权利与确获保障的私人财产权，不是指不存在私人之间相互侵犯人身和财产权的事情，而是特指政府对个人生活及私人财产权的干扰、侵害，被限制在最低限度。因为，私人之间相互侵犯人身、产权，这是常有的事情，而任何政府都会对此予以惩罚。问题的关键是，在大多数国家，政府经常侵害人身自由和私人财产权，从而妨碍市场之发育。《大学》强调“国不以利为利，以义为利”，正是为了约束政府的权力。在近世英国，透过法治、宪政制度的建立，政府的权力被戴上了笼头，政府干扰、侵害个人自由及私人产权之手被捆住了，现代西方市场秩序在此发育成熟。

可见，市场正常运转、健全发育的最根本的制度前提是法治、宪政。晚近以来的制度经济学强调了这一点。

为什么选择市场经济？

市场经济的对立面是计划经济。计划经济的经济活动主体是国有企业，政府则通过集中的计划，向这些企业下达生产、运输或销售计划。政府也控制民众的消费活动。尽管古代的乌托邦就已经设想过取消私人生产或者均分财富的方案，但一直到20世纪初，经济学界才系统地提出国有企业、计划经济的方案。而这种实践也从苏联开始，并在20世纪中期蔓延到很多国家。

但是，早在苏联建立现实的计划经济之前，米塞斯就发表了《社会主义的经济学与社会学分析》一书，断言这种计划体制是不可能的(impossible)。他不光是说它是不现实的、不可行的，而是说，从概念上、逻辑上说，计划经济就不成立。因为，全国集中控制的计划经济取消了私有财产，取消了价格与利润，因而，计划当局就根本无从知道社会需求什么，应当生产什么，生产多少，因而，所谓的计划经济最终都会走向“计划的混乱”。到后来，米塞斯的学生哈耶克深化了这一观点，他进一步指出，计划当局陷入一种无法克服的“无知”状态：经济体系正常运转所需要的知识，分散在无数人那里，且绝无可能由一个人或一个计划当局收集起来集中使用。

当然，苏联式计划经济体制不仅在多个国家建立起来，而且，也运转了若干年。但这并不能证伪米塞斯和哈耶克的理论，因为，所有这些国家都利用了国际市场的价格信号；都保留了纯市场的部门，比如自留地、黑市，这些也为计划当局提供了制定计划所必需的价格信息。但是，由于这些部门本身受到政府的压制，因而，其信息也仍然是扭曲的。从根本上，计划经济无法避免经济的大混乱，人们谈论的短缺经济、苏联那样的经济结构扭曲等等，都是具体表现，至于中国经济在20世纪70年代走向崩溃，也是计划经济不可避免的趋势。

因此，从70年代开始，人们的观念发生转变：整个世界开始放弃计划经济，再度倾向市场。经过这样一段曲折，人们大体上能够得出结论：

第一，市场利用资源的效率最高。关于这一点，经济学已经给出了很多论证。

第二，市场的好处并不仅仅是效率高，如果是这样，则人们可以轻易地放弃市场。因为，在某些特定时期，计划的效率可能会更高。但是，市场具有另外一个优越性，而这是任何其他制度所不能替代的：它本身就构成自由，它也可以扩展自由。关于这一点，弗里德曼在其名著《资本主义与自由》的“经济自由与政治自由”一章已有论证。印度裔经济学家阿玛蒂亚·森在90年代重申了这一点。

第三，市场也更为公平。前面对于市场机制的分析表明，健全的市场是一种自愿平等的合作与交换体系。在市场制度中，人人平等，没有人享有支配他人的权力。每个人都是为了改进自己的境遇而卷入市场的合作交换关系中的，无人可把自己的交易条款强加于对方。凡是出现这种情况，必然是依赖政府的权力，或者依赖不合法的暴力。

基于平等自愿的交易合作不断地进行财富的分配，这种分配的结果必然是公平的。因为，在市场中，每个人都可以发挥自己的比较优势，而只要其产品、服务价廉物美，就会获得消费者惠顾，从而获得较多利润。利润多的人，肯定是更好地服务了消费者的人。因为，归根到底，在市场中，每个人都是通过更好地服务于他人而改善自己境遇的。所以，就像法国经济学家巴斯夏所说，在市场过程中，各个参与者的利益是和谐的，而不是冲突的。

关于市场公平互惠的分配结果，中国人当有较为深切的感受。计划经济是由一个中心进行分配的，而这种分配必然会按照某种单一标准进行，所以，恰恰在计划经济时代形成了城乡隔离制度。但在进行市场化改革之后的 80 年代，农民收入与城市人口收入差距曾经一度缩小。尽管城市隔离制度依然存在，但市场化的扩展、私人企业的发展，为数以亿计的农民提供了更多走出农村、改善境遇的机会。

中国与市场：阴差阳错的婚姻

中国具有源远流长的市场经济传统。

中国自一诞生，即规模庞大，故而存在地区间十分细密的分工、交换网络，商业发达。尤其是在春秋末期，封建制崩溃，土地私有化，人口自由流动，市场秩序即初步建立。工商业高度发达，农业的商业化程度也相当高。其间有所反复，但自宋代以后，中国的市场体系趋向完善，工商业经济日趋发达。发达的市场体系具有较高生产率，从而支持中国人口的迅速增长。

18 世纪，从英格兰开始，发生一场技术革命，中国开始落后于西方。但从 19 世纪中期起，中国大规模引入西方技术，中国固有的市场体制焕发出新的生命力，并有相当好的表现。整个 20 世纪上半叶，中国的私人部门也在发育成长。尤其以第一次世界大战期间及之后、30 年代日本入侵前最为繁荣。

不过，从 19 世纪末开始，西方经济学发生转向，新古典主流经济学逐渐确立。针对西方现实，这一经济学传统强化了关于国家干预、国有企业、政府再分配的论述，乃至论证国家统制经济、计划经济的好处。20 世纪初开始大规模学习西方知识的中国人，接受了这样的论述。于是，即便是胡适这样的自由主义者，也曾经对苏联的计划经济心向往之。

到50年代，大陆建立以公有企业为基础的集中计划经济体制。然而，到70年代末，大陆的计划经济难以为继。至关重要的是，这种体制有悖于中国的市场传统，民众纷纷自发地走出计划体制，违法地恢复私人产权的市场活动。政府则被迫承认民众的这些“创新性违法”，私人财产权一步一步地获得法律乃至宪法的承认，个体工商户私人企业迅速增多，相应地，国有企业大幅度倒闭、破产。中国逐渐地市场化，于是出现了“中国奇迹”。所以，对于为什么应当用市场的方式来组织经济活动这个问题，中国人最有发言权。

不过，中国目前正在扩展的市场缺乏有效的制度基础：因为传统遭遇严重破坏，中国的市场体系缺乏必要的道德基础；因为制度不够健全，中国的市场体系缺乏必要的法治基础。其结果是，尽管市场化已经进行了三十多年，但市场秩序依然不够健全，运转过程中也出现了很多问题。

很多人因此而怀疑市场制度。但稍加观察即可发现，当代中国经济领域的很多问题，恰恰是政府的权力没有被有效地限制，或市场被权力扭曲的结果，也是人们的行为缺乏道德、伦理约束的结果。因此，能否重建社会的基本道德体系，能否积极地推进法治，这恐怕是市场秩序能否完整建立的关键所在。

希望本书所收录的经典作家的论述，有助于人们坚定对于市场的信念，也有助于人们认真地思考市场完善发育之正道。

2014年4月于京中陋室

第一讲　先富后教

孔子

孔子，生于公元前551年（庚戌）9月28日，去世于公元前479年4月11日，春秋时鲁国人。孔子生当礼崩乐坏之世，志在重建秩序，为此删述六经。以六经教育弟子，兴起教育，养成庶民为士君子。孔子于传述六经过程中阐发思想，创立儒学。孔子塑造了此后中国人的观念和制度，被尊称为“圣人”。

【编者按：孔子主张，君子修身治己，当自我约束；但为政治国，当以富民为先。儒家之基本经济理念是《大学》阐明之“国不以利为利，以义为利”，政府不可求利，但应创造条件，增加民众财富。这是后世儒家士大夫施政之基本理念，此理念为市场秩序之发育提供了宽松空间，而孔子主张“教之”，又为市场秩序之维护提供了道德基础。】

子适卫，冉有仆。孔曰：“孔子之卫，冉有御。”

子曰：“庶矣哉！”孔曰：“庶，众也。言卫人众多。”

冉有曰：“既庶矣，又何加焉？”

曰：“富之。”

曰：“既富矣，又何加焉？”

曰：“教之。”

（选自《论语注疏·子路篇》）

第二讲　无为而治

老子

老子，春秋、战国之际楚人，道家创始人，著《老子》或称《道德经》，其核心政治主张是统治者当无为而治。

【编者按：市场秩序发育与政府是什么关系？本章中，老子指出，统治者若能无为而治，民众之间自然能够形成合作秩序。政府的过多管制必定扰乱这种秩序之形成。】

以正治国，以奇用兵，以无事取天下。吾何以知其然？以此：天下多忌讳，而人弥贫；人多利器，国家滋昏；人多伎巧，奇物滋起；法物滋彰，盗贼多有。故圣人云：我无为，人自化；我好静，人自正；我无事，人自富；我无欲，人自朴。

（选自《道德经》）

第三讲　论社会分工

孟子

孟子（公元前372年—前289年），名轲，邹（今山东邹县）人，子思弟子之门人，战国时代儒家代表人物。既关注制度，又发明人心，汲汲于行道，而不得机会，乃与弟子编定《孟子》一书。孟子时代，中国的自由市场机制已经发育，孟子的经济主张是“市廛而不征，法而不廛，则天下之商皆悦而愿藏于其市矣。关讥而不征，则天下之旅皆悦而愿出于其路矣”。

【编者按：本章中，孟子针对农家人物回归自然经济的做法，阐述了交换对于个人生存和文明演进的重要性，进而论证了社会分工的必要性。君子及其组成的政府的功能就是提供必要的公共品，以维护社会秩序，这是市场正常运转的前提。孟子从分工角度对君子及其组成的政府功能的理解，有助于人们思考市场与政府的关系。】

有为神农之言者许行，自楚之滕，踵门而告文公曰："远方之人，闻君行仁政，愿受一廛而为氓。"神农，三皇之君，炎帝神农氏。许，姓；行，名也。治为神农之道者。踵，至也。廛，居也。自称远方之人，愿为氓。氓，野人也。文公与之处。其徒数十人皆衣褐，捆屦、织席以为食。文公与之居。处，舍之宅也。其徒，学其业者也。衣褐，贫也。捆犹叩椓也，织屦欲使坚，故叩之也。卖屦席以供饮食也。陈良之徒陈相与其弟辛，负耒耜而自宋之滕，曰："闻君行圣人之政，是亦圣人也。愿为圣人氓。"陈良，儒者也。陈相，良之门徒也。辛，相弟。圣人之政，谓仁政也。陈相见许行而大悦，尽弃其学而学焉。弃陈良之儒道，更学许行神农之道也。

陈相见孟子，道许行之言，曰："滕君则诚贤君也。虽然，未闻道也。陈相言许行以为滕君未达至道也。贤者与民并耕而食，饔飧而治。今也，滕有仓廪府库，则是厉民而以自养也，恶得贤？相言许子以为古贤君当与民并耕而各自食其力。饔飧，熟食也。朝曰饔，夕曰飧。当身自具其食，兼治民事耳。今滕赋税有仓廪府库之富，是为厉病其民以自奉养，安得为贤君乎？三皇之时，质朴无事，故道若此者也。

孟子曰："许子必种粟，而后食乎？"问：许子必自身种粟乃食之邪？

曰："然。"相曰：然，许子自种之。

“许子必织布然后衣乎？”孟子曰：许子自织布然后衣之乎？

曰：“否。许子衣褐。”相曰：不自织布，许子衣褐。以毳织之，若今马衣也。或曰：褐，枲衣也。一曰粗布衣也。

“许子冠乎？”孟子问：相冠乎？

曰：“冠。”相曰：冠也。

曰：“奚冠？”孟子问：许子何冠也？

曰：“冠素。”相曰：许子冠素。

曰：“自织之与？”孟子曰：许子自织素与？

曰：“否。以粟易之。”相言许子以粟易素。

曰：“许子奚为不自织？”曰：许子自织素乎？

曰：“害于耕。”相曰：织纺害于耕，故不自织也。

曰：“许子以釜甑爨，以铁耕乎？”爨，炊也。孟子曰：许子宁以釜甑炊食，以铁为犁用之耕否邪？

曰：“然。”相曰：用之。

“自为之与？”孟子曰：许子自冶铁陶瓦器邪？

曰：“否，以粟易之。”相曰：不自作铁瓦，以粟易之也。

“以粟易械器者，不为厉陶冶；陶冶亦以械器易粟者，岂为厉农夫哉？且许子何不为陶冶，舍皆取诸其宫中而用之，何为纷纷然与百工交易，何许子之不惮烦？”械，器之总名也。厉，病也。以粟易器，不病陶冶，陶冶亦何以为病农夫乎？且许子何为不自陶冶。舍者，止也。止不肯皆自取之其宫宅中而用之，何为反与百工交易，纷纷而为之烦也。

曰：“百工之事，固不可耕且为也。”相曰：“百工之事，固不可耕且为，故交易也。

“然则治天下独可耕且为与？孟子言百工各为其事，尚不可得耕且兼之。人君自天子以下，当治天下政事，此反可耕且为邪？欲以穷许行之非滕君不亲耕也。孟子谓五帝以来，有礼义上下之事，不得复若三皇之道也，言许子不知礼者也。有大人之事，有小人之事。且一人之身而百工之所为备，如必自为而后用之，是率天下而路也。孟子言人道自有大人之事，谓人君行教化也。小人之事，谓农工商也。一人而备百工之所作，作之乃得用之者，是率导天下人以羸之路也。故曰或劳心，或劳力。劳心者治人，劳力者治于人。治于人者食人，治人者食于人，天下之通义也。劳心，君也。劳力，民也。君施教以治理之，民竭力治公田以奉养其上，天下通义，所常行者也。

“当尧之时，天下犹未平，洪水横流，泛滥于天下，草木畅茂，禽兽繁殖，五谷不登，禽兽逼人，兽蹄鸟迹之道交于中国。尧独忧之，举舜而敷治焉。遭洪水，故天下未平。水盛，故草木畅茂。草木盛，故禽兽繁息众多也。登，升也，五谷不足升用也。猛兽之迹，当在山林，而反交于中国，惧害人。故尧独忧念之。敷，治也。《书》曰：“禹敷土。”是言治其土也。舜使益掌火，益烈山泽而焚之，禽兽逃匿。掌，主也。主火之官，犹古之火正也。烈，炽。益视山泽草木炽者而焚之，故禽兽逃匿而奔走远窜也。禹疏九河，瀹济、漯而注诸海，决汝、汉，排淮、泗而注之江，然后中国可得而食也。当是时也，禹八年于外，三过其门而不入，虽欲耕，得乎？疏，通也。瀹，治也。排，壅也。于是水害除，故中国之地，可得耕而食也。禹勤事于外，八年之中，三过其门而不入。《书》曰：“辛壬癸甲，启呱呱而泣。”如此，宁可得耕也？后稷教民稼穑，树艺五谷。五谷熟而民人育。弃为后稷也。树，种。艺，殖也。五谷谓稻、黍、稷、麦、菽也。五谷所以养人也，故言民人育也。人之有道也，饱食暖衣，逸居而无教，则近于禽兽。圣人有忧之，使契为司徒，教以人伦：父子有亲，君臣有义，夫妇有别，长幼有叙，朋友有信。司徒主人，教以人事。父父子子，君君臣臣，夫夫妇妇，兄兄弟弟，朋友贵信，是为契之所教也。放勋曰：劳之来之，匡之直之，辅之翼之，使自得之，又从而振德之。放勋，尧号也。遭水灾恐其小民放僻邪侈，故劳来之。匡正直其曲心，使自得其本善性，然后又从而振其羸穷，加德惠也。圣人之忧民如此，而暇耕乎！重喻陈相。尧以不得舜为己忧，舜以不得禹、皋陶为己忧。夫以百亩之不易为己忧者，农夫也。分人以财谓之惠，教人以善谓之忠，为天下得人者谓之仁。言圣人以不得贤圣之臣为己忧，农夫以百亩不易治为己忧。是故以天下与人易，为天下得人难。为天下求能治天下者难得也，故言以天下传与人尚为易也。孔子曰：“大哉尧之为君，惟天为大，惟尧则之，荡荡乎民无能名焉。君哉舜也，巍巍乎有天下而不与焉。”尧舜之治天下，岂无所用其心哉，亦不用于耕耳。天道荡荡乎大无私，生万物而不知其所由来，尧法天，故民无能名尧德者也。舜得人君之道哉，德盛而巍巍乎，有天下之位，虽贵盛，不能与益舜。巍巍之德，言德之大，大于天子位也。尧、舜荡荡巍巍如此，但不用心于躬自耕也。

“吾闻用夏变夷者，未闻变于夷者也。当以诸夏之礼义化变蛮夷之人耳，未闻变化于夷蛮之人，同其道也。陈良，楚产也，悦周公、仲尼之道，北学于中国，北方之学者，未能或之先也，彼所谓豪杰之士也。子之兄弟事之数十年，师死而遂倍之。陈良生于楚，北游中国，学者不能有先之也，所谓豪杰过人之士也。子之兄弟，谓陈相、陈辛也，数十年师事陈良，良死而倍之，更学于许行，非之也。昔者孔子没，三年之外，门人治任将，归入揖于子贡，相向而哭，皆失声，然后归。子贡反，筑室于场，独居三年，然后归。任，担也。失声，悲不能成声。场，孔子冢上祭祀坛场也。子贡独于场左右筑室，复三年，慎终追远也。他日，子夏、子张、子游以有若似圣人，欲以所事孔子事之。强曾子，曾子曰：“不可，江汉以濯之，秋阳以暴之，皓皓乎不可尚已！”有若之貌似孔子，此三子者，思孔子而不可复见，故欲尊有若以作圣人，朝夕奉事之礼，如事孔子，以慰思也。曾子不肯，以为圣人之洁白，如濯之江汉，暴之秋阳。秋阳，周之秋，夏之五、六月盛阳也。皓皓，白甚也。何可尚而乃欲以有若之质于圣人之坐席乎？尊师道，故不肯也。今也南蛮鴃舌之人，非先王之道，子倍子之师而学之，亦异于曾子矣。吾闻出于幽谷、迁于乔木者，未闻下乔木而入于幽谷者。今此许行乃南楚蛮夷，其舌之恶如鴃鸟耳。鴃，博劳鸟也。《诗》云：“七月鸣鴃。”应阴而杀物者也。许子托于太古，非先圣王尧舜之之道，不务仁义，而欲使君臣并耕，伤害道德，恶如鴃舌，与曾子之心亦异远也。人当出深谷，止乔木。今子反下乔木，入于幽谷。《鲁颂》曰：‘戎狄是膺，荆舒是惩。’周公方且膺之，子是之学，亦为不善变矣！”《诗 · 鲁颂 · 閟宫》之篇也。膺，击也。惩，艾也。周家时击戎狄之不善者，惩止荆、舒之人，使不敢侵陵也。周公常欲击之，言南蛮之人难用，而子反悦是人而学其道，亦为不善变更矣。孟子究陈此者，所以责陈相也。

“从许子之道，则市贾不贰，国中无伪。虽使五尺之童适市，莫之或欺。布帛长短同，则贾相若；麻缕丝絮轻重同，则贾相若；五谷多寡同，则贾相若；屦大小同，则贾相若。”陈相复为孟子言此，如使从许子淳朴之道，可使市无二价，不相为诈，不相欺愚小也。长短谓丈尺，轻重谓斤两，多寡谓斗石，大小谓尺寸，皆言同价，故曰市无二价者也。

曰：“夫物之不齐，物之情也。或相倍蓰，或相什百，或相千万，子比而同之，是乱天下也。巨屦小屦同贾，人岂为之哉？从许子之道，相率而为伪者也。恶能治国家？”孟子曰：夫万物好丑异贾，精粗异功，其不齐同，乃物之情性也。蓰，五倍也。什，十倍也。至于千万相倍。譬若和氏之璧，虽与凡玉之璧尺寸厚薄适等，其价岂可同哉简子欲以大小相比而同之，则使天下有争乱之道也。巨，粗屦也，小，细屦也。如使同价而卖之，人岂肯作其细哉！时许子教人伪者耳，安能治其国家者也。

（选自《孟子注疏》，［汉］赵岐注）

第四讲　货殖列传

司马迁

司马迁（公元前 145 年或前 135 年—前 90 年），字子长，西汉夏阳（今陕西韩城南）人。其父信奉黄老，本人则受教于孔安国、董仲舒等儒生。继承父业为太史令，因为李陵鸣不平而受腐刑，后任中书令。发愤“究天人之际，通古今之变，成一家之言”，作《史记》，记录此前两千年历史变迁。

【编者按：孔子曾说，“赐不受命，而货殖焉，亿则屡中”（《论语·先进篇》）。端木赐也即子贡，就是中国最早一批自由商人。由此时期，中国即有相对完整的市场秩序，企业家辈出。司马迁作《货殖列传》，叙述数百年来杰出企业家之活动，凸显其企业家精神，揭示市场运作机制，探究市场机制对社会之广泛影响，具有重要的历史和理论价值。】

○索隐论语云：“赐不受命而货殖焉。”广雅云：“殖，立也。”孔安国注尚书云：“殖，生也。生资货财利。”

老子曰：“至治之极，邻国相望，□正义音亡。鸡狗之声相闻，民各甘其食，美其服，安其俗，乐其业，至老死不相往来。”必用此为务，挽近世涂民耳目，○索隐挽音晚，古字通用。则几无行矣。

太史公曰：夫神农以前，吾不知已。至若诗书所述虞夏以来，耳目欲极声色之好，口欲穷刍豢之味，身安逸乐，而心夸矜埶能之荣使。俗之渐民久矣，虽户说以眇论，○索隐上音妙，下如字。终不能化。故善者因之，其次利道之，其次教诲之，其次整齐之，最下者与之争。

夫山西饶材、竹、谷、𬬻、◇集解徐广曰：“纻属，可以为布。”○索隐上音谷，又音雒。谷，木名，皮可为纸。𬬻，山中纻，可以为布，音卢。纻音伫，今山间野纻，亦作“苎”。旄、玉石；山东多鱼、盐、漆、丝、声色；江南出楠、梓、○索隐南子二音。姜、桂、金、锡、连、◇集解徐广曰：“音莲，铅之未炼者。”○索隐下音莲。丹沙、犀、玳瑁、珠玑、齿革；龙门、碣石正义龙门山在绛州龙门县。碣石山在平州卢龙县。北多马、牛、羊、旃裘、筋角；铜、铁则千里往往山出钉置：○索隐言如置钉子，往往有之。□正义言出铜铁之山方千里，如围钉之置也。

管子云："凡天下名山五千二百七十，出铜之山四百六十七，出铁之山三千六百有九。山上有赭，其下有铁。山上有铅，其下有银。山上有银，其下有丹。山上有磁石，其下有金也。"此其大较○索隐音角。大较犹大略也。也。皆中国人民所喜好，谣俗被服饮食奉生送死之具也。故待农而食之，虞而出之，工而成之，商而通之。此宁有政教发征期会哉？人各任其能，竭其力，以得所欲。故物贱之征贵，○索隐征者，求也。谓此处物贱，求彼贵卖之。贵之征贱，各劝其业，乐其事，若水之趋下，日夜无休时，不召而自来，不求而民出之。岂非道之所符，○索隐道之符。符谓合于道也。而自然之验邪？

周书曰："农不出则乏其食，工不出则乏其事，商不出则三宝绝，虞不出则财匮少。"财匮少而山泽不辟○索隐下音辟。辟，开也，通也。矣。此四者，民所衣食之原也。原大则饶，原小则鲜。上则富国，下则富家。贫富之道，莫之夺予，○索隐音与。言贫富自由，无予夺。而巧者有余，拙者不足。故太公望封于营丘，地舄卤，◇集解徐广曰："舄音昔。舄卤，咸地也。"人民寡，于是太公劝其女功，极技巧，通鱼盐，则人物归之，襁至而辐凑。故齐冠带衣履天下，海岱之间敛袂而往朝焉。○索隐言齐既富饶，能冠带天下，丰厚被于他邦，故海岱之间敛衽而朝齐，言趋利者也。其后齐中衰，管子修之，设轻重九府，□正义管子云"轻重"谓钱也。夫治民有轻重之法，周有大府、玉府、内府、外府、泉府、天府、职内、职金、职币，皆掌财币之官，故云九府也。则桓公以霸，九合诸侯，一匡天下；而管氏亦有三归，位在陪臣，富于列国之君。是以齐富强至于威、宣也。

故曰："仓廪实而知礼节，衣食足而知荣辱。"礼生于有而废于无。故君子富，好行其德；小人富，以适其力。渊深而鱼生之，山深而兽往之，人富而仁义附焉。富者得埶益彰，失埶则客无所之，以而不乐。夷狄益甚。谚曰："千金之子，不死于市。"此非空言也。故曰："天下熙熙，皆为利来；天下壤壤，皆为利往。"夫千乘之王，万家之侯，百室之君，尚犹患贫，而况匹夫编户之民乎！

昔者越王句践困于会稽之上，乃用范蠡、计然。◇集解徐广曰："计然者，范蠡之师也，名研，故谚曰'研、桑心筭'。"骃案：范子曰："计然者，葵丘濮上人，姓辛氏，字文子，其先晋国亡公子也。尝南游于越，范蠡师事之。”〇索隐计然，韦昭云范蠡师也。蔡谟云蠡所著书名“计然”，盖非也。徐广亦以为范蠡之师，名研，所谓“研、桑心计”也。范子曰“计然者，葵丘濮上人，姓辛氏，字文，其先晋之公子。南游越，范蠡事之”。吴越春秋谓之“计倪”。汉书古今人表计然列在第四，则“倪”之与“研”是一人，声相近而相乱耳。计然曰：“知斗则修备，时用则知物，〇索隐时用知物。案：言知时所用之物。二者形则万货之情可得而观已。故岁在金，穰；水，毁；木，饥；火，旱。〇索隐五行不说土者，土，穰也。旱则资舟，水则资车，〇索隐国语大夫种曰“贾人旱资舟，水资车以待”也。物之理也。六岁穰，六岁旱，十二岁一大饥。夫粜，二十病农，九十病末。〇索隐言米贱则农夫病也。若米斗直九十，则商贾病，故云“病末”。末谓逐末，即商贾也。末病则财不出，农病则草不辟矣。上不过八十，下不减三十，则农末俱利，平粜齐物，关市不乏，治国之道也。积着〇索隐音张吕反。之理，务完物，无息币。〇索隐毋息弊。久停息货物则无利。以物相贸易，腐败而食之货勿留，无敢居贵。论其有馀不足，则知贵贱。贵上极则反贱，贱下极则反贵。贵出如粪土，贱取如珠玉。〇索隐夫物极贵必贱，极贱必贵。贵出如粪土者，既极贵后，恐其必贱，故乘时出之如粪土。贱取如珠玉者，既极贱后，恐其必贵，故乘时取之如珠玉。此所以为货殖也。元注恐错。财币欲其行如流水。”修之十年，国富，厚赂战士，士赴矢石，如渴得饮，遂报强吴，观兵中国，称号“五霸”。

范蠡既雪会稽之耻，乃喟然而叹曰：“计然之策七，越用其五而得意。既已施于国，吾欲用之家。”乃乘扁舟◇集解汉书音义曰：“特舟也。”〇索隐扁音篇，又音符殄反。服虔云：“特舟也。”国语云：“范蠡乘轻舟。”浮于江湖，□正义国语云句践灭吴，反至五湖，范蠡辞于王曰：“君王勉之，臣不复入国矣。”遂乘轻舟，以浮于五湖，莫知其所终极。变名易姓，适齐为鸱夷子皮，索隐大颜曰：“若盛酒者鸱夷也，用之则多所容纳，不用则可卷而怀之，不忤于物也。”案：韩子云“鸱夷子皮事田成子，成子去齐之燕，子皮乃从之”也。盖范蠡也。之陶〇索隐服虔云：“今定陶也。”□正义括地志云：“即陶山，在齐州平县东三十五里陶山之阳也。今南五里犹有朱公冢。”又云：“曹州济阳县东南三里有陶朱公冢，又云在南郡华容县西，未详也。”为朱公。朱公以为陶天下之中，诸侯四通，货物所交易也。乃治产积居。

与时逐◇集解汉书音义曰："逐时而居货。"○索隐韦昭云："随时逐利也。"而不责于人。○索隐案：谓择人而与人不负之，故云不责于人也。故善治生者，能择人而任时。十九年之中三致千金，再分散与贫交疏昆弟。此所谓富好行其德者也。后年衰老而听子孙，子孙修业而息之，遂至巨万。◇集解徐广曰："万万也。"故言富者皆称陶朱公。

"子赣既学于仲尼，退而仕于卫，废着◇集解徐广曰："子赣传云'废居'。着犹居也。着读音如贮。"○索隐着音贮。汉书亦作"贮"，贮犹居也。说文云："贮，积也。"鬻财于曹、鲁之间，七十子之徒，赐最为饶益。原宪不厌糟糠，○索隐餍，饱也。匿于穷巷。子贡结驷连骑，束帛之币以聘享诸侯，所至，国君无不分庭与之抗礼。夫使孔子名布扬于天下者，子贡先后之也。此所谓得埶而益彰者乎？

白圭，周人也。当魏文侯时，李克○索隐案：汉书食货志李悝为魏文侯作尽地力之教，国以富强。今此及汉书言"克"，皆误也。刘向别录则云"李悝"也。务尽地力，而白圭乐观时变，故人弃我取，人取我与。夫岁孰取谷，予之丝漆；茧出取帛絮，予之食。○索隐谓谷。太阴在卯，穰；□正义太阴，岁后二辰为太阴。明岁衰恶。至午，旱；明岁美。至酉，穰；明岁衰恶。至子，大旱；明岁美，有水。至卯，积着率□正义贮律二音。岁倍。欲长钱，取下谷；长石斗，取上种。能薄饮食，忍嗜欲，节衣服，与用事僮仆同苦乐，趋时若猛兽挚鸟之发。故曰："吾治生产，犹伊尹、吕尚之谋，孙吴用兵，商鞅行法是也。是故其智不足与权变，勇不足以决断，仁不能以取予，强不能有所守，虽欲学吾术，终不告之矣。"盖天下言治生祖白圭。白圭其有所试矣，能试有所长，非苟而已也。

猗顿用盬盐起。◇集解孔丛子曰："猗顿，鲁之穷士也。耕则常饥，桑则常寒。闻朱公富，往而问术焉。朱公告之曰：'子欲速富，当畜五牸。'于是乃适西河，大畜牛羊于猗氏之南，十年之间其息不可计，赀拟王公，驰名天下。以兴富于猗氏，故曰猗顿。"○索隐盬音古。案：周礼盐人云"共苦盐"，杜子春以为苦读如盬。盬谓出盐直用不炼也。一说云盬盐，河东大盐；散盐，东海煮水为盐也。□正义案：猗氏，蒲州县也。河东盐池是畦盐。作"畦"，若种韭一畦。天雨下，池中咸淡得均，即畎池中水上畔中，深一尺许，日暴之五六日则成，盐若白矾石，大小如双陆及，则呼为畦盐。或有花盐，缘黄河盐池有八九所，而盐州有乌池，犹出三色盐，有井盐、畦盐、花盐。其池中凿井深一二尺，去泥即到盐，掘取若至一丈，则着平石无盐矣。其色或白或青黑，名曰井盐。畦盐若河东者。花盐，池中雨下，随而大小成盐，其下方微空，上头随雨下池中，其滴高起若塔子形处曰花盐，亦曰即成盐焉。池中心有泉井，水淡，所作池人马尽汲此井。其盐四分入官，一分入百姓也。池中又凿得盐块，阔一尺馀，高二尺，白色光明洞彻，年贡之也。而邯郸郭纵以铁冶成业，与王者埒富。

乌氏倮◇集解韦昭曰："乌氏，县名，属安定。倮，名也。"○索隐汉书作"赢"。案：乌氏，县名。氏音支。名倮，音踝也。□正义县，古城在泾州安定县东四十里。倮，名也。畜牧，及众，○索隐谓畜牧及至众多之时。斥卖，求奇缯物，○索隐谓斥物卖之以求奇物也。间献遗戎王。◇集解徐广曰："间，一作'奸'。不以公正谓之奸也。"○索隐案：间献犹私献也。戎王什倍其偿，与之畜，○索隐什倍其当，予之畜。谓戎王偿之牛羊十倍也。"当"字汉书作"偿"也。畜至用谷量马牛。◇集解韦昭曰："满谷则具不复数。"○索隐谷音欲。秦始皇帝令倮比封君，以时与列臣朝请。而巴寡妇清，○索隐汉书"巴寡妇清"。巴，寡妇之邑；清，其名也。其先得丹穴，◇集解徐广曰："涪陵出丹。"□正义括地志云："寡妇清台山俗名贞女山，在涪州永安县东北七十里也。"而擅其利数世，家亦不訾。○索隐案：谓其多，不可訾量。□正义音子儿反。言资财众多，不可訾量。一云清多以财饷遗四方，用卫其业，故财亦不多积聚。清，寡妇也，能守其业，用财自卫，不见侵犯。秦皇帝以为贞妇而客之，为筑女怀清台。夫倮鄙人牧长，清穷乡寡妇，礼抗万乘，名显天下，岂非以富邪？

汉兴，海内为一，开关梁，弛山泽之禁，是以富商大贾周流天下，交易之物莫不通，得其所欲，而徙豪杰诸侯强族于京师。

关中自汧、雍以东至河、华，膏壤沃野千里，自虞夏之贡以为上田，而公刘适邠，大王、王季在岐，文王作丰，武王治镐，故其民犹有先王之遗风，好稼穑，殖五谷，地重，○索隐言重耕稼也。重为邪。○索隐重音逐陇反。重者，难也。畏不敢为奸邪。□正义重并逐拱反。言关中地重厚，民亦重难不为邪恶。及秦文、德缪居雍，隙◇集解徐广曰："隙者，间孔也。地居陇蜀之间要路，故曰隙。”○索隐徐氏云隙，间孔也。隙者，陇雍之间闲隙之地，故云“雍隙”也。□正义雍，县。岐州雍县也。陇蜀之货物而多贾。○索隐音古。献公徙栎邑，◇集解徐广曰：“在冯翊。”○索隐上音药，即栎阳。栎邑北却戎翟，东通三晋，亦多大贾。孝、昭治咸阳，因以汉都，长安诸陵，四方辐凑并至而会，地小人众，故其民益玩巧而事末也。南则巴蜀。巴蜀亦沃野，地饶卮、◇集解徐广曰：“音支。烟支也，紫赤色也。”姜、丹沙、石、铜、铁、集解徐广曰：“邛都出铜，临邛出铁。”竹、木之器。南御滇僰，僰僮。西近邛笮，笮马、旄牛。然四塞，栈道千里，无所不通，唯褒斜绾毂其口，◇集解徐广曰：“在汉中。”○索隐言褒斜道狭，绾其道口，有若车毂之凑，故云“绾毂”也。以所多易所鲜。○索隐易音亦。鲜音尟。言以所多易其所少。天水、陇西、北地、上郡与关中同俗，然西有羌中之利，北有戎翟之畜，畜牧为天下饶。然地亦穷险，唯京师要其道。□正义要音腰。言要束其路也。故关中之地，于天下三分之一，而人众不过什三；然量其富，什居其六。

昔唐人都河东，◇集解徐广曰：“尧都晋阳也。”殷人都河内，□正义盘庚都殷墟，地属河内也。周人都河南。□正义周自平王已下都洛阳。夫三河在天下之中，若鼎足，王者所更居也，建国各数百千岁，土地小狭，民人众，都国诸侯所聚会，故其俗纤俭习事。杨、平阳陈○索隐杨，平阳，二邑名，在赵之西。“陈”盖衍字。以下有“杨平阳陈掾”，此因衍也。言二邑之人皆西贾于秦、翟，北贾于种、代。种、代在石邑之北也。西贾秦、翟，□正义贾音古。秦，关内也。翟，隰、石等州部落稽也。延、绥、银三州皆白翟所居。北贾种、代。□正义上之勇反。种在恒州石邑县北，盖蔚州也。代，今代州。种、代，石北也，◇集解徐广曰：“石邑县也，在常山。”地边胡，数被寇。人民矜懻忮，◇集解晋灼曰：“懻音慨。忮音坚忮。”瓒曰：“懻音慨。今北土名强直为‘懻中’也。”○索隐上音冀，下音寘。好气，任侠为奸，不事农商。然迫近北夷，师旅亟往，中国委输时有奇羡。○索隐上音羁，下音羊战反。奇羡谓奇有馀衍也。其民羯羠不均，◇集解徐广曰：“羠音兕，一音囚几反，皆健羊名。”○索隐羯音已纥反。羠音慈纪反。徐广云羠音兕，皆健羊也。其方人性若羊，健捍而不均。自全晋之时固已患其慓悍，而武灵王益厉之，其谣俗犹有赵之风也。故杨、平阳陈掾其间，○索隐掾音逐缘反。陈掾犹经营驰逐也。得所欲。温、轵索隐二县名，属河内。西贾上党，□正义泽、潞等州也。北贾赵、中山。正义洺州及定州。中山地薄人众，犹有沙丘纣淫地馀民，◇集解晋灼曰："言地薄人众，犹复有沙丘纣淫地馀民，通系之于淫风而言也。"□正义沙丘在邢州也。民俗懁急，◇集解徐广曰："懁，急也，音绢。一作'儇'，一作'惠'也，音翾也。"○索隐懁音绢。儇音翾。仰机利而食。丈夫相聚游戏，悲歌慷慨，起则相随椎剽，○索隐椎，即追反。椎杀人而剽掠之。休则掘冢作巧奸冶，集解徐广曰："一作'蛊'。"多美物，◇集解徐广曰："美，一作'弄'，一作'椎'。"为倡优。女子则鼓鸣瑟，跕屣，◇集解徐广曰："跕音帖。"张晏曰："跕，屣也。"瓒曰："蹑跟为跕也。"○索隐上音帖，下所绮反。游媚贵富，入后宫，遍诸侯。

然邯郸亦漳、河之间□正义洺水本名漳水，邯郸在其地。一都会也。北通燕、涿，南有郑、卫。郑、卫俗与赵相类，然近梁、鲁，微重而矜节。◇集解徐广曰："矜，一作'务'。"濮上之邑徙野王，◇集解徐广曰："卫君角徙野王。"□正义秦拔卫濮阳，徙其君于怀州野王。野王好气任侠，卫之风也。

夫燕亦勃、碣之间□正义勃海、碣石在西北。一都会也。南通齐、赵，东北边胡。上谷至辽东，地踔远，○索隐刘氏上音卓，一音敕教反，亦远腾浚也。人民希，数被寇，大与赵、代俗相类，而民雕捍○索隐人雕悍。言如雕性之捷捍也。少虑，有鱼盐枣栗之饶。北邻乌桓、○索隐邻，一作"临"。临者，亦却背之义，他并类此也。夫馀，东绾秽貉、○索隐东绾秽貊。案：绾者，绾统其要津；则上云"临"者，谓却背之。朝鲜、真番之利。□正义番音潘。

洛阳东贾齐、鲁，南贾梁、楚。故泰山之阳则鲁，其阴则齐。

齐带山海，◇集解徐广曰："齐世家曰齐自泰山属之琅邪，北被于海，膏壤二千里，其民阔达多匿智。"膏壤千里，宜桑麻，人民多文采布帛鱼盐。临菑亦海岱之间一都会也。其俗宽缓阔达，而足智，好议论，地重，难动摇，怯于众斗，勇于持刺，故多劫人者，大国之风也。其中具五民。◇集解服虔曰："士农商工贾也。"如淳曰："游子乐其俗不复归，故有五方之民。"

而邹、鲁滨洙、泗，犹有周公遗风，俗好儒，备于礼，故其民龊龊。○索隐龊音侧角反，又音侧龂反。颇有桑麻之业，无林泽之饶。地小人众，俭啬，畏罪远邪。及其衰，好贾趋利，甚于周人。

夫自鸿沟以东，◇集解徐广曰："在荥阳。"芒、砀以北，◇集解徐广曰："今为临淮。"属巨野，□正义郓州钜野县钜野泽也。此梁、宋也。◇集解徐广曰："今之浚仪。"□正义鸿沟以东，芒、砀以北至钜野，梁宋二国之地。陶、◇集解徐广曰："今之定陶。"□正义今曹州。睢阳□正义今宋州宋城也。亦一都会也。昔尧作成阳，◇集解如淳曰："作，起也。成阳在定陶。"舜渔于雷泽，◇集解徐广曰："在成阳。"□正义泽在雷泽县西北也。汤止于亳。◇集解徐广曰："今梁国薄县。"□正义宋州谷熟县西南四十五里南亳州故城是也。其俗犹有先王遗风，重厚多君子，好稼穑，虽无山川之饶，能恶衣食，致其蓄藏。

越、楚则有三俗。□正义越灭吴则有江淮以北，楚灭越兼有吴越之地，故言"越楚"也。夫自淮北沛、陈、汝南、南郡，此西楚也。□正义沛，徐州沛县也。陈，今陈州也。汝，汝州也。南郡，今荆州也。言从沛郡西至荆州，并西楚也。其俗剽轻，易发怒，地薄，寡于积聚。江陵故郢都，□正义荆州江陵县故为郢，楚之都。西通巫、巴，□正义巫郡、巴郡在江陵之西也。东有云梦之饶。◇集解徐广曰："在华容。"陈在楚夏之交，□正义夏都阳城。言陈南则楚，西及北则夏，故云"楚夏之交"。通鱼盐之货，其民多贾。徐、僮、取虑，◇集解徐广曰："皆在下邳。"□正义取音秋，虑音闾。徐即徐城，故徐国也。僮、取虑二县并在下邳，今泗州。则清刻，矜己诺。□正义上音纪。

彭城以东，东海、吴、广陵，此东楚也。□正义彭城，徐州治县也。东海郡，今海州也。吴，苏州也。广陵，杨州也。言从徐州彭城历杨州至苏州，并东楚之地。其俗类徐、僮。朐、缯以北，俗则齐。□正义朐，其俱反。县在海州。故缯县在沂州之承县。言二县之北，风俗同于齐。浙江南则越。夫吴自阖庐、春申、王濞三人招致天下之喜游子弟，东有海盐之饶，章山之铜，三江、五湖之利，亦江东一都会也。

衡山、◇集解徐广曰："都邾。邾，县，属江夏。"□正义故邾城在州东南百二十里。九江、□正义九江，郡，都阴陵。阴陵故城在濠州定远县西六十五里。江南、◇集解徐广曰："高帝所置。江南者，丹阳也，秦置为鄣郡，武帝改名丹阳。"□正义案：徐说非。秦置鄣郡在湖州长城县西南八十里，鄣郡故城是也。汉改为丹阳郡，徙郡宛陵，今宣州地也。上言吴有章山之铜，明是东楚之地。此言大江之南豫章长沙二郡，南楚之地耳。徐、裴以为江南丹阳郡属南楚，误之甚矣。豫章、□正义今洪州也。长沙，□正义今潭州也。十三州志云“有万里沙祠，而西自湘州至东莱万里，故曰长沙也”。淮南衡山、九江二郡及江南豫章、长沙二郡，并为楚也。是南楚也，其俗大类西楚。郢之后徙寿春，□正义楚考烈王二十二年，自陈徙都寿春，号之曰郢，故言“郢之徙寿春”也。亦一都会也。而合肥受南北潮，◇集解徐广曰：“在临淮。”□正义合肥，县，庐州治也。言江淮之潮，南北俱至庐州也。皮革、鲍、木输会也。与闽中、干越杂俗，故南楚好辞，巧说少信。江南卑湿，丈夫早夭。多竹木。豫章出黄金，◇集解徐广曰：“鄱阳有之。”□正义括地志云：“江州浔阳县有黄金山，山出金。”长沙出连、锡，然堇堇□正义音谨。物之所有，取之不足以更费。集解应劭曰：“堇，少也。更，偿也。言金少少耳，取之不足用，顾费用也。”九疑、◇集解徐广曰：“山在营道县南。”苍梧以南至儋耳者，□正义今儋州在海中。广州南去京七千馀里。言岭南至儋耳之地，与江南大同俗，而杨州之南，越民多焉。与江南大同俗，而杨越多焉。番禺□正义潘虞二音。今广州。亦其一都会也，珠玑、犀、玳瑁、果、布之凑。◇集解韦昭曰：“果谓龙眼、离支之属。布，葛布。”

颍川、南阳，夏人之居也。◇集解徐广曰：“禹居阳翟。”□正义禹居阳城。颍川、南阳皆夏地也。夏人政尚忠朴，犹有先王之遗风。颍川敦愿。秦末世，迁不轨之民于南阳。南阳西通武关、郧关，◇集解徐广曰：“案汉中。一作‘陨’字。”○索隐郧音云。□正义武关在商州。地理志云宛西通武关，而无郧关。盖“郧”当为“徇”。徇水上有关，在金州洵阳县。徐案汉中，是也。徇，亦作“郇”，与郧相似也。东南受汉、江、淮。宛亦一都会也。俗杂好事，业多贾。其任侠，交通颍川，故至今谓之“夏人”。

夫天下物所鲜所多，人民谣俗，山东食海盐，山西食盐卤，□正义谓西方咸地也。坚且咸，即出石盐及池盐。领南、沙北□正义谓池、汉之北也。固往往出盐，大体如此矣。

总之，楚越之地，地广人希，饭稻羹鱼，或火耕而水耨，◇集解徐广曰：“乃遘反。除草也。”□正义言风草下种，苗生大而草生小，以水灌之，则草死而苗无损也。耨，除草也。果隋◇集解徐广曰：“地理志作‘蓏’。”○索隐下音徒火反。注蓏音郎果反。□正义隋，今为“鲅”，音同，上古少字也。蓏，力和反。果鲅犹鲅叠包裹也，今楚越之俗尚有“裹鲏”之语。楚越水乡，足螺鱼鳖，民多采捕积聚，鲏叠包裹，煮而食之。班固不晓“裹鲏”之方言，修太史公书述地志，乃改云“果蓏蠃蛤”，非太史公意，班氏失之也。蠃蛤，不待贾而足，□正义贾音古。言楚越地势饶食，不用他贾而自足，无饥馑之患。地埶饶食，无饥馑之患，以故呰窳◇集解徐广曰：“音紫。呰窳，苟且堕懒之谓也。”骃案：应劭曰“呰，弱也”。晋灼曰“窳，病也”。○索隐上音紫，下音庾。苟且懒惰之谓。应劭云“呰，弱也”。晋灼曰“窳，病也”。□正义案：食螺蛤等物，故多羸弱而足病也。淮南子云“古者民食蠃蜁之肉，多疹毒之患”也。偷生，无积聚□正义言江淮以南有水族，民多食物，朝夕取给以偷生而已。不为积聚，乃多贫也。而多贫。是故江淮以南，无冻饿之人，亦无千金之家。沂、泗水以北，宜五谷桑麻六畜，地小人众，数被水旱之害，民好畜藏，故秦、夏、梁、鲁好农而重民。三河、宛、陈亦然，加以商贾。齐、赵设智巧，仰机利。燕、代田畜而事蚕。

由此观之，贤人深谋于廊庙，论议朝廷，守信死节隐居岩穴之士设为名高者安归乎？归于富厚也。是以廉吏久，久更富，廉贾归富。◇集解骃案：归者，取利而不停货也。富者，人之情性，所不学而俱欲者也。故壮士在军，攻城先登，陷阵却敌，斩将搴旗，前蒙矢石，不避汤火之难者，为重赏使也。其在闾巷少年，攻剽椎埋，劫人作奸，掘冢铸币，任侠并兼，借交报仇，篡逐幽隐，不避法禁，走死地如骛者，◇集解徐广曰：“骛，一作‘流’。”其实皆为财用耳。今夫赵女郑姬，设形容，揳鸣琴，揄长袂，蹑利屣，◇集解徐广曰：“揄音臾。蹑，一作‘跕’。跕音吐协反。屣音山耳反，舞屣也。”目挑心招，□正义挑音田鸟反。出不远千里，不择老少者，奔富厚也。游闲公子，饰冠剑，连车骑，亦为富贵容也。弋射渔猎，犯晨夜，冒霜雪，驰坑谷，不避猛兽之害，为得味也。博戏驰逐，斗鸡走狗，作色相矜，必争胜者，重失负也。医方诸食技术之人，焦神极能，为重糈也。吏士舞文弄法，刻章伪书，不避刀锯之诛者，没于赂遗也。农工商贾畜长，固求富益货也。此有知尽能索耳，终不馀力而让财矣。

谚曰：“百里不贩樵，千里不贩籴。”居之一岁，种之以谷；十岁，树之以木；百岁，来之以德。德者，人物之谓也。今有无秩禄之奉，爵邑之人，而乐与之比者。命曰“素封”。○索隐谓无爵邑之人，禄秩之奉，则曰“素封”。素，空也。□正义言不仕之人自有园田收养之给，其利比于封君，故曰“素封”也。封者食租税，岁率□正义音律。户二百。千户之君○索隐千户之邑，户率二百，故千户二十万。则二十万，朝觐聘享出其中。庶民农工商贾，率亦岁万索隐息二千，故百万之家亦二十万。息二千，百万之家则二十万，而更徭租赋出其中。衣食之欲，恣所好美矣。故曰陆地牧马二百蹄，◇集解汉书音义曰：“五十匹。”○索隐案：马有四足，二百蹄有五十匹也。汉书则云“马蹄噭千”，所记各异。牛蹄角千，◇集解汉书音义曰：“百六十七头也。马贵而牛贱，以此为率。”○索隐牛足角千。案：马贵而牛贱，以此为率，则牛有百六十六头有奇也。千足羊，泽中千足彘，◇集解韦昭曰：“二百五十头。”○索隐韦昭云：“二百五十头。”水居千石鱼陂，◇集解徐广曰：“鱼以斤两为计也。”○索隐陂音诐。汉书作“皮”，音披。□正义言陂泽养鱼，一岁收得千石鱼卖也。山居千章之材。◇集解徐广曰：“一作‘楸’。”骃案：韦昭曰“楸木所以为辕，音秋”。○索隐汉书作“千章之萩”，音秋。服虔云：“章，方也。”如淳云：“言任方章者千枚，谓章，大材也。”乐产云：“萩，梓木也，可以为辕。”安邑千树枣；燕、秦千树栗；蜀、汉、江陵千树橘；淮北、常山已南，河济之间千树萩；陈、夏千亩漆；齐、鲁千亩桑麻；渭川千亩竹；及名国万家之城，带郭千亩亩锺之田，◇集解徐广曰：“六斛四斗也。”若千亩卮茜，◇集解徐广曰：“卮音支，鲜支也。茜音倩，一名红蓝，其花染缯赤黄也。”○索隐卮音支，鲜支也。茜音倩，一名红蓝花，染缯赤黄也。千畦姜韭：◇集解徐广曰：“千畦，二十五亩。”骃案：韦昭曰“畦犹陇”○索隐韦昭云：“埒中畦犹陇也，谓五十亩也。”刘熙注孟子云：“今俗以二十五亩为小畦，五十亩为大畦。”王逸云：“畦犹区也。”此其人皆与千户侯等。然是富给之资也，不窥市井，不行异邑，坐而待收，身有处士之义而取给焉。若至家贫亲老，妻子软弱，岁时无以祭祀进醵，◇集解徐广曰：“会聚食。”○索隐音渠略反。饮食被服不足以自通，如此不惭耻，则无所比矣。是以无财作力，少有斗智，□正义言少有钱财，则斗智巧而求胜也。既饶争时，□正义既饶足钱财，乃逐时争利也。此其大经也。今治生不待危身取给，则贤人勉焉。是故本富为上，末富次之，奸富最下。无岩处奇士之行，而长贫贱，好语仁义，亦足羞也。

凡编户之民，富相什则卑下之，伯则畏惮之，千则役，万则仆，物之理也。夫用贫求富，农不如工，工不如商，刺绣文不如倚市门，此言末业，贫者之资也。通邑大都，酤一岁千酿，□正义酿千瓮。酤酰醋。酒酤。醯酱千瓨，集解徐广曰："长颈罂。"○索隐醯醢千鲊。闲江反。浆千甔，◇集解徐广曰："大罂缶。"○索隐酱千檐。下都甘反。汉书作"儋"。孟康曰"儋，石罂"。石罂受一石，故云儋石。一音都滥反。屠牛羊彘千皮，贩谷粜千锺，◇集解徐广曰："出谷也。粜音掉也。"薪稾千车，船长千丈，○索隐按：积数长千丈。木千章，◇集解汉书音义曰："洪洞方稾。章，材也。旧将作大匠掌材曰章曹掾。"○索隐案：将作大匠掌材曰章曹掾。洪，胡孔反；洞音动。又并如字也。竹竿万个，◇集解徐广曰："古贺反。"○索隐竹干万个。释名云："竹曰个，木曰枚。"方言曰："个，枚也。"仪礼、礼记字为"个"。又功臣表"杨仅人竹三万个"。个个古今字也。□正义释名云："竹曰个，木曰枚。"其轺车百乘，◇集解徐广曰："马车也。"□正义轺音遥。说文云："轺，小车也。"牛车千两，□正义车一乘为一两。风俗通云："箱辕及轮，两两而偶之，称两也。"木器髤者千枚，◇集解徐广曰："髤音休，漆也。"○索隐髤者千。上音休。谓漆也。千谓千枚也。□正义颜云"以漆物谓之髤"。又音许昭反。今关东俗器物一再漆者谓之"稍漆"，即髤声之转耳。今关西俗云黑髤盘，朱，两义并通。铜器千钧，◇集解徐广曰："三十斤。"素木铁器若卮茜千石，◇集解徐广曰："百二十斤为石。"骃案：汉书音义曰"素木，素器也"。马蹄躈千，◇集解徐广曰："躈音苦吊反，马八髎也，音料。"○索隐徐广音苦吊反，马八髎也，音料。埤仓云"尻骨谓八髎，一曰夜蹄"。小颜云"噭，口也。蹄与口共千，则为二百匹"。若顾胤则云"上文马二百蹄，比千乘之家，不容亦二百。则躈谓九窍，通四蹄为十三而成一马，所谓'生之徒十有三'是也。凡七十六匹马"。案：亦多于千户侯比，则不知其所。牛千足，羊彘千双，僮手指千，集解汉书音义曰："僮，奴婢也。古者无空手游日，皆有作务，作务须手指，故曰手指，以别马牛蹄角也。"筋角丹沙千斤，其帛絮细布千钧，文采千匹，榻布皮革千石，◇集解徐广曰："榻音吐合反。"骃案：汉书音义曰"榻布，白叠也"。○索隐荅布。注音吐合反，大颜音吐盍反。案：以为粗厚之布，与皮革同以石而秤，非白叠布也。吴录云"有九真郡布，名曰白叠"。广志云"叠，毛织也"。□正义颜师古曰："粗厚之布也。其价贱，故与皮革同重耳，非白叠也。荅者，厚之貌也。"案：白叠，木绵所织，非中国有也。漆千斗，○索隐汉书作“漆大斗”。案：谓大斗，大量也。言满量千斗，即今之千桶也。蘖麹盐豉千荅，◇集解徐广曰：“或作‘台’，器名有瓵。孙叔然云瓵，瓦器，受斗六升合为瓵。音贻。”○索隐盐豉千盖。下音贻。炎说云“瓵，瓦器，受斗六合”，以解此“盖”，非也。案：尚书大传云“文皮千合”，则数两谓之合也。三仓云“椭，盛盐豉器，音他果反”，则盖或椭之异名耳。鲐鮆◇集解汉书音义曰：“音如楚人言荠，鮆鱼与鲐鱼也。”○索隐说文云：“鲐，海鱼。音胎。鮆鱼，饮而不食，刀鱼也。”尔雅谓之鮆鱼也。鮆音才尔反，又音荠。□正义音台，又音贻。说文云“鲐，海鱼”也。鮆音齐礼反，刀鱼也。千斤，鲰千石，鲍千钧，◇集解徐广曰：“鲰音辄，膊鱼也。”○索隐鲰音辄，一音昨苟反。鲰，小鱼也。鲍音抱，步饱反，今之鲰鱼也。膊音铺博反。案：破鲍不相离谓之膊，渍云鲍。声类及韵集虽为此解，而“鲰生”之字见与此同。案：鲰者，小杂鱼也。正义鲰音族苟反，谓杂小鱼也。鲍，白也。然鲐鮆以斤论，鲍鲰以千钧论，乃其九倍多，故知鲐是大好者，鲰鲍是杂者也。徐云鲰，膊鱼也。膊，并各反。谓破开中头尾不相离为鲍，谓之膊关者也，此亦大鱼为之也。枣栗千石者三之，索隐案：三之者，三千石也。必三之者，取类上文故也。以枣栗贱，故三之为三千石也。□正义谓三千石也。言枣栗三千石乃与上物相等。狐鼦○索隐下音雕也。□正义音雕。裘千皮，羔羊裘千石，○索隐羔羊千石。谓秤皮重千石。旃席千具，佗果菜千锺，○索隐果菜千种。千种者，言其多也。□正义锺，六斛四斗。果菜谓杂果菜，于山野采取之。子贷金钱千贯，○索隐案：子谓利息也。贷音土代反。节驵会，◇集解徐广曰：“驵音祖朗反，马侩也。”骃案：汉书音义曰“会亦是侩也。节，节物贵贱也。谓估侩其馀利比千乘之家”。○索隐案：节者，节贵贱也。驵，旧音祖朗反，今音奘。驵者，度牛马市；云驵侩者，合市也，音古外反。淮南子云“段干木，晋国之大驵”，注云“干木，度市之魁也”。贪贾三之，廉贾五之，◇集解汉书音义曰：“贪贾未当卖而卖，未可买而买，故得利少，而十得三。廉贾贵而卖，贱乃买，故十得五。”此亦比千乘之家，其大率也。□正义率音律。佗杂业不中什二，则非吾财也。□正义言杂恶业，而不在什分中得二分之利者，非世之美财也。

请略道当世千里之中，贤人所以富者，令后世得以观择焉。

蜀卓氏之先，◇集解徐广曰：“卓，一作‘淖’。”○索隐注“卓，一作‘淖’”，并音斫，一音闹。淖亦音泥淖，亦是姓，故齐有淖齿，汉有淖盖，与卓氏同出，或以同音淖也。赵人也，用铁冶富。秦破赵，迁卓氏。卓氏见虏略，独夫妻推辇，行诣迁处。诸迁虏少有馀财，争与吏，求近处，处葭萌。◇集解徐广曰："属广汉。"□正义葭萌，今利州县也。唯卓氏曰："此地狭薄。吾闻汶山之下，○索隐汶山下。上音颇也。□正义汶音珉。沃野，下有蹲鸱，集解徐广曰："古'蹲'字作'踆'。"骃案：汉书音义曰"水乡多鸱，其山下有沃野灌溉。一曰大芋"。□正义蹲鸱，芋也。言邛州临邛县其地肥又沃，平野有大芋等也。华阳国志云汶山郡都安县有大芋如蹲鸱也。至死不饥。民工于市，易贾。"乃求远迁。致之临邛，大喜，即铁山鼓铸，运筹策，○索隐汉书云"运筹以贾滇"。倾滇蜀之民，□正义滇，一作"沮"。汉书亦作"滇"。今益州郡有蜀州，亦因旧名及汉江为名。江在益州，南入导江，非汉中之汉江也。富至僮千人。○索隐汉书及相如列传并云"八百人"也。田池射猎之乐，拟于人君。

程郑，山东迁虏也，亦冶铸，贾椎髻之民，○索隐魋结之人。上音椎髻，谓通贾南越也。富埒卓氏，○索隐埒者，邻畔，言邻相次。俱居临邛。

宛孔氏之先，梁人也，用铁冶为业。秦伐魏，迁孔氏南阳。大鼓铸，规陂池，连车骑，游诸侯，因通商贾之利，有游闲公子之赐与名。◇集解韦昭曰："优游闲暇也。"○索隐谓通赐与于游间公子，得其名。然其赢得过当，愈于纤啬，○索隐谓孔氏以资给诸侯公子，既已得赐与之名，又蒙其所得之赢过于本资，故云"过当"，乃胜于细碎俭啬之贾也。纤，细也。方言云"纤，小也。愈，胜也"。□正义音色。啬，吝也。言孔氏连车骑，游于诸侯，以资给之，兼通商贾之利，乃得游闲公子交名。然其通计赢利，过于所资给饷遗之当，犹有交游公子雍容，而胜于悭吝也。家致富数千金，故南阳行贾尽法孔氏之雍容。

鲁人俗俭啬，而曹邴氏○索隐邴音柄也。尤甚，以铁冶◇集解徐广曰："鲁县出铁。"起，富至巨万。然家自父兄子孙约，俯有拾，仰有取，贳贷行贾遍郡国。邹、鲁以其故多去文学而趋利者，以曹邴氏也。

齐俗贱奴虏，而刀间○索隐上音雕，姓也。间，如字。□正义刀，丁遥反，姓名。独爱贵之。桀黠奴，人之所患也，唯刀间收取，使之逐渔盐商贾之利，或连车骑，交守相，然愈益任之。终得其力，起富数千万。故曰"宁爵毋刀"，◇集解汉书音义曰："奴自相谓曰：'宁欲免去作民有爵邪？将止为刀氏作奴乎？'毋，发声语助。"○索隐案奴自相谓曰："宁免去求官爵邪？"曰："无刀。"无刀，相止之辞也，言不去，止为刀氏作奴也。言其能使豪奴自饶而尽其力。

周人既纤，◇集解汉书音义曰："俭，啬也。"而师史○索隐师，姓；史，名。□正义师史，人姓名。尤甚，转毂以百数，贾郡国，无所不至。洛阳街居在齐秦楚赵之中，□正义洛阳在齐秦楚赵之中，其街巷贫人，学于富家，相矜以久贾诸国，皆数历里邑不入其门，故前云"洛阳东贾齐、鲁，南贾梁、楚"是也。贫人学事富家，相矜以久贾，◇集解汉书音义曰："谓街巷居民无田地，皆相矜久贾在此诸国也。"数过邑不入门，设任此等，故师史能致七千万。

宣曲◇集解徐广曰："高祖功臣有宣曲侯。"○索隐韦昭云："地名。高祖功有宣曲侯。"上林赋云"西驰宣曲"，当在京辅，今阙其地。□正义案：其地合在关内。张揖云"宣曲，宫名，在昆池西也"。任氏之先，为督道仓吏。集解汉书音义曰："若今吏督租谷使上道输在所也。"韦昭曰："督道，秦时边县名。"秦之败也，豪杰皆争取金玉，而任氏独窖仓粟。◇集解徐广曰："窖音校，穿地以藏也。"楚汉相距荥阳也，民不得耕种，米石至万，而豪杰金玉尽归任氏，任氏以此起富。富人争奢侈，而任氏折节为俭，力田畜。田畜人争取贱贾，○索隐晋灼云："争取贱贾金玉也。"□正义音价也。任氏独取贵善。○索隐谓买物必取贵而善者，不争贱价也。富者数世。然任公家约，非田畜所出弗衣食，公事不毕则身不得饮酒食肉。以此为闾里率，故富而主上重之。

塞之斥也，◇集解汉书音义曰："边塞主斥候卒也。唯此人能致富若此。"○索隐孟康云："边塞主斥候之卒也。"又案：斥，开也，相如传云"边塞益斥"是也。□正义孟康云："边塞主斥候卒也。唯此人能致富若此。"颜云："塞斥者，言国斥开边塞，更令宽广，故桥姚得恣其畜牧也。"唯桥姚○索隐桥姓，姚名。□正义姓桥，名姚也。已致马千匹，○索隐言桥姚因斥塞而致此资。风俗通云："马称匹者，俗说云相马及君子与人相匹，故云匹。或说马夜行目照前四丈，故云一匹。或说度马纵横适得一匹。"又韩诗外传云："孔子与颜回登山，望见一匹练，前有蓝，视之果马，马光景一匹长也。"牛倍之，羊万头，粟以万锺计。吴楚七国兵起时，长安中列侯封君行从军旅，赍贷子钱，○索隐赍音子稽反。贷，假也，音吐得反。与人物云赍。周礼注"赍所给与"也。子钱家以为侯邑国在关东，关东成败未决，莫肯与。唯无盐氏出捐千金贷，○索隐吐代反。其息什之。○索隐谓出一得十倍。三月，吴楚平，一岁之中，则无盐氏之息什倍，用此富埒关中。

关中富商大贾，大抵尽诸田，田啬、田兰。韦家栗氏，安陵、杜杜氏，集解徐广曰："安陵及杜，二县名，各有杜姓也。宣帝以杜为杜陵。"亦巨万。

此其章章尤异者也。◇集解徐广曰："异，一作'淑'，又作'较'。"皆非有爵邑奉禄弄法犯奸而富，尽椎埋去就，与时俯仰，获其赢利，以末致财，用本守之，以武一切，用文持之，变化有概，故足术也。若至力农畜，工虞商贾，为权利以成富，大者倾郡，中者倾县，下者倾乡里者，不可胜数。

夫纤啬筋力，治生之正道也，而富者必用奇胜。田农，掘业，◇集解徐广曰："古'拙'字亦作'掘'也。"而秦扬以盖一州。○索隐汉书作"甲一州"。服虔云："富为州之中第一。"掘冢，奸事也，而田叔以起。博戏，恶业也，而桓发○索隐汉书作"稽发"。□正义桓发，人姓名。用富。行贾，丈夫贱行也，而雍乐成以饶。贩脂，□正义说文云"戴角者脂，无角者膏"也。辱处也，而雍伯千金。◇集解徐广曰："雍，一作'翁'。"○索隐雍，于恭反。汉书作"翁伯"也。卖浆，小业也，而张氏千万。洒削，◇集解徐广曰："洒，或作'细'。"骃案：汉书音义曰"治刀剑名"。○索隐上音先礼反，削刀者名。洒削，谓摩刀以水洒之。又方言云"剑削，关东谓之削，音肖"。削，一依字读也。薄技也，而郅氏鼎食。胃脯，○索隐晋灼云："太官常以十月作沸汤燖羊胃，以末椒姜粉之讫，暴使燥，则谓之脯，故易售而致富。"□正义案：胃脯谓和五味而脯美，故易售。简微耳，浊氏连骑。马医，浅方，张里击锺。此皆诚壹之所致。

由是观之，富无经业，则货无常主，能者辐凑，不肖者瓦解。千金之家比一都之君，巨万者乃与王者同乐。岂所谓"素封"者邪？非也？

（选自三家注《史记》）

第五讲　利己心与公共利益

[荷]伯纳德·曼德维尔

伯纳德·曼德维尔（Bernard Mandeville，1670—1733），荷兰鹿特丹人，医学博士。大约在1696年起旅居英国行医，是神经与肠胃病及“歇斯底里症”的治疗专家。1705年，他发表了一篇讽刺性散文体诗《抱怨的蜂巢，或骗子变作老实人》。后来，他不断给诗文增加新内容，思想也日趋清晰、成熟，原诗文发展成为《蜜蜂的寓言——私人的恶德，公众的利益》（*The Fable of the Bees; or, Private Vices, Publick Benefits*, 1714）。曼德维尔第一个系统地思考了经济学的基础性问题。针对当时的宗教、道德观念，曼德维尔首先大声疾呼：个人的自私欲望不是恶，个人出于自私欲望而采取的行为，完全可以带来公共的善。相反，所谓的善心反而让文明倒退。不过，接下来，曼德维尔也指出了：自私行为要促进公共之善，需要某种条件。这种条件就是一套正当行为规则体系，或者说法律。

【编者按：这篇散文体讽刺诗用一个蜂国比喻人类社会，大体上分为两部分：前半部分描述一个自然的蜂国，尽管个人的行动出于自私，整个蜂国却是一个乐园；后半部分则描述这些自私心消灭之后，蜂国却陷入了萧条悲惨境地。最后，作者点出了寓意："只要经过了正义的修建约束，恶德亦可带来益处。"需要注意的是曼德维尔在整个讨论中对人性、对社会所持的现实态度。人类历史上不断有人抱怨市场的运转依赖人的自私心，试图消灭人的自私心，结果这些社会确实进入曼德维尔所描述的那种悲惨情形。】

宽敞的蜂巢有众多蜜蜂聚居，
他们的生活实在是奢华安逸；
这蜂国素以法律和军队驰名，
它繁育着庞大而勤劳的蜂群；
这蜜蜂之国的确可以被列入
科学与勤勉的一方伟大苗圃。
没有哪群蜂有过更好的政府，
或者更无瑕疵，或者更不知足；
他们既不是残暴君主的奴隶，
亦未蒙受狂热民主制的治理；
有一点却不会错：他们有国王，
然而法律却高于君主的权杖。

这些昆虫生活于斯，宛如人类，

微缩地表演人类的一切行为；
他们做城市里人做的诸事，
也做属于长剑及法衣的事：
他们完成的精微工作，是由
人眼难辨的纤肢轻敏造就；
我们虽然见不到引擎和劳工，
见不到船只、城堡、军队和技工，
见不到工艺、科学、商店、工具，
但蜂国却有与之相当的东西；
蜜蜂讲的语言我们虽说不懂，
但那些名称必与我们的对应。
应当承认：除需要其他事物外，
他们也需要钱，他们仍有国王；
他们也有卫兵；因此我们可以
得出公正结论：他们亦有戏剧；
除非军团的士兵列队游行，
否则军团的存在别无他用。

大群的蜜蜂涌进兴旺的蜂巢；
那众多的蜜蜂更使他们繁茂；
数百万蜜蜂无不在纷纷尽力
满足着彼此间的虚荣与贪欲；
而另外数百万蜜蜂则被雇来，
目睹他们的手工在横遭破坏；
他们已然构成了半数的蜂国，
但他们的工作却比工蜂更多。
有些拥有丰沛股本，痛苦很少，
他们全力投入生意，收益丰饶；

有些则注定使用斧头和铁铲，
肩负着一切艰苦辛劳的重担；
那不幸者，则情愿日日地挥汗，
气力用完、四肢疲惫才能吃饭；
另一些则从事那些神秘技艺，
唯少数蜜蜂才能成为其徒弟；
它不要什么股本，而只要黄铜，
即使一文不名，也能发财兴隆；
他们是骗子、寄生虫、皮条客和优伶，
是小偷、造假币的、庸医和算命先生。
面对正直的劳作，他们全都是
心怀敌意，因此纷纷绞尽脑汁，
将善良无心邻居的劳动
统统转为自己所用。
此辈被称作骗子，他们否认此名，
严肃勤勉者也无不徒有其名；
一切行当和地方都存在欺骗，
没有一种行业里不包含谎言。

律师，这个行业的诀窍之根本
乃是均分办案所得，聚敛资金，
与一切登记作对，而这些骗子
会为抵押的财产做更多丑事；
他们像不法者，虽未成为被告，
但对自己的罪，他们想必知晓。
他们总是故意拖延出席听证，
却掰着手指计算聘请的费用；
为了给一项邪恶的理由辩护，

他们便去检索浏览法律全书。
如同窃贼商店和客栈之所为，
寻找着最能乘虚而入的机会。

医生们将自己的财富及名声
看得比垂危患者的健康还重，
也重于其医术：他们最下功夫
研究的，并非医术的规则法度；
而是凝思的外表和无味行为，
以便获取药剂师的青睐赞美；
以便获取接生婆、神甫和来自
一切为生与死服务者的赞誉。
以与那些永远饶舌的人相处，
去聆听我太太的姑妈的吩咐；
带着定了型的笑容，问声日安，
去讨好家庭当中的所有成员；
并且，最该遭诅咒的事情是去
忍受护士们的种种刁蛮无礼。

那些为主神服务的众多神甫，
他们被雇来从上界获取赐福，
其中的少数具有口才和学识，
大多数却统统是暴躁和无知；
但全都通过了考核，并全能将
其怠惰、淫欲、贪财和傲慢掩藏；
以这些嗜好闻名，就像缝衣匠
喜欢白菜、水手爱白兰地一样。
有些神甫相貌粗俗，衣着寒酸，

往往神秘兮兮地为面包祷念；
本打算以此获得充裕的存货，
然而他们其实并未获得更多；
当这些神职苦役挨饿的时刻，
他们为之服务的那班懒惰者
却正在安享舒适，他们的脸上
焕发着健康富裕的熠熠容光。

有些士兵不得不去投身战役，
若能幸存，他们便会获得荣誉；
有一些虽然躲过了血腥死亡，
却是四肢残缺地逃离了战场；
一些骁勇的将军与顽敌战斗，
另一些却接受贿赂，放走敌手；
有些总是敢于投入激烈拼搏，
这次失掉腿，下次又失掉胳膊；
直到完全丧失能力而被抛弃，
仅靠着他们的半份薪水生活；
而另一些人从未参加过战斗，
留在家中，却享受着双份薪酬。

其国王们虽受侍奉，却在受骗，
被自己的内阁大臣蒙哄欺瞒；
许多大臣是自己福祉的奴隶，
紧攥着他们节省的每枚钱币：
虽年金微薄，却过着奢华生活，
他们总是以自己的诚实自得。
每当他们在滥用自己的权力，

便将狡猾骗术称作权宜之计；
百姓若是看破了他们的伪善，
他们往往会用津贴充作交换；
只要是一切有关获取的事务，
他们便不肯朴素，亦不知餍足；
这是因为没有一只蜜蜂不想
获得比他应得的更多；
这个念头却不敢让别人知道，
他为此付出，像你们赌徒所做的，
尽管机会公平，但在输家赢得
他们所赢之前，赢家从未赢过。

但谁能将他们频频称为骗子？
他们将大街上被废弃的东西
统统卖作垃圾，却可肥沃土壤，
买主们时常会发现：自己往往
在与一大群百无一用的无赖
和龌龊的渣滓互相混杂起来；
但连枷[①]却很少有抱怨的理由，
他出售另一种盐去换取黄油。
正义女神[②]素以公平正大闻名，
她虽蔽目，却依然不失其感情；
她的左手，本应持着天平衡器，
却为黄金收买，屡将天平丢弃；

① 连枷（flail），一种打谷用具。这里转喻那些尽量利用机会发财的人；而所谓“另一种盐”，即指此段中说的城市垃圾。

② 正义女神，即古罗马神话中的朱蒂提亚（Justitia），古希腊神话中的狄刻（Dice），被描绘为以布带蒙眼，一手持剑，一手持天平的女子。

还有，尽管她看上去不偏不倚，
其惩罚其实仅出于个别私利，
审判谋杀及一切暴力犯罪时，
却佯装经过了正常法律程序；
但有一些虽因欺骗初遭嘲笑，
最终仍因为其失败而被处绞；
有些人认为：这位女神的利剑
只用来对付绝望者与贫穷汉；
那利剑被迫出于纯粹的必然，
悬挂在那株罪恶的病树上面，
那些罪人实在不该遭此命运，
受到护佑的乃是显赫的富人。

因此，每个部分虽都被恶充满，
然而，整个蜂国却是一个乐园；
蜂群爱好和平，同时惧怕战争，
这蜂群受到异邦群蜂的尊重，
享受挥霍财富及生命的生活，
享受与其他蜂巢的贸易差额。
而这已成了这个蜂国的福分，
其共有的罪恶使其壮大昌盛。
而美德则已经从政客们那里
学得了上千狡猾多端的诡计，
在政客们那些美妙影响之下，
美德与恶德结为朋友，从此后，
众多蜜蜂当中的那些最劣者
对公众的共同福祉贡献良多。

此乃这蜂国的诡计，每个分支
都在抱怨，其整体却得以维持；
这就如同那音乐里面的和声，
总体和谐中亦存在不谐和音；
那直接对立的党派实为互助，
虽然表面上似有敌意与怨怼；
而节制饮酒的约束更会导致
众蜂的酩酊大醉与狂饮暴食。

贪婪，这个衍生出邪恶的根基，
这该诅咒的劣根的天生恶德，
乃是那些挥霍者的仆从奴隶，
挥霍是一种高贵罪孽；而奢侈
亦在支配着上百万穷苦之士，
可恶的骄傲则主宰着更多人：
皆因为嫉妒心与虚荣心本身
均为激励勤勉奋斗的传道人；
他们那种可爱的愚蠢与无常
见诸其饮食、家具以及服装，
那恶德虽说是格外荒唐万分，
却在推动着贸易的车轮前进。
他们的法律以及他们的服装，
亦统统都是同样的变幻无常；
因为此时被看作正当的行为
仅半年之后便会被视为犯罪；
而当他们照此修改其法律之时，
却仍希图寻找并匡正微小过失，
他们被屡错屡犯的失误所改善，

任何精明都无法预见那些错舛。

恶德就这样养育了机智精明，
它随着时代及勤勉一同前行，
并且给生活带来了种种方便，
它是真正的快乐、舒适与安然，
其威力无比，竟使那些赤贫者
生活得比往日阔人还要快乐，
因此他们的所求已没有再多。

一旦众生了解了福乐的界限，
便会懂得其幸福是何等虚幻！
下界凡胎所拥有的那种完美，
已非上界众神所能一一具备；
这些满腹牢骚的畜生从来都
对传道士们和政府心满意足。
但他们虽每每取得邪恶成功，
却喜爱那班无可救药的生灵，
即那些该死政客、军队及舰只；
人人都在喊叫着骗子手该死，
尽管意识到自己亦是个骗子，
却强烈盼望着别人心地诚实。

有人因欺骗主人、国王和穷汉，
获得了王侯贵族一般的财产，
他竟敢大喊：这国土必会因为
其全部欺诈而沉落。你认为谁
该被这个说教的恶棍所谴责？

是那售羔羊以换孩子的商者。

最不该做的错事已全被做完，
最妨害公众生意之事亦做全；
但所有恶棍却都无耻地高叫：
好心的神，吾辈若诚实该多好！
他们对无耻做出宽宥的笑容，
而被另一些人称为事理不明，
他们对其所爱之德总是抱怨，
但愤怒的主神却被抱怨感染，
主神终于愤怒地发出了誓言：
使那个抱怨的蜂巢全无欺诈。
神实现了誓言。欺诈刚离片刻，
诚实便充满了蜜蜂们的心窝。
像那知善恶树[①]，让蜜蜂们看清
他们的那些羞于目睹的罪行；
他们在默默忏悔自己的罪行，
脸儿被自身的丑恶羞得通红：
宛如儿童，常常掩盖其过错，
他们的脸红便表明了其思索；
他们还相信：当旁人看到他们，
会知道他们做过的那些事情。

众神啊！蜜蜂是何等惴惴不安，
其变化又是何其广泛而突然！

---

① 知善恶树(Instructive Tree)，《圣经》中上帝种在乐园中的树，吃了树上的果子可分辨善恶，又叫作 Tree of Knowledge。典出《旧约·创世记》2：17。

半点钟之后，在整个蜂国里
一镑的价值跌至仅值一文钱。
伪善面具统统被丢在了地下，
从大政治家直到粗俗的傻瓜；
一些借得假面者似乎很出名，
其实本人却看上去十分陌生。
酒馆从那天开始便人迹清静，
因为现在欠债者都情愿还清
哪怕是已被债主遗忘的欠账；
债主将其勾销，并不念念不忘。
那些曾做过错事者默然而立，
脱却了打着补丁的难堪外衣：
在一个诚实的蜂巢中，众律师
已经没有可用来发财的东西，
唯有那些终日奔波、吃苦受累
的律师，才能挣到足够的薪水。

正义绞死一些罪犯，释放其余，
在她自己目标已经完成之际，
她的存在便不再被视为必备，
其全部仪仗及辉煌就此隐退。
最先是铁匠连同枷锁和铁栏、
脚镣和装着铁片的监狱门板；
然后是看守、狱吏以及助理，
正义女神前面不远，站立着
她那最重要最忠实的弘扬者——

凯奇老爷[①]，这位伟大的执法者，
手中已没有那柄无形的利剑，
紧握自己的工具：斧头及绞索。
蒙眼的正义女神立在云端，
她本人已经被弃诸一边；
她身旁是她的车辇，在她后面
是各种各样的警察和执行官、
法警以及法院的官吏，
他们全都从泪水中榨取生计。

当众蜂生病时，虽然医术犹存，
却唯有熟练的蜂医开药问诊，
蜂医往返的蜂巢皆相距甚远，
他们没有必要去对患者行骗，
亦不作空洞的争论，而是竭力
帮助患者去挣脱病痛的藩篱。
任欺诈的国家生产那些药品，
众蜂仅使用本国出产的药品；
他们知道：众神若将疾病带到
那个蜂国，必会同样带去良药。
蜂国的教士们从怠惰中奋起，
已不再向副牧师们收费取利；
而是自食其力并且弃绝恶行。
由祈祷者和牺牲供奉的神明、
一切不合时宜的神，以及那些

① 凯奇老爷，原文为“Squire CATCH”。在曼德维尔时代，“杰克·凯奇”（Jack Ketch）这个名字已经成为刽子手的代称。

知道供奉自己实属多余的神，
都纷纷隐退；因此圣事的数量
便大为减少，（若众蜂需要敬神）
少数圣事由专职大主教主持，
众蜂全都听从他的循循教导。
他本人履行关怀的高尚圣职，
绝不干预过问其他任何国事。
他不会将饥饿者从门前赶走，
亦不会勒索穷困者们的薪酬。
饥饿者能够在他的家中吃饱，
雇工在那里能找到大量面包，
贫困旅人亦能得到食宿照料。

在国王的众位显要大臣当中，
在国家的所有下属官员当中，
变化是如此巨大，因他们此刻
已经厉行节俭，仅靠薪俸生活。
穷蜜蜂会十倍繁复地来索取
本来应当得到的薪水，一笔小数；
教士的职业统统是分文不取，
给一些在职的教士一个金币，
现在这会被称为地道的骗术，
尽管从前这被叫作额外贴补，
一切事务皆由三巨头来掌管，
他们必须彼此监视诡诈不端。
以前他们常有种同样的感觉，
它促使他们从事各自的盗窃；
如今他们却怀有同一种感情，

那种感情与数千蜜蜂的相同。
现在没有任何荣誉令人满意，
唯愿拥有应有的生活和器具。
掮客将制服闲挂在其商号里，
他们愉快地与四轮马车分离；
为了还债，他们卖掉乡间别墅，
还卖掉堂皇华美的全套马匹。

众蜂规避虚假的价值与骗术，
他们在国外已没有一兵一卒；
众蜂嘲笑异国蜜蜂妄自尊重，
嘲笑由战争获取的空洞光荣。
在正义、自由遭到威胁的时刻，
他们也去作战，却是为了祖国。

现在我们看看这光荣的蜂巢，
看看诚实与商业的相合相交。
虚饰已不复存在，正迅速消失，
而另一种面貌已经取而代之。
因现在已经不仅是个别蜜蜂
每年都在市场花去大笔开支，
而是以劳作为生的众多蜜蜂
每天都不得不做同样的劳动。
他们即使改行亦都于事无补，
因为各自只有做本行的天赋。

土地和房屋的价格急剧下降，
贬值的还有奇丽的殿宇宫墙；

犹如底比斯宫殿被当作赌注，
等待出租；而安坐殿堂的众神
虽一度欢欣，现在却宁愿被焚，
亦不愿看到门上的简陋镌铭
嘲笑那为众神所厌恶的虚荣。
建筑业亦几乎全被弃诸一旁，
没有任何人想雇用建筑工匠。
没有哪个测绘师能声名大振，
石匠和雕刻匠亦皆默默无闻。
节制欲望的众蜂在努力学习，
不学如何花钱，而学怎样生活。
尽管他们挥霍过自己的酒钱，
今后却不许他们再走进酒馆。
整个蜂国没有一个葡萄酒商
穿得起金色衣装或发达兴旺。
托凯酒亦无法赚得大量利润，
勃艮第酒奥特朗酒亦同样命运。
众廷臣已经引退，与自己妻子
在家同吃圣诞晚餐的豌豆粒。
他们每日都花整整两个钟点，
去照料自己养的一大群马匹。
高傲的克洛亚[1]为了过得豪华，
曾经迫使她丈夫去抢劫国家。
而现在她卖掉了自己的家具，
酒鬼们一直拼命将它们寻觅。

① 克洛亚（Chloe），古希腊田园传奇中的牧羊女，其恋人为牧羊少年达夫尼（Daphnis）。她的名字后来泛指淳朴的村女。

她正以干活挣钱为谋生之路，
一年到头都穿着耐磨的衣服。
轻佻和浮躁的时代已经过去，
而服装与时尚却永远地持续。
结合美丽丝绸与金箔的织工，
及从属于这行当的职业种种，
尽数消失。安宁与丰饶已蔚成
风气，一切器用既朴素且便宜。
仁慈自然已经不受园丁强迫，
听任一切自然地生长和结果。
众蜂皆不准许拥有珍奇之物，
因为获取它们实在乐不敌苦。

骄傲与奢侈已经日益减少，
众蜂便不再到大海上飘摇。
不单是商号，而且所有公司，
现已将工场作坊全部关闭。
各行与各业无不弃绝扯谎，
而那种毁灭了勤勉的满足
则使众蜂赞美简朴的器具，
不寻觅亦不贪图更多的东西。
如此，广大蜂国存留下的很少，
蜜蜂数量只有敌国百分之一，
虽然难抵那万千仇敌的侵扰，
依然英勇地抵抗蜂国劲敌。
直到最后，他们开始稳守退防，
或战死沙场，或屹立在国土上。
其军队的士兵绝非来自雇佣，

而是为自己去奋勇作战冲锋。
不过他们的勇敢和团结奋战
最终使其赢得了胜利的冠冕。
他们凯旋的代价无比的高昂，
因为数千蜜蜂已经捐躯疆场。
苦难和磨砺使他们变得坚定，
使他们将贪图安逸视为恶行。
这大大增强了他们的自制力，
以致为了防止那些骄奢淫逸，
他们纷纷飞进一个空树洞里，
以便去安享满足与诚实无欺。

寓意

因此不必抱怨：傻瓜只会竭力
去使一个伟大而诚实的蜂国
享有世上最多的便利，既赢得
战争的荣誉，且要生活得安逸，
不存在重大的恶德；但这不过
是他们头脑里的一个理想国。
每当我们享受各种益处便利，
亦必定见到欺诈、奢侈和骄傲；
饥饿无疑是一种可怕的瘟疫，
但是有谁在一生中不曾感到？
我们难道不该将酒业的繁荣
归于干枯、丑陋、扭曲的葡萄藤？
葡萄枝藤的蔓延虽无人注目，
却窒息了其他植物，终于成树；

而它一旦变得枯干而被切断，
便为我们提供果实，好美好甜。
我们发现：只要经过了正义的
修剪约束，恶德亦可带来益处；
一个国家必定不可缺少恶德，
如同饥渴定会使人去吃去喝。
纯粹的美德无法将各国变得
繁荣昌盛；各国若是希望复活
黄金时代，就必须同样地悦纳
正直诚实和坚硬苦涩的橡果。

（选自［荷］伯纳德·曼德维尔《蜜蜂的寓言——私人的恶德，公众的利益》，肖聿译。原题：《抱怨的蜂巢，或骗子变作老实人》）

第六讲　看不见的手

[英]亚当·斯密

亚当·斯密（Adam Smith，1723—1790），苏格兰道德哲学家，经济学创始人。他曾于1751—1764年在格拉斯哥大学任教，随后作为一位公爵的私人教师游历法国、瑞士，并曾担任海关专员、格拉斯哥大学校长。主要著作有《道德情操论》（*The Theory of Moral Sentiments*, 1759）、《国民财富的性质和原因的研究》（国富论，*An Inquiry into the Nature and Causes of the Wealth of Nations*, 1776）以及死后由他人整理出版的《关于法律、警察、岁入及军备的演讲》（*Lectures on Justice, Police, Revenue and Arms*）等。《道德情操论》和《国富论》贯穿同一个主题：个人基于自利心所采取的行动，是如何促成公共之善的。斯密提出了"看不见的手"命题。正是这只看不见的手，引导具有自利心的人们通往了公共之善。市场正是靠这只看不见的手运转的。

【编者按：“看不见的手”也许是斯密提出的最引人入胜的概念了，人们经常用这个概念来形容自由市场。但是，看不见的手究竟是指什么？斯密本人有两段论述。大体说来，斯密的意思是，尽管个人的行为动机是自私的，但一只看不见的手却使他的这种行为在增进自身利益的同时，也增进了他人的利益。私心必得有看不见的手引导，才可实现公共利益。这只手是宗教，道德，法律，习俗？读者可以自己思考。】

一

那个上天在发怒时曾热望加以惩罚的穷人的孩子，当他开始观察自己时，他会羡慕富人的景况。他发现父亲的小屋给他提供的便利太少了，因而幻想他能更舒适地住在一座宫殿里。他对自己不得不徒步行走或忍受骑在马背上的劳累感到不快。他看到富人们几乎都坐在马车里，因而幻想自己也能坐在马车里舒适地旅行。他自然地感到自己懒惰，因而愿意尽可能自食其力；并认为，有一大批扈从可以使他免去许多麻烦。他认为，如果自己获得了这一切，就可以心满意足地坐下来，陶醉在幸福和宁静的处境之中。他沉浸在这幸福的遐想之海。在他的幻想之中浮现出某些更高阶层的人的生活情景。为了挤进这些阶层，他投身于对财富和显贵地位的追逐之中。为了获得这一切所带来的便利，他在头一年里受尽委屈，而且在潜心向上的第一个月内含辛茹苦、费尽心机，较之他在没有财富和地位时的全部生涯中所能遭受的痛苦更有甚之。他学习如何在某些吃力的职位上干得出色。他勤奋好强，夜以继日地埋头苦干，以获得胜过其竞争者的才能。然后，他努力在公众面前显示出这种才能，以同样的勤奋乞求每一个就业的机会。为了达到这一目的，他向所有的人献殷勤；他为自己所痛恨的那些人效劳，并向那些他所轻视的人献媚。他用自己的整个一生，来实现享受他也许永远不能享受的某种不自然的、讲究的宁静生活的计划。为此，他牺牲了自己在任何时候都可以得到的真正安逸，而且，如果他在垂暮之年最终得到它，他就会发现，它们无论在哪方面都不比他业已放弃的那种微末的安定和满足好多少。正是在这时候，他那有生之日已所剩无几，他的身体已被劳苦和疾病拖垮，他的心灵因为成千次地回想到自己所受的伤害和挫折而充满着羞辱和恼怒，他认为这些伤害和挫折来自自己敌人的不义行为，或者来自自己朋友的背信弃义和忘恩负义。最后，他开始醒悟：财富和地位仅仅是毫无效用的小玩意儿，它们同玩物爱好者的百宝箱一样不能用来实现我们的肉体舒适和心灵平静；也同百宝箱一样，给带着它们的人带来的麻烦少于它们所能向他提供的各种便利。在它们之间，除了前者所带来的便利比后者稍微明显之外，没有什么真正的不同。宫殿、花园、成套的装饰用具、大人物的扈从，也是物品，只不过其明显的便利给每个人留下了深刻印象而已。它们不需要其主人向我们指出哪一方面构成它们的效用。我们很容易主动地理解它们的效用，并由于同情享受而称赞它们所能向其主人提供的满足。但是，一根牙签、一支挖耳勺、一把指甲刀或其他类似的一些小玩意儿，它们的奇特性就不是这样清楚。它们带来的便利或许同样大，但并不那么引人注目。而且我们不会这样快就理解拥有这些东西的人所感到的满足。因此，它们不像豪富和显贵地位那样可以作为虚荣心所追求的合理对象；这样就构成后者的唯一好处。它们更有效地满足了对人类来说是很自然的独特的爱好。对一个孤独地居住在荒岛上的人来说，是一座宫殿还是像通常装在百宝箱里的那种提供微小便利的工具，能够对他的幸福和享受做出最大的贡献，或许还是一个问题。如果这个人生活在社会中，确实无法做出比较。因为在这里同在其他情况下一样，我们始终注意的是旁观者的情感而不是当事人的情感，而且我们始终考虑的是他的处境在别人的眼里是个什么样子而不是在他自己的眼里是个什么样子。然而，如果我们考察一下为什么旁观者怀着如此钦佩之情来另眼看待富人和显贵的生活条件，我们就会发现，与其说是因为认为他们享受到了高人一等的安逸和愉快，不如说是因为他们拥有可用以获得这种安逸和愉快的无数雅致而奇巧的人造物。他甚至不认为他们真正比别人更为幸福；但他认为他们拥有更多的获得幸福的手段。引起旁观者钦佩的，正是这些手段能精巧地达到预期的目的。但是，在年老多病、衰弱乏力之际，显赫地位所带来的那些空洞和无聊的快乐就会消失。对处于这种境况的人来说，事先允诺给予他这种空洞无聊的快乐，再也不能使他从事那些辛劳的追逐。他在内心深处诅咒野心，徒然怀念年轻时的悠闲和懒散，怀念那一去不复返的各种享受，后悔自己曾经愚蠢地为了那些一旦获得之后便不能给他带来真正满足的东西而牺牲了它们。如果权贵因颓丧或疾病而被废黜，以这样一副可怜的样子出现在每个人的面前，他就会细心观察自己的处境，并考虑什么才是自己的幸福所真正需要的东西。那时，权力和财富就像是为了产生肉体上微不足道的便利而设计出来的、由极为精细和灵敏的发条组成的庞大而又费力的机械，必须极其细微周到地保持它们的正常运转，而且不管我们如何小心，它们随时都会突然爆成碎片，并且使不幸的占有者遭到严重打击。它们是巨大的建筑物，需要毕生的努力去建造。虽然它们可以使住在这座建筑物中的人免除一些小小的不便利，可以保护他不受四季气候中寒风暴雨的袭击，但是，住在里面的人时时刻刻面临着它们突然倒塌把他们压死的危险。它们可以遮挡夏天的阵雨，但是挡不住冬天的风暴，而且，常常使住在里面的人同以前一样，有时比以前更多地感到担心、恐惧和忧伤，面临疾病、危险和死亡。

虽然每个人在生病或情绪低落时所熟知的这种乖戾的哲理，就这样全然贬低那些人类欲望所追求的伟大目标，但是，我们在健康和心情良好时，一直是从更令人愉快的角度来看待那些目标的。我们的想象，在痛苦和悲伤时似乎禁锢和束缚在自己的身体内部，在悠闲和舒畅时就扩展到自己周围的一切事物身上。于是，我们为宫中盛行的便利设施具有的美和显贵的安排所深深吸引；欣羡所有的设施是如何被用来向其主人提供舒适，防止匮乏，满足需要和在他们百无聊赖之际供他们消遣。如果我们考虑一下所有这些东西所能提供的实际满足，仅凭这种满足本身而脱离用来增进这种满足的安排所具有的美感，它就总是会显得可鄙和无聊。但是，我们很少用这种抽象的和哲学的眼光来看待它。在我们的想象中，我们会自然而然地把这种满足与宇宙的秩序，与宇宙和谐而有规律的运动，与产生这种满足的安排混淆在一起。如果用这样复杂的观点来考虑问题，财富和地位所带来的愉快，就会使我们把它们想象成某种重要的、美丽的和高尚的东西，值得我们为获得它们而倾注心力。

同时，天性很可能以这种方式来欺骗我们。正是这种蒙骗不断地唤起和保持人类勤劳的动机。正是这种蒙骗，最初促使人类耕种土地，建造房屋，创立城市和国家，在所有的科学和艺术领域中有所发现、有所前进。这些科学和艺术，提高了人类的生活水平，使之更加丰富多彩；完全改变了世界面貌，使自然界的原始森林变成适宜耕种的平原，把沉睡的海洋变成新的粮库，变成通达大陆上各个国家的行车大道。土地因为人类的这些劳动而加倍地肥沃，维持着成千上万人的生存。骄傲而冷酷的地主眺望自己的大片土地，却并不想到自己同胞们的需要，而只想独自消费从土地上得到的一切收获物，这是徒劳的。眼睛大于肚子，这句朴实而又通俗的谚语，用到他身上最为合适。他的胃容量同无底的欲壑不相适应，而且容纳的东西绝不会超过一个最普通的农民的胃。他不得不把自己所消费不了的东西分给用最好的方法来烹制他自己享用的那点东西的那些人，分给建造他要在其中消费自己的那一小部分收成的宫殿的那些人，分给提供和整理显贵所使用的各种不同的小玩意儿和小摆设的那些人。就这样，所有这些人由于他生活奢华和具有怪癖而分得生活必需品。如果他们期待他的友善心和公平待人，是不可能得到这些东西的。在任何时候，土地产品供养的人数都接近于它所能供养的居民人数。富人只是从这大量的产品中选用了最贵重和最中意的东西。他们的消费量比穷人少，尽管他们的天性是自私的和贪婪的，虽然他们只图自己方便，虽然他们雇用千百人来为自己劳动的唯一目的是满足自己无聊而又贪得无厌的欲望，但是他们还是同穷人一样分享他们所作一切改良的成果。一只看不见的手引导他们对生活必需品做出几乎同土地在平均分配给全体居民的情况下所能做出的一样的分配，从而不知不觉地增进了社会利益，并为不断增多的人口提供生活资料。当神把土地分给少数地主时，他既没有忘记也没有遗弃那些在这种分配中似乎被忽略了的人。后者也享用着他们在全部土地产品中所占有的份额。在构成人类生活的真正幸福之中，他们无论在哪方面都不比似乎大大超过他们的那些人逊色。在肉体的舒适和心灵的平静上，所有不同阶层的人几乎处于同一水平，一个在大路旁晒太阳的乞丐也享有国王们正在为之战斗的那种安全。

人类相同的本性，对秩序的相同热爱，对条理美、艺术美和创造美的相同重视，常足以使人们喜欢那些有助于促进社会福利的制度。当爱国者为各种社会政治的改良而鞠躬尽瘁时，他的行动并不总是由对可以从中得到好处的那些人的幸福所怀有的单纯的同情引起的。一个热心公益的人赞助修公路，通常也不是出于对邮递员和车夫的同情。当立法机关设立奖金和其他奖励去促进麻或呢的生产时，它的行为很少出自对便宜或优质织物穿着者的单纯的同情，更少出自对制造厂和商人的单纯的同情。政策的完善，贸易和制造业的扩展，都是高尚和宏大的目标。有关它们的计划使我们感到高兴，任何有助于促进它们的事情也都使我们发生兴趣。它们成为政治制度的重要部分，国家机器的轮子似乎因为它们而运转得更加和谐与轻快了。我们为看到这个如此美好和重要的制度完善起来而感到高兴，而在清除任何可以给它的正常实施带来丝毫干扰和妨碍的障碍之前，我们一直忧虑不安。然而，一切政治法规越是有助于促进在它们的指导下生活的那些人的幸福，就越是得到尊重。这就是那些法规的唯一用途和目的。然而，出于某种制度的精神，出于某种对艺术和发明的爱好，我们有时似乎重视手段而不重视目的，而且渴望增进我们同胞的幸福，与其说是出于对自己同胞的痛苦或欢乐的任何直接感觉或感情，不如说是为了完善和改进某种美好的有规则的制度。有些具有崇高的热心公益精神的人，他们在其他一些方面很少表现出很明显的仁慈的感情。相反，有些非常仁慈的人，他们似乎毫无热心公益的精神。每个人都可以在自己所熟悉的事例中发现前者和后者。谁还能比古代俄国的那个著名的立法者更缺乏人性而更具有热心公益的精神呢？相反，和气、生性仁慈的大不列颠国王詹姆斯一世，对于本国的光荣或利益，几乎没有任何激情。你要唤起那个似乎毫无斗志的人的勤勉之心，向他描述富人和权贵的幸福，告诉他那些人通常不受日晒雨淋的煎熬，很少挨饿，很少受冻，很少感到疲倦，或缺少什么东西，这往往是徒劳的。这种意味深长的告诫对他几乎不会发生作用。如果你希望成功，你就必须向他描述富人和权贵们的宏伟大厦的不同房间里的便利设备和布置；你必须向他解释他们的设备的合宜之处，并向他指出他们的全部随员侍从的数目、等级及其不同的职责。如果有什么事情能使他产生印象，这一切就是。可是，所有这些东西只是使他们免遭日晒雨淋，不挨饿受冻，不感匮乏和疲劳。同样，如果你要在那个似乎不关心国家的利益的人的心中树立热心公益的美德，那么，告诉他一个治理有方的国家的臣民所享受到的较大的好处是什么；告诉他这些臣民要住得好、穿得好和吃得好，也常常是徒劳的。这些道理一般不会使他产生深刻印象。如果你向他描述带来上述种种好处的伟大的社会政治制度——如果你向他解释其中各部门的联系和依存关系，它们彼此间的从属关系和它们对社会幸福的普遍有用性；如果你向他说明这种制度可以引入他自己的国家，当前妨碍在他的国家建立这种制度的障碍是什么，这些障碍可以用什么方法消除，如何使国家机器的种种轮子和谐平滑地运转，彼此之间不发生摩擦或阻碍对方的运转，你就有可能说服他。一个人几乎不可能听到这样的谈论而不激发出某种程度的热心公益的精神。起码，他会暂时产生消除那些障碍、让如此完好而正常的一架机器开动的愿望。没有什么东西能像研究政治——即研究国民政府的各种制度以及它们各自的长处和短处，本国的体制，它面临的形势，它同外国之间的利害关系，它的商业、国防，它在不利条件下所做的努力，它可能遇到的危险，如何消除这种不利条件，以及如何保护它使之不致遭到危险——那样更有助于发扬人们热心公益的精神。因此，各种政治研究——如果它们是正确的、合理的和具有实用性的话——都是最有用的思辨工作。甚至其中最没有说服力的拙劣者，也不是全然没有效用的。它们至少有助于激发人们热心公益的精神，并鼓励他们去寻找增进社会幸福的办法。

二

以高关税或绝对禁止的办法限制从外国输入国内能够生产的货物，国内从事生产这些货物的产业便多少可以确保国内市场的独占。例如，禁止从外国输入活牲畜和腌制食品的结果，英国畜牧业者就确保了国内肉类市场的独占。对谷物输入课以高额关税，就给予谷物生产者以同样的利益。因为在一般丰收的时候对谷物输入课以高额关税，等于禁止它的输入。外国毛织品输入的禁止，同样有利于毛织品制造业。丝绸制造业所用的材料虽全系产自国外，但近来也已取得了同样的利益。麻布制造业尚未取得这样的利益，但正在大踏步向这一目标迈进。还有其他许多种类的制造业同样地在英国完全取得了或几乎取得了不利于同胞的独占权。英国所绝对禁止输入或在某些条件下禁止输入的货物，其种类之繁多，不很熟悉关税法的人是简直极不容易猜想出来的。

这种国内市场的独占，对享有独占权的各种产业往往给予很大的鼓励，并往往使社会在那情况下有较大部分的劳动和资财转用到这方面来，那是毫无疑问的。但这办法会不会增进社会的全部产业，会不会引导全部产业走上最有利的方向，也许并不是十分明显的。

社会全部的产业绝不会超过社会资本所能维持的限度。任何个人所能雇用的工人人数必定和他的资本成某种比例；同样地，大社会的一切成员所能继续雇用的工人人数，也一定同那社会的全部资本成某种比例，绝不会超过这个比例。任何商业条例都不能使任何社会的产业量的增加超过其资本所能维持的限度。它只能使本来不纳入某一方向的一部分产业转到这个方向来。至于这个人为的方向是否比自然的方向更有利于社会，却不能确定。

各个人都不断地努力为他自己所能支配的资本找到最有利的用途。固然，他所考虑的不是社会的利益，而是他自身的利益，但他对自身利益的研究自然会或者毋宁说必然会引导他选定最有利于社会的用途。

第一，每个人都想把他的资本投在尽可能接近他家乡的地方，因而都尽可能把资本用来维持国内产业。如果这样做他能取得资本的普通利润，或比普通利润少得有限的利润。

所以，如果利润均等或几乎均等，每一个批发商人就都自然宁愿经营国内贸易而不愿经营消费品的国外贸易，宁愿经营消费品国外贸易而不愿经营运送贸易。投资经营消费品国外贸易，资本往往不在自己的监视之下，但投在国内贸易上的资本却常在自己的监视之下。他能够更好地了解所信托的人的品性和地位，即使偶然受骗，也比较清楚地了解他为取得赔偿所必须根据的本国法律。至于运送贸易，商人的资本可以说分散在两个外国，没有任何部分有携回本国的必要，亦没有任何部分受他亲身的监视和支配。譬如，阿姆斯特丹商人从克尼斯堡运送谷物至里斯本，从里斯本运送水果和葡萄酒至克尼斯堡，通常必须把他资本的一半投在克尼斯堡，另一半投在里斯本。没有任何部分有流入阿姆斯特丹的必要。这样的商人自然应当住在克尼斯堡或里斯本，只有某种非常特殊的情况才会使他选择阿姆斯特丹作为他的住处。然而，由于远离资本而感到的不放心，往往促使他把本来要运往里斯本的克尼斯堡货物和要运往克尼斯堡的里斯本货物的一部分，不计装货卸货的双重费用，也不计税金和关税的支付，运往阿姆斯特丹。为了亲身监视和支配资本的若干部分，他自愿担负这种特别的费用。也正由于这样的情况，运送贸易占相当份额的国家才经常成为它通商各国货物的中心市场或总市场。为了免除第二次装货卸货的费用，商人总是尽量设法在本国市场售卖各国的货物，从而在可能范围内尽量使运送贸易变为消费品国外贸易。同样，经营消费品国外贸易的商人，当收集货物准备运往外国市场时，总会愿意以均等或几乎均等的利润尽可能在国内售卖货物的一大部分。当他这样尽可能地使他的消费品国外贸易变为国内贸易时，他就可以避免承担输出的风险和麻烦。这样一来，要是我可这样说的话，本国总是每一国家居民的资本不断绕之流通并经常趋向的中心，虽然由于特殊原因，这些资本有时从那中心被赶出来，在更遥远地方使用。可是，我已经指出，投在国内贸易上的资本，同投在消费品国外贸易上的等量资本相比，必能推动更大量的国内产业，使国内有更多的居民能够由此取得收入和就业机会。投在消费品国外贸易上的资本，同投在运送贸易上的等量资本相比，也有同样的优点。所以，在利润均等或几乎均等的情况下，每个个人自然会运用他的资本来给国内产业提供最大的援助，使本国尽量多的居民获得收入和就业机会。

第二，每个个人把资本用以支持国内产业，必然会努力指导那种产业，使其生产物尽可能有最大的价值。

劳动的结果是劳动对其对象或对施以劳动的原材料所增加的东西。劳动者利润的大小，同这生产物价值的大小成比例。但是，把资本用来支持产业的人，既以牟取利润为唯一目的，他自然总会努力使他用其资本所支持的产业的生产物能具有最大价值，换言之，能交换最大数量的货币或其他货物。

但每个社会的年收入，总是与其产业的全部年产物的交换价值恰好相等，或者毋宁说，和那种交换价值恰好是同一样东西。所以，由于每个人都努力把他的资本尽可能用来支持国内产业，都努力管理国内产业，使其生产物的价值能达到最高程度，他就必然竭力使社会的年收入尽量增大起来。确实，他通常既不打算促进公共的利益，也不知道他自己是在什么程度上促进那种利益。由于宁愿投资支持国内产业而不支持国外产业，他只是盘算他自己的安全；由于他管理产业的方式目的在于使其生产物的价值能达到最大限度，他所盘算的也只是他自己的利益。

在这场合，像在其他许多场合一样，他受着一只看不见的手的指导，去尽力达到一个并非他本意想要达到的目的。也并不因为事非出于本意，就对社会有害。他追求自己的利益，往往使他能比在真正出于本意的情况下更有效地促进社会的利益。我从来没有听说过，那些假装为公众幸福而经营贸易的人做了多少好事。事实上，这种装模作样的神态在商人中间并不普遍，用不着多费唇舌去劝阻他们。

关于可以把资本用在什么种类的国内产业上面，其生产物能有最大价值这一问题，每一个人处在他在当地的地位中，显然能判断得比政治家或立法家好得多。如果政治家企图指导私人应如何运用他们的资本，那不仅是自寻烦恼地去注意最不需要注意的问题，而且是僭取一种不能放心地委托给任何个人、也不能放心地委之于任何委员会或参议院的权力。把这种权力交给一个大言不惭地、荒唐地自认为有资格行使的人，是再危险不过了。

使国内产业中任何特定的工艺或制造业的生产物独占国内市场，就是在某种程度上指导私人应如何运用他们的资本，而这种管制几乎毫无例外地必定是无用的或有害的。如果本国产业的生产物在国内市场上的价格同外国产业的生产物一样低廉，这种管制显然无用。如果价格不能一样低廉，那么一般来说，这种管制必定是有害的。如果一件东西在购买时所费的代价比在家内生产时所费的小，就永远不会想要在家内生产，这是每一个精明的家长都知道的格言。裁缝不想制作他自己的鞋子，而向鞋匠购买。鞋匠不想制作他自己的衣服，而雇裁缝制作。农民不想缝衣，也不想制鞋，而宁愿雇用那些不同的工匠去做。他们都感到，为了他们自身的利益，应当把他们的全部精力集中使用到比邻人处于某种有利地位的方面，而以劳动生产物的一部分或同样的东西，即其一部分的价格，购买他们所需要的其他任何物品。

在每一个私人家庭的行为中是精明的事情，在一个大国的行为中就很少是荒唐的了。如果外国能以比我们自己制造还便宜的商品供应我们，我们最好就用我们有利地使用自己的产业生产出来的物品的一部分向他们购买。国家的总劳动既然总是同维持它的产业的资本成比例，就绝不会因此减少；正如上述工匠的劳动并不减少一样，只不过听其随意寻找最有利的用途罢了。要是把劳动用来生产那些购买比自己制造还便宜的商品，那一定不是用得最为有利。劳动像这样不用于显然比这更有价值的商品生产，那一定或多或少会减损其年产物的价值。按照假设，向外国购买这种商品，所费比国内制造来得便宜。所以，如果听其自然，仅以等量资本雇佣劳动，在国内所生产商品的一部分或其价格的一部分，就可把这商品购买进来。所以，上述管制的结果，国家的劳动由较有利的用途改到较不利的用途。其年产物的交换价值，不但没有顺随立法者的意志增加起来，而且一定会减少下去。

诚然，由于有了这种管制，特定制造业有时能比没有此种管制时更迅速地确立起来，而且过了一些时候，能在国内以同样低廉或更低廉的费用制造这特定商品。不过，社会的劳动，由于有了此种管制，虽可更迅速地流入有利的特定用途，但劳动和收入总额却都不能因此而增加。社会的劳动只能随社会资本的增加而比例增加；社会资本增加多少，又只看社会能在社会收入中逐渐节省多少。而上述那种管制的直接结果，是减少社会的收入，凡是减少社会收入的措施，一定不会迅速地增加社会的资本；要是听任资本和劳动寻找自然的用途，社会的资本自会迅速地增加。

没有那种管制，那特定制造业虽不能在这社会上确立起来，但社会在其发展的任何时期内，并不因此而更贫乏。在这社会发展的一切时期内，其全部资本与劳动，虽使用的对象不相同，但仍可能使用在当时最有利的用途。在一切时期内，其收入可能是资本所能提供的最大的收入，而资本与收入也许以可能有的最大速度增加着。

（选自［英］亚当·斯密《道德情操论》，蒋自强等译）

第七讲　论分工

[英]亚当·斯密

【编者按：斯密对经济学的重要贡献，就是提出分工理论，以此来解释开放市场的合作交换体系何以能够得到高于自给自足的效率。市场秩序的扩展，在很大程度上表现为分工体系的扩展，卷入分工体系的人口规模扩大。基于此可以说，人口增长乃是经济增长的动力。因为人口越多，分工就可以越细越深。】

劳动生产力上最大的增进，以及运用劳动时所表现的更大的熟练、技巧和判断力，似乎都是分工的结果。

为使读者易于理解社会一般业务分工所产生的结果，我现在来讨论个别制造业[①]分工状况。一般人认为，分工最完全的制造业，乃是一些极不重要的制造业。不重要制造业的分工，实际上并不比重要制造业的分工更为周密。但是，目的在于供给少数人小量需要的不重要制造业，所雇用的劳动者人数必然不多；而从事各部门工作的工人，往往可集合在同一工厂内，使观察者能一览无遗。反之，那些大制造业，要供给大多数人的大量需要，所以，各工作部门都雇有许许多多劳动者，要把这许许多多劳动者集合在一个厂内，势不可能。我们要同时看见一个部门以上的工人，也不可能。像这种大制造业的工作，尽管实际上比小制造业分成多得多的部分，但因为这种划分不能像小制造业的划分那么明显，所以很少人注意到。

扣针制造业是极微小的了，但它的分工往往唤起人们的注意。所以，我把它引来作为例子。一个劳动者，如果对于这职业（分工的结果，

---

① 本文所用“制造业”一语，是指手工制造业，因而和现今使用此语的含义有所不同；而它所用的“制造者”的含义，和现今使用的“制造商”或“工厂主”的含义，亦不相同。

使扣针的制造成为一种专门职业）没有受过相当训练，又不知怎样使用这职业上的机械（使这种机械有发明的可能的，恐怕也是分工的结果），那么纵使竭力工作，也许一天也制造不出一枚扣针，要做20枚，当然是绝不可能了。但按照现在经营的方法，不但这种作业全部已经成为专门职业，而且这种职业分成若干部门，其中有大多数也同样成为专门职业。一个人抽铁线，一个人拉直，一个人切截，一个人削尖线的一端，一个人磨另一端，以便装上圆头。要做圆头，就需要有两三种不同的操作。装圆头，涂白色，乃至包装，都是专门的职业。这样，扣针的制造分为18种操作。有些工厂，这18种操作，分由18个专门工人担任。固然，有时一人也兼任两三种。我见过一个这种小工厂，只雇用10个工人，因此，在这一个工厂中，有几个工人担任两三种操作。像这样一个小工厂的工人，虽很穷困，他们的必要机械设备，虽很简陋，但他们如果勤勉努力，一日也能成针12磅。以每磅中等针有4000枚计，这10个工人每日就可成针4.8万枚，即一人一日可成针4800枚。如果他们各自独立工作，不专习一种特殊业务，那么，他们不论是谁，绝对不能一日制造20枚针，说不定一天连一枚针也制造不出来。他们不但不能制出今日由适当分工合作而制成的数量的1/240，就连这数量的1/48000，恐怕也制造不出来。

就其他各种工艺及制造业说，虽有许多不能做这样细密的分工，其操作也不能变得这样简单，但分工的效果总是一样的。凡能采用分工制的工艺，一经采用分工制，便相应地增进劳动的生产力。各种行业之所以各个分立，似乎也是由于分工有这种好处。一个国家的产业与劳动生产力的增进程度如果是极高的，则其各种行业的分工一般也都达到极高的程度。未开化社会中一人独任的工作，在进步的社会中，一般都成为几个人分任的工作。在进步的社会中，农民一般只是农民，制造者只是制造者。而且，生产一种完全制造品所必要的劳动，也往往分由许多劳动者担任。试以麻织业和毛织业为例，从亚麻及羊毛的生产到麻布的漂白和烫平或呢绒的染色和最后一道加工，各部门所使用的不同技艺是那么多啊！农业由于它的性质，不能有像制造业那样细密的分工，各种工作，不能像制造业那样判然分立。木匠的职业与铁匠的职业，通常是截然分开的，但畜牧者的业务与种稻者的业务，不能像前者那样完全分开。纺工和织工，几乎都是个别的两个人，但锄耕、耙掘、播种和收割，却常由一人兼任。农业上种种劳动，随季节推移而巡回，要指定一个人只从事一种劳动，事实上绝不可能。所以，农业上劳动生产力的增进，总跟不上制造业上劳动生产力的增进的主要原因，也许就是农业不能采用完全的分工制度。现在最富裕的国家，固然在农业和制造业上都优于邻国，但制造业方面的优越程度，必定大于农业方面的优越程度。富国的土地，一般都耕耘得较好，投在土地上的劳动与费用也比较多，生产出来的产品按照土地面积与肥沃的比例来说也较多；但是，这样较大的生产量，很少在比例上大大超过所花的较大劳动量和费用。在农业方面，富国劳动生产力未必都比贫国劳动生产力大得多，至少不像制造业方面一般情况那样大得多。所从，如果品质同样优良，富国小麦在市场上的售价，未必都比贫困国家低廉。就富裕和进步的程度说，法国远胜于波兰，但波兰小麦的价格，与品质同样优良的法国小麦同样低廉。与英格兰比较，论富裕，论进步，法国可能要逊一筹，但法国产麦省出产的小麦，其品质之优良完全和英格兰小麦相同，而且在大多数年头，两者的价格也大致相同。可是，英格兰的麦田耕种得比法国好，而法国的麦田，据说耕种得比波兰好得多。贫国的耕作尽管不及富国，但贫国生产的小麦在品质优良及售价低廉方面，却能在相当程度上与富国竞争。但是，贫国在制造业上不能和富国竞争；至少在富国土壤气候位置适宜于这类制造业的场合，贫国不能和富国竞争。法国绸所以比英国绸又好又便宜，就是因为织绸业至少在今日原丝进口税很高的条件下，更适合于法国气候，而不十分适合于英国气候。但英国的铁器和粗毛织物，却远胜于法国，而且品质同样优良的英国货品，在价格上比法国低廉得多。据说，波兰除了少数立国所需的粗糙家庭制造业外，几乎没有什么制造业。

有了分工，同数量劳动者就能完成比过去多得多的工作量，其原因有三：第一，劳动者的技巧因业专而日进；第二，由一种工作转到另一种工作，通常需损失不少时间，有了分工，就可以免除这种损失；第三，许多简化劳动和缩减劳动的机械的发明，使一个人能够做许多人的工作。

第一，劳动者熟练程度的增进，势必增加他所能完成的工作量。分工实施的结果，各劳动者的业务，既然终生局限于一种单纯操作，当然能够大大增进自己的熟练程度。惯于使用铁锤而不曾练习制铁钉的普通铁匠，一旦因特殊事故必须制钉时，我敢说，他一天至多只能做出两三百枚钉来，而且质量还拙劣不堪。即使惯于制钉，但若不以制钉为主业或专业，就是竭力工作，也不会一天制造出 800 枚或 1000 枚以上。我看见过几个专以制钉为业的不满 20 岁的青年人，在尽力工作时，每人每日能制造 2300 多枚。可是，制钉绝不是最简单的操作。同一劳动者，要鼓炉、调整火力，要烧铁挥锤打制，在打制钉头时还得调换工具。比较起来，制扣针和制金属纽扣所需的各项操作要简单得多，而以此为终身业务的人，其熟练程度通常也高得多。所以，在此等制造业中，有几种操作的迅速程度简直使人难以想象，如果你不曾亲眼见过，你绝不会相信人的手能有这样大的本领。

第二，由一种工作转到另一种工作，常要损失一些时间，因节省这种时间而得到的利益，比我们骤看到时所想象的大得多。不可能很快地从一种工作转到使用完全不相同工具而且在不同地方进行的另一种工作。耕作小农地的乡村织工，由织机转到耕地，又由耕地转到织机，一定要虚费许多时间。诚然，这两种技艺，如果能在同一厂坊内进行，那么时间上的损失，无疑要少得多，但即使如此，损失还是很大。人由一种工作转到另一种工作时，通常要闲逛一会儿。在开始新工作之初，势难立即精神贯注地积极工作，总不免心不在焉。而且在相当时间内，与其说他是在工作，倒不如说他是在开玩笑。闲荡、偷懒、随便这种种习惯，对于每半小时要换一次工作和工具，而且一生中几乎每天必须从事

20 项不同工作的农村劳动者，可说是自然会养成的，甚而可说必然会养成的。这种种习惯，使农村劳动者常流于迟缓懒惰，即在非常吃紧的时候，也不会精神勃勃地干。所以，纵使没有技巧方面的缺陷，仅仅这些习惯也一定会大大减少他所能完成的工作量。

第三，利用适当的机械能在什么程度上简化劳动和节省劳动，这必定是大家都知道的，无须举例。我在这里所要说的只是：简化劳动和节省劳动的那些机械的发明，看来也是起因于分工。人类把注意力集中在单一事物上，比把注意力分散在许多种事物上，更能发现达到目标的更简易更便利的方法。分工的结果，各个人的全部注意力自然会倾注在一种简单事物上。所以，只要工作性质上还有改良的余地，各个劳动部门所雇的劳动者中，不久自会有人发现一些比较容易而便利的方法来完成他们各自的工作。唯其如此，用在今日分工最细密的各种制造业上的机械，有很大部分原是普通工人的发明。他们从事最单纯的操作，当然会发明比较便易的操作方法。不论是谁，只要他常去观察制造厂，他一定会看到极像样的机械，这些机械是普通工人为了要使他们担当的那部分工作容易迅速地完成而发明出来的。最初的蒸汽机，原需雇用一个儿童按活塞的升降，不断开闭汽锅与汽筒间的通路。有一次担任这工作的某儿童，因为爱和朋友游玩，他用一条绳把开闭通路的舌门的把手系在机械的另一部分，舌门就可不需人力自行开闭。原为贪玩想出来的方法，就这样成为蒸汽机大改良之一。

可是，一切机械的改良绝不是全由机械使用者发明的。有许多改良，是出自专门机械制造师的智巧；还有一些改良，是出自哲学家或思想家的智能。哲学家或思想家的任务，不在于制造任何实物，而在于观察一切事物，所以他们常常能够结合、利用各种完全没有关系而且极不类似的物力。随着社会的进步，哲学或推想也像其他各种职业那样，成为某一特定阶级人民的主要业务和专门工作。此外，这种业务或工作，也像其他职业那样，分成了许多部门，每个部门又各成为一种哲学家的行业。哲学上这种分工，像产业上的分工那样，增进了技巧，并节省了时间。各人擅长各人的特殊工作，不但增加全体的成就，而且大大增进科学的内容。

在一个政治修明的社会里，造成普及到最下层人民的那种普遍富裕情况的，是各行各业的产量由于分工而大增。各劳动者，除自身所需要的以外，还有大量产物可以出卖；同时，因为一切其他劳动者的处境相同，各个人都能以自身生产的大量产物，换得其他劳动者生产的大量产物，换言之，都能换得其他劳动者大量产物的价格。别人所需的物品，他能予以充分供给；他自身所需的，别人亦能予以充分供给。于是，社会各阶级普遍富裕。

考察一下文明而繁荣的国家的最普通技工或日工的日用物品吧！你就会看到，用他的劳动的一部分（虽然只是一小部分）来生产这种日用品的人的数目，是难以数计的。例如，日工所穿的粗劣呢绒上衣，就是许多劳动者联合劳动的产物。为完成这种朴素的产物，势须有牧羊者、拣羊毛者、梳羊毛者、染工、粗梳工、纺工、织工、漂白工、裁缝工，以及其他许多人，联合起来工作。加之，这些劳动者居住的地方，往往相隔很远，把材料由甲地运至乙地，该需要多少商人和运输者啊！染工所用药料，常须购自世界上各个遥远的地方，要把各种药料由各个不同地方收集起来，该需要多少商业和航运业，该需要雇用多少船工、水手、帆布制造者和绳索制造者啊！为生产这些最普通劳动者所使用的工具，又需要多少种类的劳动啊！复杂机械如水手工作的船、漂白工用的水车或织工用的织机，姑置不论，单就简单器械如牧羊者剪毛时所用的剪刀来说，其制造就须经过许多种类的劳动。为了生产这极简单的剪刀，矿工、熔铁炉建造者、木材采伐者、熔铁厂烧炭工人、制砖者、泥水匠、在熔铁炉旁服务的工人、机械安装工人、铁匠等等，必须把他们各种各样的技艺联结起来。同样，要是我们考察一个劳动者的服装和家庭用具，如贴身穿的粗麻衬衣，脚上穿的鞋子，就寝用的床铺和床铺上各种装置，调制食物的炉子，由地下采掘出来而且也许需要经过水陆运输才能送到他手边供他烧饭的煤炭，厨房中一切其他用具，餐桌上一切用具，刀子和叉子，盛放食物和分取食物的陶制和锡蜡制器皿，制造面包和麦酒供他食喝的各种工人，那种透得热气和光线并能遮蔽风雨的玻璃窗，和使世界北部成为极舒适的居住地的大发明所必须借助的一切知识和技术，以及工人制造这些便利品所用的各种器具等等。总之，我们如果考察这一切东西，并考虑到投在这每样东西上的各种劳动，我们就会觉得，没有成千上万人的帮助和合作，一个文明国家里的卑不足道的人，即便按照（这是我们很错误地想象的）他一般适应的舒服简单的方式也不能够取得其日用品的供给。

论分工的缘由

引出上述许多利益的分工，原不是人类智慧的结果，尽管人类智慧预见到分工会产生普遍富裕并想利用它来实现普遍富裕。它是不以这广大效用为目标的一种人类倾向所缓慢而逐渐造成的结果，这种倾向就是互通有无，物物交换，互相交易。

这种倾向，是不是一种不能进一步分析的本然的性能，或者更确切地说是不是理性和言语能力的必然结果，这不属于我们现在研究的范围。这种倾向，为人类所共有，亦为人类所特有，在其他各种动物中是找不到的。其他各种动物，似乎都不知道这种或其他任何一种协约。两只猎犬同逐一兔，有时也像是一种协同动作。它们把兔逐向对手的方向，或在对手把兔逐到它那边时，加以拦截。不过，这种协同动作，只是在某一特定时刻，它们的欲望对于同一对象的偶然的一致，而并不是契约的结果。我们从未见过甲乙两犬公平审慎地交换骨头；也从未见过一种动物，以姿势或自然呼声，向其他动物示意说：这为我有，那为你有，我愿意以此易彼。一个动物，如果想由一个人或其他动物取得某物，除博得授予者的欢心外，不能有别种说服手段。小犬要得食，就向母犬百般献媚；家狗要得食，就做出种种娇态，来唤起餐桌上主人的注意。我们人类，对于同胞，有时也采取这种手段。如果他没有别的适当方法，叫同胞满足他的意愿，他会以种种卑劣阿谀的行为，博取对方的厚意。不过这种办法，只能偶一为之，想应用到一切场合，却为时间所不许。一个人尽毕生之力，亦难博得几个人的好感，而他在文明社会中，随时有取得多数人的协作和援助的必要。别的动物一达到壮年期，几乎全都能够独立；在自然状态下，不需要其他动物的援助。但人类几乎随时随地都需要同胞的协助，要想仅仅依赖他人的恩惠，那是一定不行的。他如果能够刺激他们的利己心，使有利于他，并告诉他们，给他做事，是对他们自己有利的，他要达到目的就容易得多了。不论是谁，如果他要与旁人做买卖，他首先就要这样提议：请给我以我所要的东西吧，同时，你也可以获得你所要的东西。这句话是交易的通义。我们所需要的相互帮忙，大部分是依照这个方法取得的。我们每天所需的食物和饮料，不是出自屠户、酿酒家或烙面师的恩惠，而是出于他们自利的打算。我们不说唤起他们利他心的话，而说唤起他们利己心的话。我们不说自己有需要，而说对他们有利。社会上，除乞丐外，没有一个人愿意全然靠别人的恩惠过活。而且，就连乞丐也不能一味依赖别人。诚然，乞丐生活资料的供给，全部出自善人的慈悲。虽然这种道义归根到底给乞丐提供了他所需要的一切东西，但没有、也不可能随时随刻给他提供他所需要的东西。他的大部分临时需要和其他人一样，也是通过契约、交换和买卖而得到供给的。他把一个人给他的金钱拿去购买食物，把另一个人给他的旧衣拿去交换更合身的旧衣，或交换一些食物和寄宿的地方；或者，先把旧衣换成货币，再用货币购买自己需要的食品、衣服和住所。

由于我们所需要的相互帮忙，大部分是通过契约、交换和买卖取得的，所以当初产生分工的也正是人类要求互相交换这个倾向。例如，在狩猎或游牧民族中，有个善于制造弓矢的人，他往往以自己制成的弓矢，与他人交换家畜或兽肉；结果他发觉，与其亲自到野外捕猎，倒不如与猎人交换，因为交换所得却比较多。为他自身的利益打算，他便以制造弓矢为主要业务，于是他便成为一位武器制造者。另有一个人，因长于建造小茅屋或移动房屋的框架和屋顶，往往被人请去造屋，得家畜兽肉为酬；于是他终于发觉，完全献身于这一工作对自己有利，因而就成为一个房屋建筑者。同样，第三个人成为铁匠或铜匠，第四个人成为硝皮者或制革者（皮革是未开化人类的主要衣料）。这样一来，人人都一定能够把自己消费不了的自己劳动生产物的剩余部分，换得自己所需要的别人劳动生产物的剩余部分。这就鼓励大家各自委身于一种特定业务，使他们在各自的业务上，磨炼和发挥各自的天赋资质或才能。

人们天赋才能的差异，实际上并不像我们所感觉的那么大。人们壮年时在不同职业上表现出来的极不相同的才能，在多数场合，与其说是分工的原因，倒不如说是分工的结果。例如，两个性格极不相同的人，一个是哲学家，一个是街上的挑夫。他们间的差异，看来是起因于习惯、风俗与教育，而不是起因于天性。他们生下来，在七八岁以前，彼此的天性极相类似。他们的双亲和朋友，恐怕也不能在他们两者间看出任何显著的差别。大约在这个年龄，或者此后不久，他们就从事于极不相同的职业；于是，他们才能的差异，渐渐可以看得出来，往后逐渐增大。结果，哲学家为虚荣心所驱使，简直不肯承认他们之间有一点类似的地方。然而，人类如果没有互通有无、物物交换和互相交易的倾向，各个人都须亲自生产自己生活上一切必需品和便利品，而一切人的任务和工作全无分别，那么工作差异所产生的才能的巨大差异，就不可能存在了。

使各种职业家的才能形成极显著的差异的，是交换的倾向；使这种差异成为有用的也是这个倾向。许多同种但不同属的动物，得自天性的天资上的差异，比人类在未受教育和未受习俗熏陶以前得自自然的资质上的差别大得多。就天赋资质说，哲学家与街上挑夫的差异，比猛犬与猎狗的差异，比猎狗与长耳狗的差异，比长耳狗与牧畜家犬的差异，少得多。但是，这些同种但不同属的动物，并没有相互利用的机会。猛犬的强力，绝不能辅以猎狗的敏速，辅以长耳狗的智巧，或辅以牧畜家犬的柔顺。它们因为没有交换交易的能力和倾向，所以，不能把这种种不同的资质才能，结成一个共同的资源，因而，对于同种的幸福和便利，不能有所增进。各动物现在和从前都须各自分立，各自保卫。自然给了它们各种各样的才能，而它们却不能从此得到何种利益。人类的情况，就完全两样了。他们彼此间，哪怕是极不类似的才能也能交相为用。他们依着互通有无、物物交换和互相交易的一般倾向，好像把各种才能所生产的各种不同产物，结成一个共同的资源，各个人都可从这个资源随意购取自己需要的别人生产的物品。

论分工受市场范围的限制

分工起因于交换能力，分工的程度，因此总要受交换能力大小的限制，换言之，要受市场广狭的限制。市场要是过小，那就不能鼓励人们终生专务一业。因为在这种状态下，他们不能用自己消费不了的自己劳动生产物的剩余部分，随意换得自己需要的别人劳动生产物的剩余部分。

有些业务，哪怕是最普通的业务，也只能在大都市经营。例如，搬运工人，就只能在大都市生活。小村落固不待言；即普通墟市，亦嫌过小，不能给他以不断的工作。散布在荒凉的苏格兰高地一带人迹稀少的小乡村的农夫，不论是谁，也不能不为自己的家属兼充屠户、烙面师乃至酿酒人。在那种地方，要在20英里内找到两个铁匠、木匠或泥水匠，也不容易。离这班工匠至少有八九英里之遥的零星散居人家，只好亲自动手做许多小事情；在人口众多的地方，那些小事情一定会雇请专业工人帮忙。农村工人几乎到处都是一个人兼营几种性质很类似因而使用同一材料的行业。农村木匠要制造一切木制的物品；农村铁匠要制作一切铁制的物品。农村木匠不仅是木匠，同时又是细工木匠、家具师、雕刻师、车轮制造者、耕犁制造者，乃至二轮或四轮运货车制造者。木匠的工作如此繁杂，铁匠的工作还更繁杂。在苏格兰高地那样僻远内地，无论如何，总维持不了一个专门造铁钉的工人。因为他即使一日只能制钉1000枚，一年只劳动300日，每年也能制钉30万枚。但在那里，一年也销不了他一日的制造额，就是说销不了1000枚。

水运开拓了比陆运所开拓的广大得多的市场，所以，从来各种产业的分工改良，自然而然地都开始于沿海沿河一带。这种改良往往经过许久以后才慢慢普及内地。现在，以御者2人马8匹，驾广辐四轮运货车一辆，载重约4吨货物，往返伦敦和爱丁堡间，计需6星期日程。然而，由6或8人驾驶船一艘，载重200吨货物，往返伦敦和利斯间，也只需同样日程。所以需100人、400匹马和50辆四轮运货车搬运的货物，可借水运之便，由6或8人搬运。而且，把200吨货物由伦敦运往爱丁堡，依最低陆运费计算，亦需负担100人3个星期的生活费和400匹马50辆四轮运货车的维持费，以及和维持费几乎相等的消耗。若由水运，所应负担的，充其量也不过是6至8人的生活费，载重200吨货船的消耗费和较大的保险费，即水运保险费与陆运保险费之间的差额。所以，假若在这两都市间，除陆运外，没有其他交通方法，那么除了那些重量不大而价格很高的货物而外，便没有什么商品能由一地运至另一地了。这样，两地间的商业，就只有现今的一小部分，而这两地相互间对产业发展提供的刺激，也只有现今的一小部分。假使世界上只有陆运，则各僻远地区间的商业一定会无法进行。有什么货物，负担得起由伦敦至加尔各答的陆上运费呢？即使有这种货物，又有什么输送方法能使货物安然通过介于两地间的许多野蛮民族的领土呢？然而，现今这两个都市，相互进行大规模的贸易，相互提供市场，并对彼此的产业发展相互给予很大的鼓励。

由于水运有这么大的便利，所以，工艺和产业的改良都自然发生在水运便利的地方。这种改良总要隔许久以后才能普及到内地。由于与河海隔离，内地在长时期内只能在邻近地方，而不能在其他地方销售其大部分生产物。所以，它的货品销量，在长时间内，必定和邻近地方的财富与人口成比例。结果，它的改良进步总落在邻近地方的后面。英国殖民北美所开发的大种植园，都沿着海岸和河岸，很少扩展到离此很远的地区。

根据最可靠的历史记载，开化最早的乃是地中海沿岸各国。地中海是今日世界上最大的内海，没有潮汐，因而除风起浪涌外，也没有可怕的波涛。地中海，由于海面平滑，岛屿棋布，离岸很近，在罗盘尚未发明、造船技术尚不完善、人都不愿远离海岸，而视狂澜怒涛为畏途的时候、对于初期航海最为适宜、在古代，驶过世界的尽头，换言之，驶过直布罗陀海峡西航，在航海上久被视为最危险、最可惊的企图。就连当时以造船航海事业著名的腓尼基人和迦太基人，也是过了许久才敢于尝试。而且，在他们尝试过了很久以后，别国人民才敢问津。

在地中海沿岸各国中，农业或制造业发达最早、改良最大的国家，要首推埃及。上埃及的繁盛地域，都在尼罗河两岸数英里内。在下埃及，尼罗河分成无数支流，大大小小，分布全境；这些支流，只要略施人工，就不但可在境内各大都市间，而且在各重要村落间，甚至在树野各农家间，提供水上交通的便利。这种便利，与今日荷兰境内的莱茵河和麦斯河，几乎全然一样。内陆航行，如此广泛，如此便易，无怪埃及进步得那么早。

东印度孟加拉各省，以及中国东部的几个省，似乎也在极早的时候已有农业和制造业上的改良，虽然关于这种往古事迹的真相，欧洲有权威的历史学家尚未能予以确证。印度的恒河及其他大河，都分出许多可通航的支流，与埃及的尼罗河无异。中国东部各省也有若干大江大河.分成许许多多支流和水道，相互交通着，扩大了内地航行的范围。这种航行范围的广阔，不但非尼罗河或恒河所可比拟，即使此两大河合在一起也望尘莫及。但令人奇怪的是，古代埃及人、印度人和中国人，都不奖励外国贸易。他们的财富似乎全然得自内陆的航行。

非洲内地，黑海和里海以北极远的亚洲地方，古代的塞西亚，即今日的鞑靼和西伯利亚，似乎一向都处于野蛮未开化状态。鞑靼海是不能通航的冰洋，虽有若干世界著名大河流过鞑靼，但因彼此距离太远，大部分地区不利于商业和交通。在欧洲，有波罗的海与亚得里亚海；在欧亚两大陆间，有地中海与黑海；在亚洲，有阿拉伯、波斯、印度、孟加拉湾诸海湾。但在非洲，却是一个大内海也没有，境内诸大河又相隔太远，因此不能有较大规模的内地航行。此外，一国境内，纵有大河流贯其间，但若毫无支流，其下游又须流经他国国境始注于海，这国也就仍然不能有大规模的商业。因为上游国能否与海洋交通，随时都要受下游国的支配。就巴伐利亚、奥地利和匈牙利各国说，多瑙河的效用极为有限，但若此河到黑海的全部航权，竟为三国中任何一国所独有，效用就不可同日而语了。

（选自［英］亚当·斯密《国民财富的性质和原因的研究》，王亚南、郭大力译）

第八讲　人口的自然节制

[英]托马斯·马尔萨斯

托马斯·马尔萨斯（Thomas Robert Malthus，1766—1834），出生在一个富有且有文化修养的乡绅家庭，就读于剑桥大学耶稣学院，毕业后担任英国国教教区牧师达45年之久。1805年，马尔萨斯担任东印度学院历史和政治经济学教授，他是英国第一位获得政治经济学教授头衔的人。他与李嘉图有深厚友谊。马尔萨斯最著名的著作是《人口原理》（*An Essay on the Principle of Population, as it Affects the Future Improvement of Society with Remarks on the Speculations of Mr. Godwin, M. Condorcet and Other Writers*, 1798），他也对政治经济学做出了重大贡献，见其《政治经济学原理》（*Principles of Political Economy: Considered with a view to their practical application*, 1820）。

【编者按：很多人都在谈论“人口过剩”、“资源短缺”，而所有人都会引用马尔萨斯。但是，马尔萨斯的人口理论在很大程度上遭到误解了。马尔萨斯的意思其实是说：在清晰的私人产权制度下，个人基于理性计算，会自然地使家庭养育人口与其收入相称，而政府的干预，很可能扰乱这种自然调节机制。】

按照自然法则，人类没有食物就不能生存。不论在人口未受节制的情况下其增长率有多高，人口的实际增长在任何国家都不可能超过养活人口所必需的食物的增加。但是，按照关于有限的土地生产能力的自然法则，对土地所生产的食物来说，其在同样长的时期内所能达到的增长，过了一个短时期后，必然会持续下降（这种情况确实是会发生的），或者在最好的情况下停滞不前，以致只能按算术级数来增加生活资料。因此，情况必然是这样：地球上绝大部分地区人口的**实际**平均增长率（它服从食物增长的同一规律）的性质必定和**未受抑制**的情况下人口的增长率完全不同。

那么，需要考虑的一个大问题是，这个实际上对人口经常地、必然地起作用的抑制因素，其起作用的方式问题。

要是任何辽阔的、人口众多的国家的土地是在该国的人口中平均分配的，那么对人口增长的抑制所采取的方式是非常明显而又简单的。在人口众多的欧洲各国，每个农场或许可以容许人口翻一番，甚至翻两番，而不会造成贫困。但是，人口绝对不可能按同样的增长率继续增加，这一点极其明显，最粗心的思想家也会注意到。当经过非凡的努力，所产的粮食已达到能养活土地目前所能供养的人口数的 4 倍时，在往后的25年中对粮食倍增还能抱什么希望呢？

然而，除了在获得足够的生活必需品上存在着困难外，没有任何理由可以认为有什么东西能使很大一部分人不能过早结婚，或者使他们不能健康地将大群子女养大。但是，这种困难必定会发生，其结果或者是阻止人们早婚，以防止同样数量的一部分人出生来抑制增长率；或者是使儿童由于营养不良或营养不足而身体不健康，造成很大一部分人死亡，从而抑制增长率。非常有可能发生的是，人口增长率部分地由于出生人数减少，部分地由于死亡人数增加而得到抑制。

人们可以恰当地把这些抑制中的第一种称作对人口的**预防性抑制**，而把第二种抑制称作**积极抑制**；在这种情况下，它们的作用的绝对必要性就像人类没有食物不能生存一样肯定无疑和明白无误。

当只考虑一个农场时，谁也不会大胆地断言，该农场的农产品能长期地同在特定时期和特定国家里人们所看到的以每20年或30年增长一倍的增长率与不断增加的人口保持平衡。人们确实不得不承认，假如允许作最乐观的猜测的话，那么可以认为，在一定时期内土地所生产的生活必需品可以持续不断地增加，然而，这样高的农产品增长率是不可能实现的；要是使土地的生产能力始终适当地发挥作用，那么，经过一段时间以后，在没有新发明的情况下，农产品产量的增加会不断下降，直到再投入一个劳动者也生产不出供他自己消耗的生活必需品为止。

在这一方面，对于单个农场来说情况是这样，对于为现有人口提供生活必需品的整个地球来说情况也必然如此。就对人口增长的各种抑制来说，当地球上的土地在居住其上的所有家庭中间平均分配时，情况是如此。当现在财产的分配不公平以及人们的职业存在着很大差别时，情况也必定如此。只是由于这个题目太大而产生的混乱和含糊不清，使人们在谈到广阔土地或全球时就否认（人口增长与生活必需品增长之间存在不平衡），而当涉及单个农场时则不得不承认。

的确可以预料，在文明的、发达的国家中，资本的积累、劳动的分工和机器的发明，都能扩大生产的领域；但是，经验告诉我们，这些原因在制造方便生活的用品和奢侈品方面的作用确实令人吃惊，但在增加粮食生产方面的成效却不怎么好。尽管节省劳动和改进耕作制度可以作为将农业耕作扩展到比其他能耕作的土地贫瘠得多的土地的方法，但是用这样的方法增加的生活必需品的数量在任何时候都取代不了对人口增长的预防性抑制和积极抑制所起的作用。在文明、发达的国家中，如果每个家庭都能分到一份土地，则这些抑制不但绝对有必要，而且几乎精确地以同一方式起作用。由人口的增长快于有限的土地所生产的生活资料的增长的自然倾向所造成的、以最简单的社会状态明显地表现出来的贫困，使发达的、人口众多的国家中的上层阶级清楚地认识到他们自己难以按同样的生活方式供养家庭，也使组成社会大多数的劳动阶级感到凭他们的普通劳动挣得的实际工资不足以养活大家庭。

在任何国家中，最普通的劳动者的年收入是由生活必需品的供求状况决定的，过去如此，将来也总是如此。假如他们的年收入与劳动相比较，还不足以健康地供养大家庭，前面提到的三种情况中有一种必定要发生：要么养活家庭的困难将阻止一些人结婚并使其他一些人推迟结婚；要么营养不良引起疾病的发生并使死亡人数增加；要么人口的增长由于这种或那种原因而受到抑制。

根据以往的全部经验和对作用于人们头脑的各种动机所进行的最好的观察，在私有制下，没有充分的根据可以指望土地生产出大量的农产品。那种希望供养自己和家庭以及改善自己的生活条件的什么刺激能以足够的力量和持久性使社会上的大部分人克服人类天生的惰性的设想，看来是不切实际的幻想。自有可靠的历史记载以来，根据公有财产的原则进行的一切尝试，要么如此微不足道以至不能从中得出什么结论，要么以最明显的失败告终；而当代教育所引起的变化在使将来情况有所好转方面似乎也不能前进一步。因此。我们可以有把握地得出这样的结论，即当人类仍然保留着他们现在所具有的同样的体质和道德素质的情况下，除了私有制外，没有别的任何制度能提供哪怕仅有的一点机会来养活目前人们在许多国家看到的如此庞大而又日益增长的人口。

但是，尽管看起来除此以外几乎完全没有凭经验得出的任何结论，然而，作为对生产的巨大刺激因素的私有财产法确实限制生产的发展，它经常使土地的实际产量大大落后于其生产**能力**，这种情况毫无疑问是真实的。在私有制条件下，人们不可能有扩大耕种面积的充分的动机，除非有足够的报酬使他们不仅能用来支付养家糊口（至少要养活妻子和两三个孩子）所必需的工资，而且能取得所投入资本的利润。这必定不包括可以用来种植谷物的相当一部分土地。虽然可以做这样的假定，即在公有制下，可以将人们充分地刺激起来从事劳动，耕种土地、粮食生产和人口的增长继续进行下去，直到土地绝对不能再增产一夸脱粮食而整个社会全都为获得生活必需品而奔忙。但是，显而易见，这种状况必定会导致最大限度的贫困和倒退。假如私有制能使人类防止这些弊病发生（这一点它通过使社会上一部分人享受发展艺术和科学所需的安逸生活肯定能够在很大程度上做到），就必须承认，这种对扩大耕种面积的抑制会给社会带来非常明显的效益。

但是，或许还必须承认，在私有制下，耕种有时受到一定程度的限制，并且在一个时期内不为社会的利益所需要。当原先的土地分配极不公平，而且各种法律并没有提供充分的便利条件来改善土地的分配时，这种情况特别可能发生。在私有制下，对农产品的有效需求必然来自财产的所有者；尽管在最完善的自由制度下社会的有效需求能得到满足这种情况是确定无疑的，然而，有效需求者的爱好和需要经常地、必然地对国家财富的增加最有利这种认识却是不正确的。要是一切都听其自然，在土地所有者中对打猎和保护野生鸟兽的爱好必定会得到满足；但是，这种满足，从它必须用以达到目的的方法看来，对农产品和人口的增长必然十分不利。同样地，拥有剩余农产品的人们对消费制造品没有浓厚的兴趣，若是不由对私人随从的强烈欲望充分补偿的话（实际上是绝不会得到充分补偿的），则必然会引起对劳动和农产品需求过早的呆滞、利润过早的减少和对土地耕种过早的抑制。

无论导致付给整个劳动阶级的工资不充分的供求状况是由不良的

社会结构和财富的不适当分配过早地造成的，还是土地比较枯竭必然造成的，这同人口的实际增长率或对人口增长的抑制的必然存在几乎没有关系。劳动者几乎感受到同样程度的困难，这种困难几乎必定产生同样的后果，不管它是由什么原因造成的。因此，在我们所了解的每个国家里，劳动阶级的年收入不足以健康地养活他们的大家庭。我们可以有把握地说，人口实际上受到获得生活资料的困难的抑制。又，正如我们所熟知的，充足的工资，加上一切愿意工作的人都能得到充分的就业，是极为罕见的——几乎是从所未有的，除一定的时期外，那时古老国家的知识和勤劳在有利的情况下应用于一个新国家——因而，不能认为获取生活资料的困难所引起的压力在遥远的未来才会产生。当土地不肯生产出更多的粮食时，人们就会感到这种压力，实际上这种压力目前不仅在地球的绝大部分地区存在，而且除很少数国家外，几乎经久不变地在对我们有所描述的所有国家起作用。

世界上没有一个国家其管理水平、财产的分配和人们的风俗习惯能以最有效的方式把土地资源开发出来，这种情况毫无疑问是千真万确的。因此，假定在这些方面立即发生最有利的变化，就可以认为，对劳动力的需求和对生产的鼓励也许会达到这样的程度——在一些国家在短时期内而在另一些国家在较长的时期内上述对人口的各种抑制的作用会减少。特别是，这种实实在在的情况经常扰乱我们的注意力，它就是在这个问题上产生错觉的巨大根源。它使人们相信，他们总能使土地生产出比充分地养活自己和他们的家庭所需要的多得多的生活资料。实际上，人们或许一直具有这种能力。为此我们要感谢我们祖先的愚昧无知和拙劣的管理。要是他们把土地资源完全开发出来，可以十分肯定地说，我们现在要增加粮食生产就一筹莫展了。假定只从征服者威廉一世时起地球上所有的国家都管理得很好，财产的分配和富人及穷人的风俗习惯对于农产品和劳动的需求也都最为有利，粮食和人口的数量就该比目前大得多，然而各种降低对人口抑制的手段无疑也要少得多。获取生活资料的困难表现在，目前几乎全世界的劳动者都只能取得较低的工资，它部分是由土地的必然的状况引起的，部分是对农产品和劳动的需求的过早抑制所造成的。获取生活资料的困难在很大程度上会被人们觉察出来，它不容许人们在抑制人口增长方面有任何松懈，因为它是完全地、必然地由土地的状况造成的。

那么看起来，对人口增长的必要抑制的相应强度几乎不依靠人类在耕种土地中所做的努力。倘若这些努力从一开始就以最有见识的、最有效的方式加以引导，那么，使人口同生活资料保持相应水平所必需的抑制，非但不会减轻，反而很有可能会发挥出更大的作用；而且劳动阶级的境况由于取决于获取生活资料的便利，非但不会得到改善，反而很可能会恶化。

所以，我们认为，是自然法则，而不是人类的行为和制度，使人口的自然增长必然受到了强有力的抑制。

自然法则决定着当不存在抑制时人口的增长率，也决定了在有限的土地上用以养活人口的食物的另一种很不相同的增长率。但是，尽管自然法则无疑是使人口增长必然受到经常而巨大的抑制的原因，然而，人类和社会制度也负有非常巨大的责任。

首先，人类和社会制度肯定要对目前地球上人口稀少负责。倘若社会制度和人们的道德习惯几百年以来一直非常有利于资本的增长和农产品及劳动力的需求，那么，几乎所有大国，不管多么先进发达，其人口都可能是现在的 2 倍或 3 倍，许多国家的人口则可能是现在的 10 倍，甚至 100 倍，而所有居民的生活却会像现在一样好。

其次，尽管在改变人口所受抑制的相应强度方面和在改变这些抑制对实际人口所施加压力的程度上，人类所起的作用是微不足道的、暂时的，然而，人类对抑制的性质和起作用的方式却有着巨大的、十分广泛的影响。

政府和人类（社会）制度并不是在消除人口所必然受到抑制（即人口增长必然会受到抑制，而不致充斥全球，可以有把握地说，这是违反自然规律而不可能发生的事）方面可以发挥巨大作用，而是在对这些抑制加以引导，尽量减少给社会道德和幸福造成的损害方面发挥巨大作用。我们从日常经验中获知，它们的力量是巨大的。然而，尽管如此，必须承认，政府的力量是间接的，而不是直接的，因为要达到的目的主要靠个人的行为，个人行为难以凭借法律产生直接的效果，尽管它可能受到法律的强有力的影响。

我们如果更加仔细地考察那些被划归为预防性和积极两大类的抑制所具有的性质，就会清楚地看出这一点。

人们会发现，这些抑制可分成**道德抑制**、**罪恶**和**苦难**。按照自然规律，要是认为人口增长的某种抑制是绝对不可避免并且人类制度对这些抑制中的每一种抑制所起的作用的程度发挥影响的话，那么要是不将所有的影响，不论是直接的还是间接的，都发挥出来以减少罪恶和苦难的总量的话，就会产生重大的责任问题。

当把道德抑制应用在我们现在探讨的论题时，可以给道德抑制下一个定义，就是出于谨慎考虑，在一定时间内或长久地不结婚，并在独身期间性行为严格遵守道德规范。这是使人口同生活资料保持相适应并且完全符合道德和幸福要求的唯一方法。所有其他的抑制，无论是预防性抑制还是积极抑制，尽管它们程度上差别很大，但都可以归到罪恶和苦难上去。

其余的预防性抑制是，使得大城市里的妇女不能生育的那种性交方式；性道德的普遍败坏，其效果与上面使妇女不育的性交方式类似；反常的恋情和防止不正常的性交所产生的后果所采用的一些不适当的方法。这些显然都可以归到罪恶这一类下面。

对人口增长的积极抑制包括以任何方式过早地缩短人的寿命的一切原因，如不利于身体健康的各种职业、繁重的劳动和长期在露天干活或生活、由于贫困引起的饥寒交迫、对儿童抚养不当、一切暴行、大城市和制造厂、一系列常见病和流行病、战争、杀害婴儿、鼠疫和饥荒。在这些积极抑制中，由于自然法则引起的那些抑制，我们专门把它们叫做苦难。而我们自己招来的抑制，例如战争、一切暴行以及其他许多我们有能力加以避免的抑制则具有混合性质。它们是由罪恶带给我们的，其后果则是苦难。

以不同的方式结合在一起并且以不同的力量起作用的这些抑制中的某些抑制，正在我们所熟悉的所有国家中发挥作用，它们成为把人口和生活资料保持在相应水平上的直接原因。

我在《人口原理》一书中已对我们最了解的大多数国家中这些抑制情况作了概述。我的目的是要在每个国家中追踪在限制人口增长上看起来最有效的那些抑制，并设法一般地回答库克船长提出来的特别适用于新荷兰的那个问题，即用什么方法使该国的人口保持在能生存得下去的数量上？

然而，我们几乎不能指望，我们将看到的有关各国情况的一般性叙述会详尽得使我们能确定我们所能描述的每一种抑制到底能在多大程度上克服人口的自然增长。特别是不应指望，这种一般性叙述能使我们了解严格意义上的道德抑制能普遍实行到多大程度。因此，我们尤其必须注意未婚者和晚婚者人数最高和最低这两个数。供养家庭的困难造成推迟结婚。尽管无法确定这种晚婚所导致的不正常程度，但把推迟结婚称为对结婚和对人口的谨慎抑制却是有用的。人们会发现，这就是预防性抑制实际起作用的主要方式。

只有对人口增长的预防性抑制能取代巨大的苦难和大量的死亡。假如说这种预防性抑制主要是通过对结婚的谨慎抑制发挥其作用，那么如前所述，显而易见，直接立法就起不了多大作用。谨慎抑制不可能凭借法律来实现而不致严重违反人们生来就有的自由和不致产生更多罪恶的大风险。但是，公正而开明的政府十分巨大的影响和完善的财产保险在培养人们谨慎的习惯方面任何时候都是毫无疑问的。这些习惯的主要原因和结果我已在《政治经济学原理》一书第 9 章第 250 页中做了阐述。

由于实际工资高，或者由于拥有支配很大一部分生活必需品的权力，可能会出现两种完全不同的结果：一种是，人口迅速增长，高工资主要被花在供养大家庭上；另一种是，生活方式的明显提高，人们享受到生活的便利条件和舒适品，却没有引起人口增长率相应的加速提高现象。

在观察这些不同的结果时，究其原因显然就是在不同国家不同时期的人民中存在的不同的习惯。在探究这些不同习惯的原因时，我们一般来说是能将产生第一种结果的原因追踪到压抑下层阶级的一切因素上去，这些因素使得他们不能、也不愿意进行从过去到将来的推理，他们准备默认其标准十分低的生活上的舒适和体面。我们能将产生第二种结果的原因追踪到有助于提高社会的下层阶级的地位的一切因素上去，这些因素使他们最接近这样一些人，这些人“瞻前顾后”，因此，不能耐心地默认那种剥夺了他们自己和他们的子女保持体面、道德和幸福的手段的想法。

在造成上述第一种特征的因素中，人们发现最有效的因素就是专制、压迫和愚昧。而造成后一种特征的各种因素中，最有效的因素是公民的自由、政治自由和教育。

在有助于鼓励社会的下层阶级养成谨慎习惯的所有原因中，最主要的原因无疑是公民的自由。如果一国人民对于自己辛勤的、公正的、受人尊敬的努力是否有自由发挥的机会毫无把握，对于自己所拥有的或可能会获得的财产是否会得到现有法律公正实施的保护毫无把握，那他们是不会习惯于为未来制订计划的。但是，人们凭经验知道，没有政治自由，公民的自由不能长期确保。因此，政治自由几乎同样重要。除了从上述观点来看必须具有政治自由外，政治自由还会迫使上层阶级尊重下层阶级，从而显然有助于教会下层阶级尊重自己，这必定会大大增加公民自由带来的各种好处。

关于教育问题，在一个不善于治理的政府的领导下，教育肯定可能得到普及，而在别的方面搞得很好的政府领导下有可能把教育办得很糟。但是，就教育质量和普及程度而言，必须考虑到，人们总是喜欢后一种政府。光教育本身对保障财产是起不了多大作用的。但是，教育非常有助于人们从公民的自由和政治自由获得的一切好处。没有教育，确实不能把公民的自由和政治自由看成是完美无缺的。

由于上述原因造成的这些习惯不同程度地存在，加上由其他习俗以及土壤和气候不同程度的影响造成的大小不等的死亡率，在各国、在不同时期对人口增长起突出作用的几种抑制的性质和每一种抑制的力量必定具有巨大的差别。根据理论不可避免地做出的推论，已完全被经验证实。

例如，从我们所了解的古代各国和世界较不开化的地区的情况看，战争和各种烈性病是对人口增长的主要抑制。频繁的战争及其对人类的极为严重的破坏，加上有案可查的瘟疫、饥荒和致命的流行病，已对人类造成极大的消耗，以致极为巨大的人口增长力在许多情形下不足以补偿损失。我们马上可以看到鼓励结婚的根源和为增加人口所做的努力。这些鼓励和努力，几乎毫无例外地不同于古代的立法和一般政策。然而，有少数人看得更远，他们在寻找解决社会问题的更好的办法时完全清楚，在他们所能想象的最完美无缺的政府的治理下，由于人口过快增长可能产生极为严重的贫困和苦难。他们所提出的补救办法坚决而又激烈，这同他们所了解的罪恶的严重性是相称的。甚至鼓励人们结婚的注重实际的立法者似乎也认为，源源不断地生出来的孩子对养活他们的生活资料来说有时确实太多了；似乎还曾出现这样的情况，即为了应付这种困难，并用劝阻人们结婚的办法来防止困难的发生，他们经常默许杀害婴儿这种不人道的做法。

不能认为，在这种情况下，对结婚的谨慎抑制会在相当大的程度上发生作用。除普遍的道德败坏可以作为一种最糟糕的预防性抑制发生作用于这些情况以外，人口的很大一部分生殖力都发挥了作用，偶尔有多余的生殖力为某些激烈的原因所抑制。这些原因几乎完全可以分成罪恶和贫困。人类总是有能力避免罪恶和很大一部分贫困。

回顾现代欧洲各国对人口增长的抑制情况，与古代和世界许多未开垦地区相比，看来积极抑制较少，而预防性抑制较多。战争造成的破坏无疑已经减少，因为不但总的说来发生战争的频次下降，而且战争的创伤无论对于人类还是对于养活人类的生活资料都没有从前那样大的致命性。尽管在现代欧洲历史的初期，瘟疫、饥荒和致命的流行病时常发生，然而由于社会愈益文明和进步，它们发生的频次和死亡人数都大大减少，在有些国家它们现在已经几乎无人知晓了。对人口增长的这种积极抑制减少，预防性抑制的作用必然随之增加。因为积极抑制在程度上比粮食和人口的实际增长肯定要大得多。或许可以有把握地说，在现代欧洲几乎所有比较发达的国家中，目前使人口与实际生活资料保持在相应水平上的主要抑制，就是对结婚的谨慎抑制。

有人说，人口增长速度如此之快，以致其数量会在 25 年内翻一番，而且只要有足够的空间，人类会在相当短的时间里使地球上一切可居住的地方都布满人，人类所具有的这种倾向不可能成为自然法则，因为实际存在的非常不同的人口增长率必定包含着与事实和现象很难调和的过高的死亡率和生命的毁灭。但是，人口按几何级数增长的规律的独特的长处是，尽管其增长的力量在没有受到抑制的情况下是绝对无限的，然而，如果这种增长未能达到，那也许是受到了一种比较有节制的力量的抑制。当然，以下这种情况绝不会发生，即按几何级数不停地生产出来的大量增加的人口中相当大的一部分先是存活下来，然后被毁灭掉。使食物成为人类和动植物所必不可少的东西的这个自然法则，防止养活不了的过剩人口继续存在。因此，自然法则或者阻止这种过剩人口的产生，或者以使粗心大意的观察家都几乎难以觉察的方式将这些多余人口消灭在萌芽状态。人们看到，在人口的实际增长比其他许多国家要慢的一些欧洲国家，如瑞士和挪威，死亡率相当低。因此，对人口的自然增长施加更大的抑制的必要性就会使死亡率不再提高。而且，很明显，甚至死亡率达到足以消灭每年自然出生的过剩人口（虽然所有已婚的年轻人和全体人口都能得到供养）的程度——这种状况可能存在并且常常在特殊情况下存在——也几乎没有引起人们的注意。大约在上一世纪中叶，斯德哥尔摩和伦敦的死亡率是1：19或1：20。死亡率达到这种程度，或许会使出生人数同死亡人数保持平衡，即使所有的人都在20岁结婚。然而，却仍然有许多人经过选择而迁往斯德哥尔摩和伦敦。大多数人或许没有意识到，他们这样做会使他们自己和子女的寿命缩短；而其他的人则认为，这些差别不值得重视，或者至少这些差别会被社会的各种优点和城市提供的就业机会所抵消。所以，在各国和各种情况下产生的实际死亡状况中，没有任何东西同我前面提到的那样大的人口自然增长趋势的假设有一点矛盾。

人们还注意到，既然实际上人口连续按任何一种几何级数增长的情况极为罕见，并且只有在25年内人口翻一番这样仅有的实例，因此，把研究重点放在任何时候都没有产生过自然效果的增长趋势上，是毫无用处的，而且是荒唐的。但是，我们实际上也可以说，我们将不是要估算小麦或绵羊的自然增长率，因为可以十分肯定地说，它们的自然增长趋势实际上从来没有像人类的自然增长趋势那样长期持续地发展。把在最重要的动植物中普遍存在的自然增长的规律作为自然科学问题，甚至作为经济问题来认识是难以理解的，但却是可取的。按照同样的看法，认识人类的自然增长规律必定更令人感兴趣。可以千真万确地说，我们周围的一切实际现象——各国不同的人口增长率，有的国家增长十分缓慢或者处于静止状态，而另一些国家的增长十分迅速——必定是大量不正常的现象，它们同生物界其他一切动植物的类似情形完全相反，要是人类的自然增长趋势至少不像在条件最有利的情况下发展的那样大，而在其他一切情况下这种自然增长趋势又受土地状况和其他障碍等各不相同的种种困难的制约。当把这个问题应用于人类时，其在道德和政治影响方面的重要性马上增长十倍。这些道德和政治影响必定来自对人口增长的那些抑制。这些抑制以这种或那种形式存在并起作用（人类无论做出什么努力都不可能加以防止)，现在已为人类幸福进行最令人感兴趣的探索开辟了一个新的天地。

但是，作为这种探索的开端，显然我们必须了解要克服的力量大到什么程度，还要了解世界各国实际上需要克服的各种抑制的不同性质。为此，第一步就是要努力弄明白人口的自然规律，或者人口在鲜为人知的各种障碍的作用下的增长率。在随后的探索中，人口的这种增长趋势肯定不会消失。探索的目的是为了提高人们在社会上的道德水平。

如果不加以抑制，人口会增长到有限的土地不能充分供应食物的程度。这种增长趋势的存在要求我们立即决定这样一个问题，即在财产法得到确认的社会里，穷人有得到社会供养的天生的权利。因此，这个问题本身主要地演变成有关承认和保护私有财产的各种法律的必要性这样一个问题。通常都把最强者的权利看作是人类以及兽类的自然法则。然而，这样一来，我们就马上放弃了人类作为理性的人所具有的独特的优越地位，而将自己归属于原野的野兽一类。可以用同样的语言来说．耕种土地并不是人类的天性。肯定地说，不能把人类看作只是没有理性的动物。但是，对于可预见到结果的有理性的人，自然法则命令他们耕种土地，以此作为养活个人和增加日益增长的人口所需的供应的手段。那些自然法则的命令显然是事先已计划好的，其目的是为促进社会总体利益并增进人类幸福。正是用同样的方法并为达到同样的目的，自然法则命令人们置办财产，并命令社会绝对必须具有某种能够保护财产的权力。自然法则用如此强烈的语言对人类说话，使人们充分感受到讲话的分量，以致对有理性的人来说，似乎可以认为没有任何东西像同一社会中普遍存在的最强者的权利那样绝对难以容忍。一切时代的历史都表明，如果人们认为除了建立起个人专权以外没有其他办法可以结束这种状况，那么人们就会宁愿屈从于某个人和他的仆从的暴政、压迫和残酷，也不愿受想要将他人劳动果实据为己有的第一个强者的摆布。当将自然法则必然产生的这种普遍存在的、根深蒂固的感情应用到有理性的人时，其结果就是，无政府主义的几乎确凿无疑的后果就是专制主义。

由是，人们明白无误地认为财产权是由成文法创造出来的，然而，这种法律这样早、这样专横地强加于人类，以致它虽然不能称为自然法，但也必定被人们认为是一切成文法中最自然和最必需的一部法律。制定这部优越的法律的根本原则显然是促进社会总体利益。很明显，倘若没有这种法律，人类有可能倒退到与野兽为伍的地步。

由于财产权是由成文法产生的，制定法律的出发点又是为了促进大众的利益和增进人类幸福，因而该法律可以由制定它的同一当局加以修订，以期更完满地实现既定目的。确实可以说，征收供政府使用的一切国税和由郡或教区收取的一切地方税，都是对这种法律进行修订的结果。但是，对财产法没做过修订，其目的仍然是为了增进人类幸福，不能因为承认完全供养所有可能出生的人口的权利而予以废弃。因此，我们可以有把握地说，对这种权利的承认和对财产权的承认是绝对不相容的，是不能并存的。

即使根据法律，在多大程度上可能向处于贫困之中的社会贫苦阶级提供帮助，而不致废弃财产法的大目标，这是根本不同的一个问题。它主要取决于社会劳动阶级的感情和习惯，并且只能由经验来决定。要是人们普遍认为接受教区的救济是如此丢脸，以致尽量避免去领取这份救济，并且要是当穷人看到他们不得不求助于救济，因此很少有人或没有人敢于结婚时，毫无疑问，真正的穷人也许会充分得到救济而不致有经常增加乞丐比例的危险。那样一来，就能获得巨大好处而不致造成相应的罪恶把所得到的好处抵消掉。但是，假如依赖救济的大量穷人存在的对领取教会救济丢脸的感觉减少到实际上根本不顾脸面的程度，以致许多人结婚后几乎肯定会变成乞丐，从而，他们在总人口中所占的比例在继续增大，那么可以肯定，已经得到的部分好处必定会被社会广大民众生活条件的普遍恶化和情况将变得更糟所大大抵消。因此，从许多场合发放的不充分的救济品，以及发放的方法和起抵消作用的各种原因看，尽管像英国那样的济贫法所起的作用和承认穷人享有受供养的权利[①]的

① 对穷人享受供养的权利问题上所使用的语言的主要反对意见，事实上是我们所答应给予的东西并没有给，穷人们可能指控我们欺骗了他们。——原注

影响以及完全履行由于承认这种权利而引起的各种义务所造成的影响大不相同，然而，这种情况应该向每一个社会幸福之友提出最严重的警告，并做出符合正义与人道的努力以便进行补救。但是，无论在这个问题上采取什么措施，必须承认，不论为穷人立法成功与否的前景如何，人们必须充分认识到，社会劳动阶级具有这样一种自然趋势，即这些阶级的人口趋于不断增长，以致超过对其劳动的需求，超过充分供养他们所需的手段，并且必须充分意识到，这种增长趋势会给劳动阶级生活条件的不断改善设置最大的障碍。

对写文章反对我在本文中所阐述的各种原理的著述家们形形色色的反对意见进行评论，大大超出了本文的范围。那些看起来在最低程度上貌似有理的文章，我已在《人口原理》新近的几个版本，特别是第五版本和第六版本的附录中做了答复，读者自己可去查阅。[①]因此，我们只对某些人以宗教为由提出的反对意见作进一步的评论。因为把对不同意见所做的答复牢记在心里肯定十分重要，我不得不在本文末尾为我对反对意见的答复中提炼出来的一些话留一点位置。

人们一直认为，人类的增长能力超过在有限的空间里食物最大可能的增长能力的这种趋势是对上帝仁慈的亵渎，并且同《圣经》的字义和精神都不相符。要是这种反对意见有充分根据，那肯定是提出了最严重的问题。但是，对这个问题的回答看来十分令人满意，并可以将它压缩到很小的范围内。

首先，人口原理引起的罪恶似乎同一般的人类情欲过度的满足或不正常的满足引起的罪恶恰好一样，同样可以用道德抑制加以避免。因

① 在回答阿瑟·扬时，讨论过把土地分给穷人的问题。令人奇怪的是，阿瑟·扬在提出把土地分给穷人的计划后，不得不承认“要慎重地考虑不断增长的人口可能遭受的苦难，这种苦难会被人们看作绝对难以避免的罪恶”。事实上，全部困难都在于此。在英格兰和爱尔兰的殖民地与在加拿大的殖民地之间的巨大差别是，一方面，殖民主义者对人口增长的需求不存在了，并且经过一段时间后劳动者过多的问题会加剧；而另一方面，对劳动的需求会增加，而且必然会长期如此，迁出国的人口过剩问题会大大减轻。——原注

此，既然我们没有理由因为存在着人类情欲引起的罪恶而断言，这些情欲太强烈了，需要将其减弱或加以消灭，而不是对其进行调节和引导，那么，我们也就同样没有理由因为存在着人口原理引起的罪恶而断言，人口原理的力量太强了。

其次，人们几乎普遍承认，《新约·启示录》的表面文字和精神实质把我们这个世界描绘成了一种叫人接受道德磨炼和考验的状态。而叫人接受道德磨炼和考验的状态不会是纯粹幸福的状态，因为它必然包含着要克服的困难和要抵制的诱惑。在一系列自然法则中，现在谁也无法指出哪一个自然法则特别符合《圣经》对地球上人类状态的这种观点。因为同其他观点相比，这种观点使情况变得更为纷繁复杂，要求人们做出更大的努力，而且还以更普遍、更强烈的方式，向国家和个人展示了道德和罪恶所产生的不同结果，即适当控制情欲和应当受到谴责的纵欲所产生的不同结果。由此可见，人口原理非但不与《启示录》相矛盾，反而应认为人口原理为证实《启示录》的真实性提供了更多的有力证据。

最后，人们会承认，在考验状态中，看来最符合仁慈的造物主的观点的自然规律是这样一些规律，这些规律一方面提供困难和诱惑（这些正是考验状况的本质），另一方面又在今生和来世用幸福奖励那些克服了困难和诱惑的人。而人口规律就特别符合这一点。每个人由于本能和受天启教的鼓励而实行道德，在很大程度上具有使自己和社会避免罪恶后果的能力。毫无疑问，这种德行大大有助于实行德行的个人改善自己的生活条件并增加舒适品，并通过他们，使全社会的生活条件获得改善并增加舒适品，由此也就完全证实了上帝通过这个伟大的规律对待人类的方式。

（选自［英］托马斯·马尔萨斯《人口原理》，朱泱、胡企林、朱和中译）

第九讲　比较优势

[英]大卫·李嘉图

大卫·李嘉图（David Ricardo，1772—1823），英国经济学家。早年从事证券交易业务，到25岁时就拥有了一笔不菲的财富，于是开始对科学感兴趣。1799年，因为阅读亚当·斯密的《国富论》而对经济学问题产生兴趣，由此业余学习、研究这一领域。1809年，他为一家报纸撰写文章，从而开始了经济学家的生涯。1810年，他将这些文章结集整理出版。后来，他结识了经济学家托马斯·马尔萨斯和詹姆斯·穆勒，与他们进行讨论，并激发了写作的冲动。1817年，他发表了最重要的著作《政治经济学及赋税原理》（*On the Principles of Political Economy and Taxation*）。1819年，他当选国会议员。他被公认为古典政治经济学的代表人物之一，对经济学思想的发展产生了巨大影响。

【编者按：李嘉图继承了斯密以来的政治经济学的传统，是自由贸易的坚定支持者。反对政府对贸易的各种限制，是他的著作的一贯主题。不过，李嘉图只是在本文中才为自由贸易提供了一个理论论证，这就是“比较优势”理论。这个学说或许可以说是政治经济学中被人最广泛地接受的真理，它是未来一切主张自由贸易和自由市场的理论的基石。】

对外贸易的扩张尽管会极大地有助于增加一个国家的商品总量和享用品数量，但它不会直接增加一国的价值总量。所有外国商品的价值都是由与之交换的本国土地和劳动的产品数量来衡量的，因而如果通过发现新市场，用一定量的本国商品所交换的外国商品增加一倍，我们所获得的价值也不会更大。如果一位商人购买数额达 1000 英镑的英国商品，并用这些商品换取一定量的外国商品，而这些外国商品在英国市场上会售得 1200 英镑。这种运用资本的方式会使他得到 20%的利润，但他的收益和进口商品的价值都不会因为所获外国商品数量的多少而有所增减。例如，无论他进口 25 桶酒还是 50 桶酒，如果一段时间卖 25 桶，另一段时间卖 50 桶，其所得都是 1200 英镑，他的利润不受任何影响。在两种情形下，他的利润会只限于 200 英镑，即资本的 20%。在两种情形下，英国输入的是相同的价值。如果 50 桶酒的售价超过 1200 英镑，该商人的利润率就会超过普通利润率，资本就会自然地流向这个赚钱的行业，直到酒的价格下降使一切恢复到原来水平为止。

的确有人一直认为，在对外贸易中，个别商人有时赚取的高额利润会提高该国的一般利润率，并从其他行业吸引资本参与这一新兴而又盈利的对外贸易行业，这样会使价格普遍提高，因而会使利润提高。权威人士曾说，在需求保持不变时，减少投入在种植谷物、织布、制帽、制鞋等上面所必需的资本，会使这些商品的价格高涨，以致农场主、制帽商、织布商、制鞋商和外贸商人都会得到更多的利润。①

持这一观点的人与我的看法一致，即不同行业中的利润有相互一致、进退与共的趋势。我们的分歧是，他们认为普遍上升的利润率带来利润均等；而我则认为，受惠行业的利润将迅速下降至一般利润水平。

因为，除非谷物、布匹、鞋帽等商品的需求量有所减少，否则我认为种植谷物和生产商品所需的资本将不会减少。如果需求减少，这些商品的价格就不会提高。购买外国商品所用的英国土地和劳动的产品可能是等量的，也可能或多或少。如果是等量的，那么布匹、鞋帽、谷物的需求与以前一样，用于生产这些商品的资本将保持不变。如果由于外国商品价格低廉，购买外国商品所用的英国土地和劳动产品将有所减少，那么就会有更多的剩余购买其他商品。如果鞋、帽、谷物的需求比以前增加，因为可能会有一些外国商品消费者的收入中有额外部分可供自由支配，以前用来购买较大价值的外国商品的资本也可自由支配，所以，谷物、鞋等需求增加时，也意味着获取增加供给量的手段增加了，因此价格和利润都不会持续地上涨。如果有更多的英国土地和劳动的产品用于购买外国商品，那么购买其他商品的机会就会减少，因而鞋帽等商品的需求量就会减少。在资本从鞋帽等商品的生产中游离出来的同时，必须用更多的资本来生产用于购买外国商品的商品。因此，在一切情形下，就价值来说，外国商品和本国商品的总需求要受该国收入和资本的限制，一个增加，另一个必然减少。如果用来交换等量英国商品的进口葡萄酒增加一倍，英国人或者消费掉双倍数量的葡萄酒，或消费同量的酒再加上更多的英国商品。如果我的收入是 1000 英镑，每年用 100 英镑购买 1 桶葡萄酒并用 900 英镑购买一定量的英国商品。当葡萄酒价格

① 亚当·斯密：《国富论》，坎南版，第一卷，第一篇，第 9 章，第 95 页。——原注

降至每桶50英镑时，我可能将节省下来的50英镑用来多买1桶葡萄酒或者购买更多的英国商品。如果我多买酒，并且每个饮酒者都这样做，那么对外贸易不会受到丝毫影响，出口用以交换葡萄酒的英国商品数量不变。虽然我们所得到的葡萄酒的价值没有加倍，但数量却增加一倍。但如果我或者还有其他人只满足于以前的葡萄酒数量，英国商品的出口量就会减少，饮酒者要么消费以前曾出口的商品，要么消费他们喜爱的其他商品。这些商品生产所需的资本供给来自对外贸易游离出来的资本。

积累资本有两种途径：一是增加收入；二是减少消费。如果我的支出保持不变，而利润从1000英镑涨至1200英镑，那么我每年的积累就会比以前多200英镑。如果利润不变，我从支出中节省200英镑，其结果是一样的，即我的资本中每年都增加200英镑。当葡萄酒的利润率从20%涨到40%时，葡萄酒进口商购买英国商品的花费不是1000英镑，而是857英镑2先令10便士，而用这些商品换回的葡萄酒售价则仍然是1200英镑。如果他仍想用1000英镑购买英国商品，就必须把酒的价格提高到1400英镑，他所获得的资本利润率就是40%，而非20%。但是，如果由于用他的收入所购买的一切商品价格低廉，他和所有消费者一样从以前支出的每1000英镑中可以节省200英镑的价值，那么他们就会更有效地增加国家的实际财富：一方面，储蓄是收入增加的结果；另一方面，它又是支出减少的结果。

如果由于采用机器，用收入购买的一般商品价值下降20%，那么我储蓄的效果与我的收入增加20%的效果是一样的。但在前一种情形下，利润率是不变的；而在后一种情形下，利润率则提高了20%。也就是说，如果由于廉价外国商品的进口，我在支出中节省了20%，其效果与机器降低生产费用是一样的，但利润不会增加。

尽管市场扩展可以同样有效地增加商品总量，从而使我们能够增加用于维持劳动的基金和劳动所使用的原料，但利润率的提高却不是市场扩展的结果。由于劳动分工更为合理，由于各国都生产适合于本国国情、气候、其他自然优势或人为优势的商品，并且由于将这些商品与其他国家的商品进行交换因而使我们的享受增加，这对人类的幸福来说，其意义就和我们享受由于利润的提高而得到的增进是一样重要的。

本书中，我始终努力证明，只有工资下降，利润率才能提高；只有用工资购买的各种必需品的价格下降，工资下降才能持续。因此，如果由于对外贸易的扩大或机器的改进，劳动者的食品和各种必需品以低价运送到市场利润就会提高。如果我们不自己种植谷物，不自己生产劳动者所穿的衣服和所用的必需品，而发现了一个能以更低价格向我们供应这些商品的新市场，那么工资就会下降，利润就会提高。但是，如果由于对外贸易的扩大和机器的改进，能以更为低廉的价格获得商品，而这些商品为富人所消费，那么利润率就不会发生变化。虽然葡萄酒、天鹅绒、丝绸和其他昂贵商品的价格会下降50%，但工资不会受到影响，因此利润会保持不变。

由于对外贸易可以增加用所得收入所购买的商品的数量和品种，并且大量的廉价商品刺激了储蓄和资本积累，因而对外贸易极大地有益于国家。但是，除非进口商品是属于用劳动者的工资所购买的那种商品，否则对外贸易就不会有提高资本利润的趋势。

有关对外贸易的讨论同样适用于国内贸易。劳动分工的更加合理、机器的发明、道路和运河的修建、商品制造和运输方面节省劳动的各种手段，都不能提高利润率。这些是影响价格的原因，对消费者极为有利。因为它们使消费者用同样的劳动创造的产品价值交换到更多使用改进手段而生产出来的商品。但无论如何，它们对利润没有任何影响。另一方面，劳动工资的每次下降都提高了利润，但对商品价格没有影响。一种情况有利于各阶层，因为各阶层都是消费者；而另一种情况只有利于生产者，他们的收益增加，但一切商品的价格依旧不变。在前一种情况下，他们的收益与以前一样，但他们所购买的每一件商品的交换价值却在减少。

决定一个国家的商品相对价值的法则不能决定两国或多国间互相交换的商品的相对价值。

在商业完全自由的体制下，各国都必然地将其资本和劳动用于对本国最有利的方面。这种对个体利益的追求很好地同整体的普遍利益联系在一起。通过奖励勤奋、奖励智巧和有效利用自然所赋予的各种特殊力量，它能够最有效并最经济地分配劳动。通过提高生产总额，让人们都受益，用相互利益和交往这一共同纽带把文明世界的各民族结合成一个大同社会。正是由于这一原则，葡萄酒得以在法国和葡萄牙酿制，谷物得以在美国和波兰种植，而金属制品和其他商品得以在英国生产。

一般说来，同一国家的利润总是处于同一水平，或其差异只是存在于资金使用的安全和适度方面，但不同国家间的情形却不是这样。如果约克郡的资本利润超过伦敦的资本利润，资本就会迅速地从伦敦转移到约克郡，致使利润均等。但如果英国由于资本和人口增加致使土地生产率降低，因而工资提高而利润下降，资本和人口就不会从英国流向荷兰、西班牙或者俄国。

如果葡萄牙与其他国家没有商业联系，就不能把大部分资本和劳动投入在葡萄酒的生产上，并用葡萄酒从他国购买本国使用的布匹和金属制品，它必须用这笔资本的一部分生产这些商品，而这样获得的商品可能在数量和质量上都要差一些。

葡萄牙交换英国布匹所用的葡萄酒数量不是由各国生产时所投入的劳动量决定的。这与如果两种商品都同在英国或葡萄牙生产时的情况完全不同。

英国的情况可能是生产布匹需要 100 人一年的劳动，如果要酿制葡萄酒则可能需要 120 人劳动同样长的时间，因此英国看到了进口葡萄酒的利益并通过出口布匹来购买葡萄酒。

葡萄牙生产葡萄酒可能仅需要 80 人一年的劳动，而生产布匹则需要 90 人一年的劳动。因此，出口葡萄酒换取布匹对它来说是有利可图的。即使葡萄牙进口的商品所需的劳动少于英国，这种交易也可能发生。虽然它能用 90 人的劳动生产布匹，但它仍会从需要 100 人的劳动生产布匹的国家进口布匹。因为它宁愿把资本投在葡萄酒的生产上并以此从英国换取更多的布匹，也不愿意挪用种植葡萄的一部分资本去生产布匹。

英国将以 100 人的劳动产品换取 80 人的劳动产品。这种交易不会发生在同一国家的个人之间。100 个英国人的劳动不能与 80 个英国人的劳动相交换，但是 100 个英国人劳动的产品却能与 80 个葡萄牙人、60 个俄国人或 120 个东印度人的劳动产品进行交换。一个国家和许多国家在这方面存在的差异是很容易解释的。我们只要想想资本从一国转移到另一国寻求更有利用途的困难和资本在同一国家中从一省转到另一省的快捷，这一点就很明确了。（由此可见，一个在机器和技术都有极大优势并能用比邻国少得多的劳动生产商品的国家，即使土地更为肥沃，种植谷物所需的劳动也比出口谷物的国家所需的劳动少，仍然可以用这些商品换取本国消费所需的那部分谷物。假设有两人既能制鞋也能制帽，其中一人在两个行当上比另一人都强，制帽时他超过另一人的五分之一，即 20%，制鞋时他超过三分之一，即 33%。较强的人专门制鞋，而较弱的人专门制帽，这对双方不是都有利吗？[①]）

在这种情形下，葡萄酒和布匹都在葡萄牙制造，因而投在织布上的英国资本和劳动都流向葡萄牙。这无疑有利于英国的资本家和两国的消费者。在这种情形下，这些商品的相对价值受同一原则支配，好像一种是约克郡的产品，而另一种则是伦敦的产品一样。在任何其他情形下，如果资本能自由流向最盈利的国家，利润率就不会有差异，商品的实际价格或劳动价格也不会有差异，只是把商品运送到不同的销售市场时所需追加的劳动量有差异。

不过，经验表明，资本不在所有者的直接控制之下所产生的想象中的或实际的不安全感、每个人不愿离开故土的自然倾向、将自己已有的习惯置身于异国政府和新法律之下的不情愿，这种种因素都阻碍

① 亚当·斯密：《国富论》，坎南版，第一卷，第四篇，第 2 章，第 422 页，关于裁缝和制鞋者的论述。——原注

着资本的外流。这些情感因素使大多数有产者满足于本国的低利润，而不愿到外国为其财富寻找利润更高的途径。我个人很遗憾地看到这些情感的强化。

选用金银作为一般流通媒介，通过商业竞争，金银分布于世界各国，其分配比例能够适用于假定不存在金银，国际贸易纯粹是易货贸易时所出现的自然交易情况。

所以，如果布匹在葡萄牙售出时所得的黄金购买的商品价值低于布匹出口国的价值，那么布匹就不可能进口到葡萄牙。如果葡萄酒在英国售出时所换取的商品价值不高于葡萄牙的商品价值，那么葡萄酒就不可能进口到英国。如果这种贸易是纯粹的易货贸易，只有在英国通过生产布匹而非种植葡萄，使布匹十分便宜以致用一定量的劳动获取更多的葡萄酒的情况下，或葡萄牙的工业出现相反的情况时，这种贸易才能继续下去。现在，假设英国发现了一种制葡萄酒的方法，因而在本国制酒比进口酒对它更有利，它必然会将资本从对外贸易转向国内贸易，它将停止生产出口的那部分布匹而自己酿制葡萄酒。这两种商品的货币价格就这样决定下来了：在英国布匹保持原价时，葡萄酒跌价，而在葡萄牙则两种商品的价格都不发生变化。英国在一段时间内会继续出口布匹，因为布匹在葡萄牙的售价高于英国，但是用来换取布匹的是货币而非葡萄酒，直到英国的资本增多和外国的资本减少到足以影响两国的布匹的相对价值，并使布匹出口无利可图为止。如果酿酒方法有了极大的改进，两国互换行业对双方都有利。英国酿制两国消费的所有葡萄酒，而两国消费的所有布匹都由葡萄牙生产。但这样只有通过金银的重新分配才能奏效，应该使布匹价格在英国提高而在葡萄牙下降。由于葡萄酒酿制方法的改进所取得的实际利益，英国葡萄酒的相对价格将会下跌。也就是说，它的自然价格会下降。由于资本积累，布匹在英国的相对价格也会上涨。

假设在英国酿酒方法改进以前，每桶葡萄酒的价格是 50 英镑，一定量的布匹价格为 45 英镑；而在葡萄牙，同量葡萄酒的价格为 45 英镑，同量布匹的价格是 50 英镑，那么葡萄牙出口葡萄酒会获利 5 英镑，英国出口布匹也会有相同的盈利。

假设酿酒方法改进后，在英国葡萄酒价格下降到 45 英镑，而布匹价格不变。商业上每笔交易都是独立进行的。一位商人能在英国用 45 英镑购买布匹，并能在葡萄牙出售获取一般利润，他就会继续从英国出口布匹。他的业务仅是购买英国布匹，而把他用葡萄牙货币所买到的汇票用来支付价款。至于他的货币下落如何，对他一点儿不重要：汇票寄出后，他的债务已清。他的交易无疑由他所取得汇票的条件所决定，但这些条件他当时已经知道，至于影响汇票市场价格或汇兑率的原因，他是不会考虑的。

如果市场有利于葡萄牙将葡萄酒出口到英国，葡萄酒的出口商就是汇票卖方。购买汇票的人是布匹的进口商，也可能是把汇票卖给他人的人。因此，货币不必从任何一国流出各国的出口商就都能得到自己商品的货款。不用相互直接交易，葡萄牙进口商所支付的货币就会支付给葡萄牙的葡萄酒出口商。在英国，通过同一汇票的议付，布匹出口商有权接受从葡萄酒进口商那里得到的布匹的价值。

但是，如果葡萄酒的价格使葡萄酒不能出口到英国，布匹进口商还会同样购买汇票，那么汇票就会涨价。因为汇票卖者知道，市场上没有反方向的汇票可以最后结算两国间的交易。他可能知道，交换汇票他所得到的金银币必须实际输出给英国的往来客户，以便偿付他授权他人向自己提出的付款要求。因此，他在其汇票的价格上加上所发生的所有费用及一般公平的利润即可。

如果发生在英国的汇票加价与进口布匹的利润相等，进口必然停止。如果汇票加价仅是 2%，要偿还英国 100 英镑的债务，在葡萄牙要支付 102 英镑。价值 45 英镑的布匹可在葡萄牙卖上 50 英镑，那么还要进口布匹，还会有人购买汇票，货币还要外流，直至葡萄牙的货币减少，英国的货币增加，直到产生的这种价格情况使继续进行这种交易不再有盈利为止。

但一国货币的减少，另一国货币的增加，不会只影响一种商品的价格，而是影响所有商品的价格。因此，葡萄酒和布匹的价格在英国都会涨价，而在葡萄牙都会跌价。布匹在英国的价格是 45 英镑，而在葡萄牙则是 50 英镑。在英国价格可能涨至 46 英镑或 47 英镑，而在葡萄牙则可能跌至 49 英镑或 48 英镑。因此在支付汇票上加价后，所得利润不足以吸引任何商人进口布匹。

因此，分配给各国的货币数量正是调整盈利的易货贸易所需的数量。英国出口布匹以换取葡萄酒，因为这样做会使其工业的生产效率更高，它所得到的布匹和葡萄酒会比它自己生产这两种商品所得的要多。葡萄牙进口布匹并出口葡萄酒是因为葡萄牙生产葡萄酒对两国都有益处。如果英国生产布匹更加困难，葡萄牙生产葡萄酒更加困难，或者英国生产葡萄酒更为便利，而葡萄牙生产布匹更为便利，那么这种贸易必然立即停止。

假设葡萄牙的情况无任何变化，但英国发现在葡萄酒生产上它所雇用的劳动有更高的生产效率，那么两国间的易货贸易会立即发生变化。不仅葡萄牙的葡萄酒出口会停止，还会引起金银的重新分配，并且英国的布匹出口也会受到妨碍。

两国也许会发现自己生产葡萄酒和布匹更有利，但会产生一个奇异的结果：在英国，虽然葡萄酒价格低廉，但布匹价格会上涨，消费者支付更多的价款；而在葡萄牙，葡萄酒和布匹的消费者可能以较低的价格购买这些商品。在生产方法已经改进的国家，物价会提高；反之，则物价会下跌。

然而，这对葡萄牙来说仅是表面利益，因为该国所生产的布匹和葡萄酒的总量都会减少，而英国的产量会增加。两国的货币价值在某种程度上都已经发生了变化。在英国，货币价值会降低，而葡萄牙的货币价值会提高。用货币来计算的葡萄牙的总收入会有所减少，而英国的总收入却有所提高。

由此可见，任何国家制造业的进步都会改变世界各国间贵金属的分配：它使进步的国家商品量增加且使一般价格上涨。

为使这一问题简单化，我一直假设两国贸易只限于两种商品——葡萄酒和布匹。但众所周知，大量的各种各样的商品出现在进出口项目单中。由于一国抽取货币，另一国积累货币，一切商品的价格都受到了影响，因而便鼓励了货币之外的更多商品的出口。这样做使得在其他情形下对两国货币价值都产生极大影响的因素得以防止。

除工艺和机器的改进外，有各种其他原因始终影响贸易的自然过程，并扰乱货币的均衡和相对价值。出口津贴和进口补贴、商品新赋税，时而直接又时而间接地扰乱自然的易货贸易秩序，因而出口或进口货币就成为必要之事，以便使价格适合于商业的自然过程。这种效果不仅在有这种干扰原因的国家里出现，而且它在商业社会的每个国家里都或多或少地出现。

这一点在某种程度上说明了不同国家不同货币的价值。它向我们解释了为什么本国商品以及体积大而价值相对较小[①]的商品价格不受其他因素的影响，而在那些工业相对发达的国家则影响程度较高。如果两国的人数恰好相等，所耕种的土地肥力同等，数量相同，所具备的农业知识也一样，那么在制造出口商品中使用更好工艺和机器的国家里，农产品的价格最高。利润率可能有差异，但差异却很少。因为工资或者说劳动者的实际报酬在两国可能相等，但由于工艺和机器上的优势，大量货币进口以换取其他商品，这类工资和农产品用货币计算都会较为昂贵。

在这两个国家中，如果一国生产某种商品的质量占有优势，而另一国家生产另一种质量的商品占有优势，那么贵金属就不会明显地流入任何一国。但如果一国占有绝对优势，这种结果就是不可避免的。

在本书的前面，为论证之目的，我们曾假设货币价值始终不变。现在我们正努力证明，除货币价值的一般变动和整个商业社会的共同变化外，货币还会在具体国家中发生局部变化。事实上，任何两个国家的货

① 第一版无“而价值相对较小”字样。——原注

币价值绝不会相同，因为它取决于相对赋税制度、生产技术、气候条件、自然产品及其他因素。

尽管货币不断地发生这种变化，因而大多数国家共有的商品价格也有极大的差异，但是资本的流出和流入都不会影响到利润率。资本不会因为流通媒介增加而增加。如果一国农场主支付给地主的地租和支付给劳动者的工资比另一国高20%，如果同时他的资本的名义价值高20%，那么尽管他的农产品售价上涨20%，其所获利润率也是相同的。

我再三强调利润取决于工资，但这种工资是实际工资，而不是名义工资。它不取决于每年给劳动者支付的英镑数额，而取决于获得这些英镑所需的劳动天数。因此，尽管两国中其中一国的劳动者每周得到10先令，在另一国每周得到12先令，但两国的工资恰好相等，工资对地租的比例及在土地全部产品中所占的比例也相同。

在社会发展的早期阶段，制造业几乎没有什么进步，所有国家的产品都相似，都是体积大且最有用的商品，各国的货币价值主要取决于它们与生产贵金属的矿山的距离。但随着社会进步和工艺的改进，各国有了自己的制造业。虽然与矿山的距离还是需要考虑的问题，但贵金属的价值则主要由制造业的优势所决定。

假设所有国家都只生产谷物、家畜和粗糙的衣物，并且只有通过出口这些商品才能从产金国或存金国获得黄金。黄金在波兰的交换价值自然要比在英国大，因为运送谷物这样大体积的商品，路程越远费用越多。因而把黄金运送到波兰的费用也更高。

尽管英国比波兰的土地更为肥沃，劳动者的技能和使用的工具都强于波兰，因而生产谷物的各种条件要比波兰优越得多，但是两国的黄金价值存在差异，也就是两国谷物价格的差异还会存在。

不过，如果波兰第一个改进其制造业，能生产一种普遍需要而又体积小且价值高的商品，拥有某种普遍需要而他国又没有的自然产品，那么它就能用这种产品换得更多的黄金，这会影响到其谷物、家畜和粗糙衣物的价格。距离矿山远这一不利条件可能会由于具有价值更大的出口商品这种有利条件很好地得到弥补。在波兰，货币价值始终比在英国要低；反之，如果英国拥有技术和机器优势，除以前存在的原因外，还有另一原因使黄金在英国的价值比在波兰低，而谷物、家畜和衣物的价格却很高。

我认为支配世界各国货币相对价值的只有上述两个原因。因为赋税虽然会扰乱货币均衡，但它之所以有这种影响是由于课税使一些国家丧失了技术、工业和气候的一些优势。

我一直认真仔细地研究货币的低价值和谷物或用货币进行比较的其他商品的高价值之间的差别。一般来说，这两者被看成是相同的。但是很明显，当每蒲式耳谷物价格从 5 先令涨到 10 先令时，其原因不是由于货币价值的跌落，而是由于谷物价值的上涨。我们已经看到，为了供养不断增加的人口，我们必然要连续不断地耕种质量越来越差的土地，所以谷物对其他物品的相对价值必然上涨。因此，如果货币价值持续保持不变，谷物就可交换出更多的这种货币。也就是说，谷物的价格会上涨，制造业机器的改进也会导致谷物价格上涨，这些改进使我们能够以特殊优势生产商品。由于货币会因此而流入，所以其价格会下降，所换取的谷物会减少。但是，谷物价格上涨所产生的高价与货币价值下降所产生的高价的效果是截然不同的。在这两种情形下，工资的货币价值都将上涨。但如果其原因是货币价值下跌，不仅工资和谷物，而且所有其他商品都会涨价。如果制造商支付更多的工资，他从工业制品中也能获取更多且利润保持不变。但当生产困难造成谷物价格上涨时，利润则下降，因为制造商要支付更多的工资，并且不能以提高工业制品的价格来补偿自己。

采矿设备的任何改进都使贵金属的生产劳动量减少，使货币价值普遍下降。因此，它在各国中所能交换的商品减少。但当任何特定国家在制造业中占有优势，以致货币向其流入时，其货币价值都会比其他国家低而谷物和劳动价格将相对较高。

货币的这种较高价值不会在汇兑上表现出来。虽然一国的谷物价格和劳动价格比另一国高10%、20%或30%，但汇票会继续以平价兑付。在我们所假定的情况下，这种价格间的差异是自然现象。当足够量的货币流入制造业优良的国家，使该国的谷物和劳动价格得以提高时，汇兑才能是平价的。如果外国禁止货币出口，并且能够成功地实施这一法律，它们确实能够防止该工业国家谷物和劳动价格的上涨。因为假如不使用纸币，那么这种上涨只能发生在贵金属流入以后，但它们却不能防止汇兑产生的不利影响。如果英国是这样的工业国，防止货币进口是可能的，那么它对法国、荷兰和西班牙等国就会有5%、10%或20%的不利兑换率。

无论什么时候货币流通被强迫停止，货币不能稳定在适当水平上，汇兑行情的变化都是无限的。其效果类似于把持票人不能兑换的纸币强行进行流通。这种货币必然局限于货币发行国：这种货币太多时，它也不能普遍地分散到其他国家，流通的均衡状况遭到破坏。汇兑对纸币数量过多的国家必然是不利的：在使用金属货币情形下，当贸易流量促进货币向他国流动时，如果通过强制手段，用无法规避的法律，使货币保持在一个国家，其效果也是一样的。

如果各国恰好拥有自身应有的货币量，那么货币价值在各国确有不同。因为对于许多商品来说，可能有5%、10%甚至20%的差异，而汇兑却是平价的。英国的100英镑或价值100英镑的白银将会在法国、西班牙或荷兰买到100英镑的汇票或价值100英镑的白银。

谈到不同国家的汇兑及货币的比较价值时，我们绝不能用各国以商品估计的货币价值。汇兑绝不是由按谷物、布匹或其他任何商品所估计的货币价值所确定的，而是由按他国货币所估计的一国的货币价值所确定的。

通过把它和两国共有的某种标准加以比较也可确定汇兑。如果在英国兑付100英镑的汇票在法国或西班牙购买的商品与在汉堡兑付等额汇票所购买的商品数量相同，那么英国和汉堡之间的汇兑就是平价的。但如果在英国兑付的130英镑的汇票所购买的商品与在汉堡兑付100英镑所购买的商品数量相等，那么汇兑对英国来说就有30%的不利差价。

在英国100英镑的汇票可以购买荷兰101英镑的汇票或提款权，在法国可购买102英镑的汇票或提款权，在西班牙可购买105英镑的汇票或提款权。在这种情况下，英国对荷兰的汇兑有1%的不利差价，对法国有2%的不利差价，对西班牙有5%的不利差价。它表明这些国家的货币水平高于其应有的水平，通过减少这些国家的货币量或增加英国的货币量，这些国家的货币和英国货币的相对价值就会立即恢复平价。

有人认为我们的货币在近10年时间里贬值了，10年来英国的汇兑有从20%到30%的不利差价。这些人并没有像人们责备的那样认为，货币与各种商品比较时，货币在一国的价值高于在另一国的价值。但他们确实认为，当英国的130英镑用汉堡或荷兰的货币估计，其价值不高于100英镑的生金银[①]时，除非这130英镑贬值[②]，否则它就不可能保留在英国。

将成色十足的英国英镑寄往汉堡，即使费用为5英镑，我在汉堡仍然拥有125英镑。除非我的金镑不是成色十足，不然我怎么能同意用130英镑购买一张在汉堡只能得到100英镑的汇票呢？——这些英镑有了损耗，其内在价值降到低于汉堡的金镑。如果寄至汉堡的实际费用为5英镑，那么它仅能售得100英镑。用成色十足的金镑，无人能否认我的130英镑在汉堡会得到125英镑。但用纸币130英镑，我只能得到100英镑。然而，有人认为130英镑纸币与130英镑金币或银币具有相同的价值。的确，有些人更为合理地主张，130英镑纸币与130英镑金属币并不具有相同的价值。但他们认为，是金属货币的价值发生了变化，而不是纸币的价值发生了变化。他们希望把“贬值”一词的含义限定在价值的实际下降上面，而非货币价值与法定本位货币之间的相对差异上面。以前，100英镑英国货币与100英镑的汉堡货币具有相同的价

① 第一版和第二版中无“的生金银”字样。——原注

② 第一版和第二版中无“除非这130英镑贬值”字样。——原注

值，并能够购买100英镑的汉堡货币。在其他任何国家，在英国兑付的100英镑汇票或在汉堡兑付的100英镑汇票能够购买恰好等量的商品。最近，我得用130英镑英国货币才能购买到相同的东西，而在汉堡用100英镑汉堡货币就能买到。如果英国货币的价值与以前相同，那一定就是汉堡货币升值了。但证据在哪里？如何确定究竟是英国货币贬值还是汉堡货币升值呢？没有确定这一问题的标准。它是一个无法证明、既不能绝对肯定也不能断言否定的问题。世界各国一定早已相信，没有任何绝对确切可供比照的价值标准，因此才选择了一个大体上比其他商品变化较少的媒介。

只要这一法则不变，只要仍未发现某种其他商品可用来作为比现有标准更为完美的标准，我们就要遵循这一标准。黄金是英国唯一的价值标准，当1金镑与5本尼威特[①] 和3克朗的标准黄金具有的价值不相等时，无论黄金的一般价值是涨还是落，货币都是贬值的。

（选自［英］大卫·李嘉图《政治经济学及赋税原理》，
周洁译。原题：《论对外贸易》）

① 英美金衡单位。

第十讲　市场秩序之和谐

[法]弗里德里克·巴斯夏

弗里德里克·巴斯夏（Frédéric Bastiat, 1801—1850），法国经济学家和政治活动人士。他在经营企业之余阅读、写作，1834年4月发表了第一篇文章。从一开始，他就坚定地呼吁取消一切关税。他与英国主张自由贸易的曼彻斯特学派遥相呼应，主张自由贸易及更广泛意义上的经济自由。在1848年的革命中，巴斯夏则坚定地捍卫财产权、公民自由，同时批评右翼保守主义和左翼激进主义。巴斯夏的文章大多为报刊所写，通俗易懂，机智犀利，同时又不乏思想的深度。他的主要著作结集为《经济学的诡辩》（*Economic Sophisms*，1845）、《政治经济学文粹》（*Selected Essays on Political Economy*，1848）和《和谐经济论》（*Economic Harmonies*，1850）。

【编者按：很多人相信，市场体系的参与者在进行一场零和博弈。也就是说，一个人之所得，就是他人之所失，或者像有的理论所说，一个集团在剥夺另一个集团。巴斯夏这本书的书名就是《和谐经济论》。他认为，市场体系中人们进行着自愿交换与合作，因而，参与者的利益是和谐的；真正导致利益冲突的，反而是政府的不恰当干预措施。文中所提到的社会主义学派、社会主义者和共产主义者，既包括空想社会主义者，也包括当时尚在发展中的马克思主义者。文中称他们的理论是虚幻的，甚至像星象学和炼丹术一样。这样的评价是不恰当的，请读者注意。】

热爱学习，追求信念，不为成见所左右，不怀仇恨，热心宣传，光明磊落，无私献身，真诚善良，对一切美的、善的、淳朴的、伟大的、真诚的事物都抱有热情，这些都是青年的可贵品质。因此，我将这部著作献给青年。这是一粒种子，如果不能在我播撒的肥沃土壤中生根发芽，它就不会具有生命力。

我本想奉献给你们一幅画，但实际上却是一张草图。请原谅，如今有谁能完成一部有分量的作品呢？关键就在于此。你们中的**某一位看见这张草图时，大概会像那位伟大的画家一样大声喊道："我也是画家！"**[①] 然后拿起画笔，在我这张不像样的草图上，添上色彩和肌肉、阴影和光亮、感情和生命。

青年人，你们大概觉得，我把**和谐经济论**作为书名，未免过于雄心

---

① 据说，意大利画家葛雷基奥（Antonio Allegrida Corregio，1494—1534）第一次见到拉斐尔的名作《西斯廷圣母》时，曾发此感叹。

勃勃了。难道我真有雄心揭示上帝关于建立社会秩序的方案以及他赋予人类的用以实现人类进步的全部力量的机制吗？

我当然没有这么大的雄心，但是，我希望引导你们去认识**一切正当的利益彼此和谐**这个真理。这便是本书的主旨，你们不会不懂得它的重要性。

在一段时间里，对于人们所说的**社会问题**嗤之以鼻，似乎成了时髦。应该承认，为解决问题而提出来的某些方案，确实太应该遭人讥笑了。然而，问题本身却毫无可笑之处，它就像是出现在麦克白宴席上班科的幽灵[①]，只是它并未保持沉默，而是向受到惊吓的社会高声喊叫："解决不了就会死去！"

你们很容易明白，对于彼此必然和谐的利益和相互必然相抗的利益，解决方案应该完全不同。

彼此必然和谐的利益，应由自由来解决；相互必然对抗的利益，则需借助强制来解决。对于前者，不加干预即可；对于后者，则必须加以阻挠。

可是，自由只有一种方式。如果人们确信，组成液体的每一个分子都具有一种力量，而液面的高度便是这种力量聚合的结果，那么对于我们来说，为了达到这一高度，最简便可靠的办法莫过于避免置身于液体之中。因此，凡是承认**人的利益彼此和谐**并以此为出发点的人，都会赞同用这样的方法来解决社会问题：对各种利益不横加干预，不人为地进行分配。

相反，强制方式却因观点不同而层出不穷。持**人的利益相互对抗论**的那些学派，除了排斥自由之外，至今对社会问题的解决毫无作为。他们需要从多得难以计数的强制方式中选择一种好的——如果确有这种好的强制方式的话——然后他们还需克服最后一个困难，让所有自由的人

① 班科被麦克白谋杀，他的幽灵出现在一张空椅上，致使宴会不欢而散。出自莎士比亚的名剧《麦克白》。

无一例外地接受这种好的强制方式。

可是，有人认为，人的利益因其本质而必然相互冲突，如果不随心所欲地建立一种反自然的社会秩序，这种冲突就不可能避免。我们如果接受这种观点，人类就难以安全了，人们就会惊恐地提出一系列问题：

1．能有人找到一种令人满意的强制方式吗?

2．此人能使许许多多主张采用其他强制方式的学派都赞同他的意见吗?

3．人类能屈从于这种将根据上述观点遏制所有个人利益的强制方式吗?

4．人类纵然穿上了这件极不合身的衣衫，若是有人拿来一件设计得较好的衣衫，那该怎么办呢？拒绝抛弃那个明知弊病甚多的旧社会秩序呢，还是追随朝秦暮楚的时尚，每天建立一种新社会秩序呢?

5．自己的方案未被选中的那些设计师，会不会联合起来反对被选定的那个方案呢？况且，倘若被选定的方案就其性质和目的而言将对所有人的利益造成损害，那些设计师的反对岂不是将会给社会造成更严重的动乱吗?

6．人类是否具有这样一种力量，能克服被认为是由人类本性所决定的相互对抗呢?

我还可以无休无止地罗列这类问题，并且，比方说，提出这样一个难题：

如果个人利益是与总体利益对立的，那么，强制的行动原则从何而来呢？它的支撑点何在呢？难道在人类之外吗？看来只能是这样，否则你们就无法自圆其说了。因为，倘若你们将仲裁权托付给某些人，那么，这些人就必须被证明是用不同于我们的材料制成的，他们不为私利所动，而且即使没有任何约束和有效的抵制，他们也不会犯任何错误，也不会贪得无厌。

各种社会主义学派（我说的是那些试图在一种非自然的社会秩序中解决社会问题的那些学派）和**经济学派**的不同，不在于这种那种观点细节上的差别，也不在于他们所主张的这种那种政府组织不一样，他们的不同在于出发点，也就是这个前提性的、决定性的问题：人的利益在不加管束时究竟是彼此和谐还是相互对抗？

很显然，社会主义学派之所以力图探索一种人为的社会制度，原因在于他们认为自然的社会秩序有缺陷，而他们之所以认为自然的社会秩序有缺陷，则是因为认定人的利益是彼此激烈对抗的。否则，他们就不会求助于强制。不言而喻，对于原本就是和谐的事物，当然无须借助强制使之和谐。

所以，在他们看来，对抗无处不在：业主与无产者之间，资本与劳动之间，平民与资产者之间，农业与制造业之间，乡民与市民之间，本国居民与外国侨民之间，生产者与消费者之间，文明与社会秩序之间，总而言之，自由与和谐之间。

这就是他们心中虽不乏仁爱，挂在嘴上的却是仇恨的原因。他们人人都无比热爱自己梦想的那个社会，然而我们现今生活的社会，却不会按照他们的愿望早早地消亡，以便在废墟上建设一个新的耶路撒冷。

我说过，**经济学派**以利益的自然和谐为出发点，以自由为归宿。

然而，我不得不承认，虽然经济学派总的来说都以自由为归宿，但很遗憾，他们的理论却无法牢固地构筑起利益和谐这个出发点。

在进一步深入探讨之前，为了防备你们由此进行难以避免的归纳，有必要先分别谈谈社会主义学派和政治经济学派的目前状况。

如果我把社会主义学派说得一无是处，夸耀政治经济学派从未犯过错误，那显然是狂妄。

这两个学派的主要区别在于他们的方法不同。社会主义学派跟星象学和炼丹术一样**依靠**想象，政治经济学派则跟化学和天文学一样**依靠**观察。

两位天文学家观察同一事物，可以得到不同的结果。但是，尽管存在这种短暂的分歧，他们却感到，共同的方法将他们联结在一起，共同的方法也迟早克服他们的分歧，所以，他们彼此承认属于同一群体。可是，天文学家和星象家的关系就不同了，前者进行观察，后者进行想象，尽管他们会有某些共同点，但两者之间的鸿沟却是不可逾越的。

政治经济学和社会主义之间的关系正是如此。

经济学家对人、对人的社会组织规律以及由这种规律所形成的人际关系进行观察。社会主义者想象出一种虚幻的社会和与这个社会相匹配的人心。

不过，科学虽不会错，学者却会犯错误。我不否认，经济学家的观察也会出错，我甚至要说，在初始阶段，他们的观察必然会出错。

但是，请注意接着发生了什么。如果利益是和谐的，观察的错误就会合乎逻辑地导致对抗。社会主义者采用什么策略呢？他们从经济学家的著作中挑拣出若干观察错误细加分析，指出其灾难性的后果。他们这样做得对。接着，他们对观察者进行指责，我估计，受到指责的人名叫马尔萨斯或李嘉图。这些他们也还做得对。然而，他们并不就此罢休，他们继而攻击政治经济学本身，指责这门科学冷酷无情、崇尚邪恶……甚至走得更远，进而谴责社会本身，威胁说要摧毁社会以便重建社会。为什么？据他们说，因为科学业已证明，现存社会正在被推向深渊。他们这样做就违背常理了。因为，如果科学不会错，那又何必攻击科学？反之，如果科学错了，那就让社会保持安宁，因为它并未受到威胁。

这种策略不管多么不合逻辑，对于政治经济学来说依然是极为有害的。倘若采取这种策略的人以人皆有之的好心，错误地相互支持，并且附和他们的前辈，那就更糟。科学犹如女皇，应该坦诚而自由，门户之见会置它于死地。

我说过，政治经济学上的一切错误论点，无一不导致利益对抗的结论。另一方面，经济学家——即使是最杰出的经济学家——的大量著作中，难免包含着某些错误的论点。为了科学，也为了社会，我们有责任指出这些错误，并予以修正。为了小团体的荣誉而固执地支持这些错误，不啻是主动招惹社会主义的攻击，尤为严重的是，这样做也等于把真理送给社会主义当靶子。

所以，我要再说一遍：经济学家的主张是自由。但是，为了赢得人们的理解和赞同，必须使这个主张拥有一个坚实的前提，那就是：人的利益如不受约束就能和谐地彼此结合，就能促使公共福利逐步优先增长。

可是，某些权威的经济学家却以下述逻辑一步步导致相反的结论：**邪恶是绝对的**，所以必然不公正。也就是说，不平等必然日趋严重，因而，贫困化不可避免等等。

就我所知，大多数经济学家认为**价值**来自自然资源，来自上帝的**无偿**恩赐。**价值**一词意味着，人们只有在能得到相应的报酬时，才会出让任何具有价值的东西。一些人，尤其是土地所有者以上帝的恩赐换取有效劳动，获得他们不曾付出任何劳动的各种效用。于是，这些著作家们便说道："这当然是明显的不公正，但无法避免。"

接下来是李嘉图的著名理论，大体上可以做这样的概述：粮食价格的基础是在最贫瘠的土地上为生产这些粮食而付出的劳动。人口增长迫使人们耕种越来越贫瘠的土地，整个人类（土地所有者除外）为了获得等量的粮食，不得不付出越来越多的劳动，如果付出等量的劳动，获得的粮食就越来越少，这两者其实是一回事。而每当一块劣质土地被开垦时，土地所有者得到的租金却越来越多。结论是：有闲阶级日益富足，耕作者日益贫困，即无法避免的不平等。

再往下是马尔萨斯的著名理论。在人类历史的每一个阶段上，人口增长的速度呈超过粮食增长速度之势。人若不能果腹，岂有幸福安全可言。只有两种障碍可以遏制人口过剩的威胁，一是降低出生率，一是提高死亡率，为此必然伴以或使用一切可怖的方式。借助道德实行遏制的办法，若不被普遍接受便不奏效，所以无人对此寄予期望。出路于是只剩一条：强行抑制，诸如邪恶、贫穷、战争、瘟疫、饥馑、死亡率等等，否则贫困化就不可避免。

我不再列举那些影响虽然较小、结论却同样令人失望的理论。例如，托克维尔先生以及许多与他相似的人曾认为，实行长子继承权可使贵族高度集中，如果不实行长子继承权，就会导致土地高度分散，土地生产率锐减。

值得注意的是，上述四种理论彼此并不发生直接冲突。纵然发生冲突，我们也会自我安慰地设想，这些理论既然都是错误的，它们自然会两败俱伤。事实并非如此，它们彼此协调，同属于一个总的理论体系。这种体系以大量似是而非的事例为依据，力图对激烈动荡的现代社会做出解释，得到了不少科学大师的赞同，在失去信心和不知所措的人面前，显得颇具权威。

需要了解的是，提出这种令人沮丧的理论的人，如何将**人的利益彼此和谐**解释为其前提，又如何将自由演绎为其结论。

当然，如果人类必然要被价值规律推向不公正，被地租规律推向不平等，被人口规律推向贫困，被继承权推向不育，那就不应该说，社会世界和物质世界一样，都是上帝创造的和谐的作品；而只能丧气地承认，上帝故意将我们的世界建立在令人厌恶的、不可救药的、不和谐的基础之上。

出于不伤害任何人的考虑，我把这种理论称作不和谐理论。年轻人，别以为社会主义者已经批驳并放弃了这种理论。不，他们嘴上虽那样说，事实上却把它看作正确的理论。唯其如此，他们才主张以强制取代自由，以非自然的社会秩序取代自然的社会秩序，以他们自己的发明取代上帝的创造。他们向论敌（我不知道他们与论敌相比是否更前后一贯）说道："如若真如你们所说，人们不受约束的利益可以和谐地彼此协调，那么，我们的最佳选择就是跟你们一样，欢迎并颂扬自由。但是，你们已经雄辩地指出，如果听任利益自由地发展，人类社会被推向不公正、不平等、贫困和丧失生机。我们反对你们的理论，正因为它是正确的；我们要打碎现存社会，正因为它遵循你们所阐明的必然规律；上帝既然已经无能为力了，我们不妨试试自己的能力。"

前提倒是一致了，结果依然迥异。

前面提到的那些经济学家说，**上帝的主要法则把社会推向不幸**，但是我们不要去干扰这些法则发挥作用，因为幸而另有一些次要法则限制着主要法则的作用，延缓了末日的到来，任何随心所欲的干预，只会破坏堤防，而不能防止洪水上涨。

社会主义者说：**上帝的主要法则把社会推向不幸**，所以必须废除这些法则，并从我们取之不竭的仓库中选取新的法则。

天主教徒说：**上帝的主要法则把社会推向不幸**，我们必须躲开这些法则，所以就得放弃人间利益，遁入克己忘我、牺牲自我、禁欲和逆来顺受的境界。

有人忧心忡忡，有人悲观失望，有人号召反叛，有人规劝听天由命，在这一片嘈杂之中，我却要努力让大家听听我的话：**上帝的主要法则把社会推向不幸的说法是错误的，**此话如果得到证实，一切不和谐便不复存在。

由此可见，所有学派的理论前提是一致的，从这个前提推导出来的结论却使它们分裂为不同的学派，而且互相驳斥。我否定这个前提，这岂不是制止分裂和论争的好办法吗?

本书的主导思想，即利益和谐，**很简单**。简单不正是真理的试金石吗？在我们看来，光线、声音以及物体运动的规律，正由于简单而愈显其正确。利益法则为何不是这样呢?

利益法则具有**和谐性**。有什么能比体现出各个产业、阶级、国家乃至理论之间一致性的那个东西更具和谐性呢?

利益法则具有**宽慰性**。因为它指明了以邪恶日盛为结论的各种理论体系中的谬误。

利益法则具有**宗教性**。因为它告诉我们，揭示上帝的智慧、讲述上帝的光荣的，除了天体运动机制之外，还有社会机制。

利益法则具有**可行性**。让人们劳动、交换、学习、相互结合、彼此作用于对方并做出反应，还有什么比这些更切实可行呢？因为依据上帝的法则，当人们从事上述活动时，从他们的智能中自发地涌现的，只能是秩序、和谐、进步、善良、美好、更美好，以至无限美好。

你们会说，瞧，多么乐观的经济学家！他们都成了自己理论的奴隶，以至于不敢面对事实而索性闭上眼睛。明明看到了折磨着人类的种种贫困、不公正和压迫，他们居然心安理得地否认不幸的存在。他们的嗅觉已经麻木，闻不到起义队伍的火药味；在他们眼里，街垒不说明什么问题。即使社会彻底崩溃，他们还会喋喋不休地说："在这个最美好的世界里，一切都好得无以复加了。"

不，我们当然不认为一切都好得无以复加了。

我百分之百地相信上帝法则所体现的智慧，因此之故，我相信自由。

问题在于弄清，我们是否享有自由。

问题在于弄清，这些法则是否在充分发挥作用，它们的作用是否从相反的方向受到人类各种制度的严重干扰。

除非忘了我们谈论的是人，除非忘了我们自己也是人，否则我们就不会否定不幸，否定痛苦。上帝的法则并非必须排斥不幸才能被认为是**和谐的**。如果不幸有其解释，有其作用，能够自我限制，能够自我摧毁，痛苦本身能够遏制其产生的原因从而防止更大的痛苦，那么我们就可以认为上帝的法则是和谐的。

人作为社会成员是一种**自由的**力量。人既然是自由的，就要进行选择；既要进行选择，就可能选错；既然会选错，就会有痛苦。

我甚至要说，人必然会犯错误，必然要受苦。因为人是从无知起步的，而展现在无知面前的，是许许多多见不到尽头的从未走过的路，其中只有一条通向真理，其余都引向谬误。

任何谬误都导致痛苦。痛苦如果落在犯了错误的人身上，应该由本人承担责任；痛苦如果落在没有犯错误的人身上，那就会牵动人心，赢得同情。

由于这些法则的作用，加之我们具有分析因果关系的能力，所以在饱尝痛苦之后，我们能够走上正确与真理的道路。

因此，我们不但不否认不幸，而且承认它在社会秩序和物质世界中有其使命。

然而，为了使不幸得以完成其使命而过分强调同情心，乃至完全不考虑责任，这是不可取的；换句话说，必须尊重自由。

即使借助人所建立的各种制度阻挠上帝的法则发挥作用，错误依然会导致不幸，只不过此时的不幸会发生错位：遭受不幸的是不该遭受不幸的人。于是，不幸不再是警告，不再是教训，它不再自我限制，不再自我摧毁；它久治不愈，日趋严重，这情况犹如生理学上的某些现象，地球一端的居民某些不慎和过度的行为，会让地球另一端的居民尝其恶果。

大部分政府机构扮演的正是这种角色，那些被视为医治折磨着我们的那些弊病的良药而得到推崇的政府机构尤其如此。有人打着仁爱的幌子，力图唤起与他人同甘共苦这种矫揉造作的善心，结果却使个人的责任心日益变得淡薄和无效。由于政府和法律的过度干预，劳动与报酬的关系受到了损害，工业和交换的规律遭到破坏，资本和劳动的投向发生偏差，教育的自然发展受到干扰，思想被搅乱，愚蠢的欲念被煽动起来，虚幻的迷梦被渲染成前程无量，人力资源遭到前所未有的损耗，人口中心转移了，经验也变得毫无用处。总之，人的一切利益都被置于虚假的基础之上，于是各种利益彼此争斗。这时就有人大喊大叫：瞧呀！人的利益是相互对抗的，造成全部不幸的罪魁祸首就是自由，让我们诅咒自由，扼杀自由吧！

可是，自由毕竟还是一个神圣的字眼，它还拥有令人激动的力量。于是，一些人就毁坏自由的声誉，使它有名无实。在**竞争**的名义下，在把双臂伸向奴役的锁链的那些人的欢呼声中，自由被当作贡物送上祭坛。

仅仅展示社会秩序的自然规律及其宏伟的和谐是不够的，还需要揭示扰得它不能发挥作用的原因。这是我在本书第二部分中所要做的。

我一直尽力避免展开论争，这样做无疑是放弃了深入讨论的机会，使我难以证明，我所推崇的原则是不可动摇的。但是，如果纠缠在枝枝节节上，不就会看不到全局了吗？倘若我如实地让大家看到了全局，别人——包括那些曾教导我应该怎样看的人——究竟怎样看，对于我来说也就无关紧要了。

现在，我满怀信心地向所有把公正、公共福利和真理看得高于自己理论的学派发出号召。

经济学家们，我同你们一样，以**自由**为结论。虽然我动摇了令你们高贵的心为之悲伤的那些理论前提，但你们大概会发现，你们更有理由热爱我们的神圣事业，并为之服务。

社会主义者们，你们信仰**联合**。我希望你们读完本书后告诉我，你们是否认为，若无弊病和羁绊，即在自由条件下，现存社会确是一切联合中最美好、最完善、最持久、最普遍、最公正的一种？

平均主义者们，你们认定的原则只有一条：**互相服务**。只要人们可以自由地进行交易，我敢说，这种交易不可能是别的，只能是**劳务**的交换，而劳务的**价值**将越来越小，其**效用**则越来越大。

共产主义者们，你们希望人们情同手足，共享财富。我力图阐明的是，现存社会只要争得自由，就能实现并超过你们的心愿和希望。因为，只要人人为领受上帝的赐予承受一些劳累，一切就可以为所有的人共享，这是非常自然的，当然也可以向为领受上帝的赐予承受了劳累的人自由地付给报酬，这是非常公正的。

各个教派的基督徒们，在我们所能知晓的上帝的最辉煌的作品中展示了神的智慧，除非你们是唯一怀疑神的智慧的人，否则你们在本书中不可能找到一句违背你们严格的道德信条和神秘教义的话。

产业所有者们，不管你们有多少产业，如果我能证明，你们的权利仅限于以你们自己的或先辈的实际劳务换取等量劳务，这同小工的权利没有两样，那么，你们的权利虽然如今遭到非议，今后却可以具有不可动摇的基础。

无产者们，我可以告诉你们，你们现在以较少的力气和劳累从不属于你们的土地上获得收获，如果将未经他人开垦的土地交给你们耕作，你们就得为同样的收获付出更多的力气和劳累。

资本家和工人们，我觉得自己有能力提出下述规律："资本从生产总值中的绝对**提取额**随着资本日益积聚而增加，提取**比例**则下降；与此同时，劳动从中提取的**相对比例**增加，其绝对提取额增加得更多。资本缩减时则引起相反的结果。”[①] 如果这条规律得到确认，就可证明，劳动者及其雇主之间显然存在着利益的和谐。

马尔萨斯的弟子们，被人诋毁的真诚的慈善家们，你们唯一的错误是提醒人类防备那条你们认为是不可避免的规律，我倒要向你们提供一条令人放心的规律：“在其他条件相同的情况下，人口和生产能力同步增长。”若果真如此，那么，因担心我们所热爱的科学皇冠落地而惶惶然不可终日的，就不应该是你们了。

掠夺成性的人们，你们巧取豪夺，时而无视规律，时而利用规律，榨取民脂以自肥。你们传布谬误，鼓励无知，挑动战争，阻挠交易，并以此为生；你们使劳动毫无效益，可是你们还要对劳动收税；你们使劳动遭受的巨大损失超过了你们从中获得的不义之财。你们为了获利而故意制造障碍，以便为自己提供机会，在拆除部分障碍时再捞一笔钱。所有这些都是贬义的利己主义的活生生的表现，都是错误政策造成的痼疾。请准备好批判你们用的腐蚀性墨水。我独独不向你们发出号召，因为本书的目的就是消灭你们，确切地说是消灭你们非正义的欲念。人们徒然希望调和，事实上有两种原则是不可调和的：自由和强制。

说上帝的法则是和谐的，那是指自由运作状态下的法则，不然法则本身不可能是和谐的。所以，当我们发现世界上缺少和谐时，原因只可能是缺少自由，没有公正。压迫者们，掠夺者们，蔑视公正的人们，你们既然扰乱了和谐，当然就不可能进入普遍的和谐。

---

① 我以数字说明这条规律。在下面三个时期中，资本增加而劳动量不变，生产总价分别为80、100、120。各项所占份额如下：

	资本的提取额	劳动的提取额	总额
第一阶段	45	35	80
第二阶段	50	50	100
第三阶段	55	65	120

上述比例旨在阐明作者的思想。——原注

这是否意味着，本书的效果将是削弱政府权力，动摇其稳定性，限制其权威呢？我的愿望恰恰与此相反。不过，我们应该彼此了解一下。

政治科学的作用在于区分哪些应该是国家的职能，哪些不应该是国家的职能。为了迈出这重大的第一步，我们不应忘记，国家总是通过强力的中介发挥作用的。国家把它提供的劳务强加给我们，又以赋税的形式强制我们回报它所提供的劳务。

这就是说，问题在于：人们有权彼此**强加**给对方的是些什么东西？我只知道一样，那就是**公正**。我无权**强迫**任何人信仰宗教、乐善好施、知书达理、勤奋劳作，但我有权**强迫**他们**公正**，因为这与正当防卫有关。

一群人所拥有的任何权利，都不可能不是个人原本就拥有的权利。因此，假如个人只有在正当防卫时才有理由使用强力，那么我们只需认识到政府的行为始终表现为强力，就可得出这个结论：政府的强力只应用来维持秩序、保障安全和公正等等。

超出这个界限的政府行为就是对人的良知、智慧和劳动的侵占，总之就是对人的自由的侵占。

既然如此，我们就应毫不迟疑地、毫不留情地把纯属个人范畴行为，从政府权力的践踏下解脱出来。唯有如此，我们才能争得自由，才能让上帝为人类进步和发展所准备的和诸法则自由运作。

政府权力是否会因此而削弱呢？是否会因失去一部分地盘而不稳定呢？是否会因权限缩小而影响其权威呢？是否会因不再那么被抱怨而不再那么受尊重呢？庞大的政府预算和影响力被削弱后，觊觎这种影响力的集团会不会进一步把政府变为它们手中的玩物呢？当政府不再负有那么大的责任时，它是否会面临更大的危险呢？

依我看，恰恰相反。把政府权力固定在它的那个唯一的、根本的、无人反对的、有益的、建设性的、大家都能接受的使命中，也正是为了让它赢得大家的尊重和支持。所以，我认为以下现象就不会再出现：一贯性的反对、议会斗争、街头起义、革命、意想不到的变故、小集团、幻想、人人可以提出的采用一切可能的方式进行治理的要求、怂恿人民一切依赖政府这种荒谬而危险的主线、姑息退让的外交、长期存在的战争威胁、用武力维持的岌岌可危的和平、无法公平分担的沉重的赋税、政策对一切事务的人为干预、资本和劳动人为的错误配置、引发无谓的摩擦、波动、危机和损失的根源等等。所有这些导致动荡、愤懑、不满、贪欲和无序的原因，再也没有存在的理由。受托管理政府的人将会同心协力维持普遍的和谐，不会再去扰乱和谐。和谐不能消除不幸，但是，它能使造成不幸的原因日益减少，最后只剩下无知和因人的本性软弱而产生的邪恶，而防止和惩罚无知与邪恶恰是不幸的使命。

青年们，如今迷漫着怀疑主义的气氛，这似乎是思想混乱的后果，也是对思想混乱的惩罚。你们读了本书后如能就书中所阐述的思想说出**"我相信"**这几个字，我将感到十分幸福。这句话令人欣慰，令人如食甘饴；它不仅使人免除失望，而且是一种力量，有人曾说这句话能撼动山岳。基督教徒布道时说的第一句话也是"我相信"，但我们的信仰并非缘自盲目和顺从，它与上帝神秘的启示无涉；它是科学的、经由推理得到的信仰，恰如我们对事实进行调查后得出的结论。我确信，为物质世界作了安排的那位上帝，对社会世界的安排也没有袖手旁观。我确信，他能使惰性十足的分子也善于使充满活力的分子和谐地组合起来并进行活动。我确信，上帝以其光芒四射的智慧制定了关于重力和速度的法则，至少也同样地制定了有关利益和意愿的法则。我确信，社会中存在的一切，包括那些对社会造成伤害的，都是社会进步和完善的动力。我确信，不幸促使幸福早日到来，最终导致幸福，而幸福却不会导向不幸，所以最终主宰世界的必定是幸福。我确信，社会不可抗拒的趋势是人们的不断升华，在体能、智力和道德诸方面达到一个共同的水平，而这个水平又在不断提高，永无止境。我确信，只要这种趋势不被扰乱并能争得运作的自由，人类就能宁静地逐步发展。我之所以坚信不疑，并非因为这一切是我的期望，能使我内心得到满足，而是因为这是我用我的智慧深思熟虑的结果。

啊，倘若你们终于说出"我相信"这几个字，倘若你们以满腔热情加以传播，社会问题很快就可得到解决。因为，不管有人怎么说，社会问题其实不难解决。人的利益既然是彼此和谐的，所以，社会问题的解决完完全全存在于**自由**这两个字之中。

（选自［法］弗里德里克·巴斯夏《和谐经济论》，许明龙等译。原题：《致法国青年》）

第十一讲　交换中人人都赚钱了

[奥]卡尔·门格尔

卡尔·门格尔（Carl Menger，1840—1921），出生在奥匈帝国，获得博士学位后，曾从事新闻工作、行政工作。1871年，他发表《国民经济学原理》，并以此成为维也纳大学的"无薪教师"，从此长期执教于该校。学界公认，门格尔与英国的杰文斯和瑞士的瓦尔拉共同奠定了新古典经济学的基础。在新古典经济学三位创始人中，门格尔对价值之主观性的探讨最为深入，并且由此创建了奥地利学派经济学。门格尔的主要著作有：《国民经济学原理》（*Grundsätze der Volkswirtschaftsleher*，1871），《关于社会科学、尤其是经济学的方法探究》（*Untersuchungen uber die Methode der Sozialwissenschaften und der politischen Okonomie insbesondere*, 1883）。他为经济学贡献了若干十分重要的观念：主观价值论，个人主义方法论，以及自发秩序理论，尽管这些理论在20世纪的主流经济学中被普遍忽视了。

【编者按：市场经济意味着交换，交换的范围不断扩大，乃至全球化。斯密说，人具有交换的天性。门格尔则给出了一个更有说服力的解释：人之所以会进行交换，乃是因为他通过交换获得了收益。这是主观价值论的逻辑结论。所有平等的主体之间进行的自愿交换，其实都是不等价交换，每个交易者都认为自己赚了。从这一意义上说，市场的交换乃是人与人之间进行互惠合作的一种形态。】

“人们喜欢交换、喜欢贸易和喜欢提供一物以与他物交易的癖性，是否为人性的一个根本要素？或是否为人们具有理性与言语能力的必然结果？”或是否还有其他原因，以使人们愿意进行财货的交换？这些都是亚当·斯密未加以解答的问题。这位卓越的思想家只是这样说：“只有这一点是明确的，喜欢交换是人人所共通的，而且只有人类才喜欢交换，其他动物则不然。”

为完全明了上面的问题，我们假设这样一种情况：相邻而居的两个农夫，在丰收之后各保有多余的同样品种的大麦。他们的大麦既是多余，自然无妨用于交换。假定他们对于交换特别感兴趣，也不考虑交换的意义如何，就在他们彼此之间，各以同样数量的大麦一次又一次地相互交换起来。因为他们都以交换为乐，自然没有什么不可以交换的理由。不过，他们在事实上却不会相互交换，否则就要被其他经济人讥笑为无聊且荒谬。

现在我们另外假设一种情况，一个猎人拥有大量的兽皮（衣服的原料），却缺少食物；因而他的衣着欲望可以得到完全满足，而食欲的满足则极不充分。他的一个邻居农夫的情形，则与他恰恰相反。在这种情况之下，纵使猎人不妨以其食物与农夫的兽皮相交换，但比之于上面那种情况，恐将更无发生交换的可能。因这样交换以后，猎人的食物欲望与农夫的衣着欲望，都将更难得到完全满足，其结果必将使二人的生活状态更趋于显著恶化。所以，这时我们绝不能说，他们对于这种交换将会感到什么兴趣。相反，无论是猎人或农夫，对于这种足以损害其福利、危害其生命的交换，都将会极力反对，而使其无论如何不致发生。并且倘使已经实行过交换的话，也必定会尽快地加以取消。

由此可见，人类之所以倾向于交换，必然有另外的原因，而不是由于交换本身是一种快乐。倘使交换本身是一种快乐，换言之是种目的，而不是艰辛的并伴随着危险和经济牺牲的行为的话，那么在上述的情况，甚至在1000种以至于无数类似的情况之下，都可以发生交换了。但是，事实并不然。我们在实际生活中所看到的反倒是人们在进行交换之前，必定先经过深思熟虑，等到进行交换时，又必定只进行到一定的限度为止；超过这限度，双方就不继续进行交换了。

交换对于人类既不是一个目的，自然更说不上是一个乐趣。这点若是正确，我们就可以在这个基础上来说明交换的本质和起源。

我们从最简单的情况开始。假定有甲乙两个农夫，一向进行着孤立的经济生活。其中农夫甲在丰收以后，拥有多量的谷物，除充分满足其一切欲望以外，还剩余一部分，这部分无论为他自己或为他的家族，已不再有任何用途。相反，农夫乙则从事于葡萄的种植，收获了很多葡萄，制造了大量葡萄酒，除尽量饮用外，已使其感觉无处贮藏，而想将其往年贮藏的一部分陈葡萄酒抛弃。这样一种情况正是一方有多量的剩余，而他方则正感不足。有剩余谷物的农夫甲，由于没有葡萄园之故而缺少葡萄酒。反之，有剩余葡萄酒的农夫乙，则由于不种谷物而正苦于食物不足。因而农夫甲觉得一桶葡萄酒将给他以更多的享乐，而一部分谷物则无甚意义，纵然任其腐烂也无妨。反之，农夫乙则觉得几桶葡萄酒对他没有什么价值，可以听任其变质，而数担的谷物则有很大的用处。这样一种情形，就是农夫甲感觉口渴，而农夫乙则感觉饥饿；解救之道就是他们各以所余之物互相交换。交换以后，农夫甲仍能完全满足其食欲，而同时也得到饮酒的享乐；农夫乙仍能饮用多量的葡萄酒，而同时亦不至于饥饿。这样，我们就可以明白：**农夫甲和乙若各以其一定量的财货转让于对方，则双方欲望的满足，都将比其不转让时为多。**

上面所述的情况（即二人转让其毫无价值的财货，并不感受任何牺牲，而能使其欲望得到较多满足的情况）适合于帮助我们来认识交换关系的本质。但若我们将交换关系限于上述的情况（即一人对甲财货除了完全满足自己的欲望之外还有多余，对乙财货则感不足，而另一人的情形则恰恰相反的情况），那就未免将交换关系解释得过于狭隘。相反，一般的交换关系，通常倒是产生于这样一种情况，即某人所有的某财货的一定量对另一人的价值，较另一人所有的另一财货的一定量对某人自己的价值为小，而此另一人的情形则完全相反。例如，在上述的情况下，我们可以假定农夫甲和农夫乙都收获有足够的作物以完全满足自己的欲望，却并非收获过多的作物，以致农夫甲必须任其谷物之一部分腐烂于耕地之上，农夫乙亦必须抛弃其一部分的葡萄酒。我们应假定的是甲乙两个农夫所收获的全部作物，无论如何，对他们二人及其家族都是有用的。

例如，我们假定如下的情况。农夫甲在用其谷物以充分满足其较重要的欲望后，又用其谷物之一部分于家畜的饲养，由此以利用其全部谷物储存。农夫乙亦拥有多量的葡萄酒，但并未多到必须倾倒一部分，而只不过多到可以赏给其奴隶少许，以鼓励他们发挥劳动力。在这种情况之下，毫无疑问，一定量谷物（例如一担谷物）对于农夫甲和一定量葡萄酒（例如一桶葡萄酒）对于农夫乙，虽然非常微少，但总还有一定的价值。因为在某种程度上，这两个农夫的欲望满足还直接或间接依存于这一定量的谷物或葡萄酒。但这时，一麦程谷物对于农夫甲，虽具有一定的价值，却不妨害一桶葡萄酒对他有更大的价值（因由一桶葡萄酒所得的享乐，较以一麦程谷物饲养家畜所具有之意义为大）。同样，一桶葡萄酒对于农夫乙，虽具有一定的价值，也不妨害一麦程谷物对他有更大的价值（因一麦程谷物可以保证他和他的家族有丰富的营养，甚至还可保证他免于饥饿的痛苦）。

上述这种情况，实为人类进行财货交换的重要基础，我们可以将它表述如下：一经济主体甲所有的某一财货的一定量对他的价值，较另一经济主体乙所有的另一财货的一定量对他（即对甲）的价值为小；经济主体乙对于这两种财货一定量的评价则相反，即他对于自己所有的同量财货所评的价值，较其对甲所有的同量财货所评的价值为小。

该情况若再加上如下两点，就构成产生交换关系的基础：

（1）两个经济主体认识这种情况；

（2）两个经济主体事实上具有实行上述财货移转的力量。

具有这两点以后，两个经济主体是否会利用这种情况而进行交换，以使其欲望更好更完全地满足，就看他们两人的意志是否一致了。

人类从事经济活动，一般都遵循着尽可能地完全满足其欲望的原则，也就是说，人类都从外物中探索其可用之物，并将其置于自己支配之下，以改善其经济状态。人类既遵循这样一个原则，则在上述情况存在之时，自必热心加以研讨，以期能利用它去**尽可能更好地满足其欲望**。即在上述情况之下，在甲乙两农夫之间，自然就发生财货移转之行为了。这就是我们一般称为“交换”的经济现象发生的原因。“交换”这个词，在我们经济上的意义，远比通俗的或法律学的意义为广。因经济学上的意义包括购买和经济财货的各种形式的移转（凡接受代价的移转都是交换，包括租佃赁借等）。

将上述加以总结，可得到我们现在所研究的结果：诱导人类进行交换的原则，与指导人类进行经济活动的原则，即尽可能地完全满足其欲望的原则是没有什么区别的。人类在交换财货时所感到的愉悦，实际上就如人类在某一事件发生后其欲望能得到更好满足时的愉悦一样。但如上所述，财货的相互移转，是以下面三个条件为前提的：

（1）某经济主体所支配的某财货的一定量对他的价值，必须比另一经济主体所支配的另一财货的一定量对他（即某经济主体）的价值为小，而此另一经济主体对于这两个财货的评价正相反。

（2）两个经济主体必须认识到这种情况。

（3）两个经济主体在事实上必须具有进行这两种财货的交换的力量。

这三个前提条件若是缺少一个，经济交换的基础即不具备，因而在这两个经济主体之间就根本不可能进行这两种财货的交换。

（选自［奥］卡尔·门格尔《国民经济学原理》，刘絜傲译）

第十二讲　自发秩序的范例：　货币的起源

[奥]卡尔·门格尔

【编者按：斯密提出了“看不见的手”，它指引人们追求私利的活动有益他人。门格尔则更进一步说，规则、制度也是在这只“看不见的手”的指引下自发地形成的。事实上，语言、法律等等都是如此。当然，时尚也是一种自发秩序。后来，哈耶克发展了这一自发秩序理论。市场作为一个整体就是一个自发秩序，它与单一中心的控制是格格不入的。】

在人类交易的初期，人们对于从交换所能获得的经济利益，刚刚开始有所认识。相应于原始文化的单纯性，他们交换的目的，都针对着最眼前的需要，因而无论何人都只着眼于通过交换所能获得的各种财货的使用价值。他们事实上所成立的交换，都只限于这样一种场合，即财货所有者认为其自己所拥有的财货的使用价值，较另一人所拥有的财货的使用价值为小；而此另一人对于这两个财货，则作相反评价。甲有一柄剑，乙有一把锄，甲认为一柄剑的使用价值比一把锄的使用价值为小，乙则认为一把锄的使用价值比一柄剑的使用价值为小。在这种场合或类似的其他场合，甲乙二人自然就发生交换。事实上，在刚有交换的时候，一切交换也都限于这种场合。

不难明白，在这种情况下所发生的交换，其数目当然是非常微小的。某人所拥有的财货的使用价值，比另一人所拥有的财货的使用价值为小；同时，另一人对于这两种财货的评价则相反。这样的情况，在事实上自然是少有的；并且，即使有这样的情况，这两个人亦未见得能够适相会合。例如，甲有一渔网，愿与一定量的麻相交换。这交换看似简单，但要使这个交换能够成立，却需要这样一个前提，即另一人乙有一定量的麻，且其麻正合甲的需要，而他又正欲与甲的渔网交换。不但如此，具有交换愿望的甲乙二人，还必须有机会会合在一起，否则这个交换还是不能成立。农夫丙有一匹马，愿与耕作用具及衣服相交换，为着这个目的，他必须找寻一个需要马匹而又能够提供并愿意提供其所热望的耕作用具与衣服的第三者，但是，找寻这样一个人，却是何等的困难！

这个困难必须克服，否则分工的发展尤其是销路不确定的财货生产，都将要受到严重的障碍。但要解除这个困难，就必须要有一种辅助工具，这个辅助工具并不需要通过特别协约或国家的规定，经济人为克服交换的困难，自然会在不得已的情况下使用起来。

需求的直接满足，为人们一切经济努力的最后目标。为着这个最后目标，人们便以其商品与使用价值较大的财货相交换。人们的这一种努力，在任何文化阶段都看得出来，并且，从经济原则的角度来说，这也完全是正当的。但是，假如这个最后目标不能立即达到或直接达到，人们就必须采取接近这个最后目标的一切办法，否则其行为就显然违反经济的原则。

假定荷马时代的一个武器工匠，制造了两个铜制武器，而欲与铜、燃料及粮食等相交换。他携带了他的武器到了市场。到了市场以后，假如就遇着需要他的武器并愿卖出他所需要的一切原料与粮食的人，那自然可以使他完全满意。但若他虽遇着需要他的武器的人，而所提供交换的却不是他所需要的原料与粮食而系其他的商品，此商品虽非他所需要，但却比其武器**有更大的销售力**，从而持有该商品，就容易发现其所需财货的交换者。这时，假如他肯接受该商品，自然可间接实现他的目的。假如他不肯接受该商品，则他就只得放弃其交换的意图，或必须等待很长的时间，才能完成其交换。在荷马时代，家畜是最具有销售力的商品。这个武器工匠为满足其直接需求，纵使已有足够的家畜，假如他不肯再以武器交换家畜，则他的行动就最不合于经济原则了。自然，以武器交换家畜，并未换得其所需要的使用财货，但他却可由此而得到销售力较大的商品，以代其原有的销售力较小的商品。有了这种销售力较大的商品以后，很显然，他在市场上就容易发现提供其所需财货的交换者了。所以根据这个道理，这个武器工匠若能正确考虑其个人利益，纵使没有什么强制的或特别的协约，他也必然愿意以其武器与家畜相交换，然后再以该销售力较大的家畜，在市场找寻愿意提供铜、燃料及粮食的交换者。这样，他就可以较可靠、较迅速并较经济地达到其换得所需财货的**最后目的**。

所以，随着**各个**经济人对其经济**利益**认识的提高，**纵使没有任何协约与法律强制，纵使不是为了公共的利益**，各经济人也将情愿提供其商品以与那些虽非自需、而销售力较大的商品交换。从而，在**习惯**的强力影响之下，随着经济文化的发展，就到处出现这样一种现象，即在当时当地销售力最大的财货，在交换中最为一般人所乐于接受，因而也最能与其他任何商品相交换。对于这样一种财货，我们的祖先曾以“能用”即“服务”、“支付”来称呼它，到最后才名之为“货币”。这样，我们就可知，在我们的语言上，“货币”这个词就是支付对象的意思。

对于货币的发生，**习惯**实具有极大的意义，我们只要看一下上述一定财货变成货币的过程就可以明白。以销售力较小的商品与销售力较大的商品相交换，对**各个**经济人自然是有利益的，但为使这个交换能够盛行，必须各经济主体都要认识这种利益。而这种利益则不是一国全体人民所同时能够认识的。通常在最初，只有少数的经济主体认识这种利益。这种利益通常都在这些人不能直接以其商品与使用财货相交换的时候，或虽能交换而毫无把握的时候，才以其商品与销售力较大的其他商品相交换而产生的。这种利益**与某一商品是否被一般人承认其为货币无丝毫的关系**。因为，无论何时，并且无论在何种情况之下，这种交换都能使各经济人较接近于作为其最后目标的所需使用财货的获得。为使一般人认识这种经济利益，不如让其亲见那些采取正当方案、获得此项利益的人们的经济上的成功。货币的发生，在最初也是由于少数聪明而能干的经济主体为着自己的经济利益，长期接受销售力较大的商品，以与其他一切商品相交换。他们这样做而得到经济上的成功。其他的人看见他们的成功，才逐渐认识这种利益而也来效法他们。这样，最有销售力的商品，才不只为多数经济人，并且为一切经济人所乐于接受，而一切经济人之所以乐于接受，则很显然，习惯是起了很大作用的。

在国家的疆域内，通常都由立法给予一商品的货币性质以虽然微小然而不可否定的力量。但如上所述，货币（其变种铸币又当别论）的起源完全是自然发生的，它受立法的影响极少。它不是国家的发明，也不是立法行为的产物。国家的批准与货币概念全无关系。一定商品因经济关系而自然成为货币，丝毫也不需要国家的力量。

但是，在某一财货适应着交易的需要，被国家批准为法定货币以后，凡对国家的贡纳以及其余一切债务（这些债务或者是本来未加以特别约定，或者虽然有过特别约定，但由于什么原因又不予照行的债务），就都可合法地用这种财货来进行支付，从而这种财货就被国家赋予了一种一般代表力。这样，我们就可知，一种财货之成为货币，虽不由于国家的批准，但国家的批准则可使这种财货的货币性质更加完全。

（选自［奥］卡尔·门格尔《国民经济学原理》，刘絜敖译）

第十三讲　利润的来源

[奥]欧根·冯·庞巴维克

欧根·冯·庞巴维克（Eugen v. Böhm-Bawerk, 1851—1914），奥地利经济学家，长期执教于维也纳大学，曾经担任奥地利财政部长。他与门格尔是亦师亦友的关系，发展了门格尔的理论，突出了时间因素在生产、交换、消费过程中的作用。他最重要的著作是两卷本《资本和利息》（*Capital and Interest*），包括《各种利息理论的历史和批评》（*History and Critique of Interest Theories*, 1884）和《资本实证论》（*Positive Theory of Capital*, 1889）。庞巴维克是一位杰出的教师，本书后面选入的米塞斯和熊彼特都是他的学生。

【编者按：企业的利润是容易引起人们激烈情感的问题。很多人之所以反对市场经济，是因为有些理论说，资本家在“剥削”工人。庞巴维克则对这种理论做出了反驳。他反驳的理论基础是“时间偏好”：根据人们的心理，“现在的物品通常比同一种类和同一数量的未来的物品更有价值”。庞巴维克以此解释利息、利润现象。】

我们现在讨论利息问题中的一个基本形式。在利息现象中，它实际上是最重要的一个现象。通常它确实被看作是导致所有其他现象的起因和根源。引起激烈的论战的主要是要解释利息的这一形式的企图，这一论战为我的《资本和利息》一书提供了非常丰富的材料。

企业家所进行的由以取得他们的利润的特种活动，通常可以用一两句话就可以说明。企业家购买较远各级的物品，如原材料、工具、机器、土地的使用，尤其是劳动，并用各式各样的生产过程，将它们转变为第一级物品，即可以直接用来消费的成品。在这样做的过程中，企业主得到——在他作为企业的领导者、脑力劳动者等等身份参加生产活动应得的个人报酬以外——一笔大致同投入在他们企业中的资本总额成比例的收益。某些人称这个收益为**“资本的自然利息”**或“利润”；而另一些人称它为“剩余价值”。怎样来解释这种收益呢？

我们必须确认一个重要事实，再来介绍这个解释。较远级的物品，虽然在本质上是现在物品；但在经济上是**未来**物品。作为现在物品，它们不能满足人类的需要；它们必须首先转变成消费品；由于这一过程需要一段时间，因此，它们只能对未来的需要发挥它们的功用——至早也要隔一段将它们改变成消费品的生产过程所必需的时间。有一些生产手段，如**种子、肥料、农具、劳动**等等，它们不能在一年以内转变为成品——谷物，而只能用来满足第二年的生活需要。因此，在这一方面，现在的较远级物品（即现在的生产性物品）和未来消费品一样。它们的效用是一个未来的效用；它们是“未来物品”。

显而易见，这个事实不能不对这种物品所得到的价值产生某些深远的影响。我们知道，我们对于较远级物品，一般是根据它们的成品和最终产品的边际效用和价值来评价的。我们用来生产100蒲式耳谷物的生产手段，对满足我们的需要来说，和它们所生产出来的100蒲式耳谷物有同样的重要性。不过，这100蒲式耳的谷物，其价值诚然是生产手段价值的标准，但在时间上仍然是100蒲式耳**未来**的谷物；正如我们前几章中已经看到的，未来物品比现在物品的价值要小一些。因此，我们可以说，100蒲式耳的未来谷物的价值，只能相当于95蒲式耳的现在谷物。**如果根据现在物品来评价，**这些生产手段将比它们可以制成的成品和最终产品的总额的价值要小一些。可以在一年的时间里供给我们100夸脱谷物的一组生产手段，它和100夸脱的下一年谷物的价值相等；但和这些未来谷物一样，比方说只等于95夸脱的**本年**谷物。或者，如果我们用货币来表示，假定在来年1夸脱谷物值20先令，那么，这些生产资料——即能使我们在来年得到一笔100英镑款项的条件——只和来年的100英镑在价值上相等，而现在的价值却不会超过95英镑。因此，如果我们**现在**要购买或交换这些生产手段的话，买价当然要用现在的货币计算，我们得用小于它们在将来带给所有者的镑数来购买它们。

这就是所谓生产手段买价“低廉”，特别是劳动买价“低廉”的原因。社会主义者正确地将后者解释为资本利润的来源；但将它阐述为资产阶级对工人阶级的掠夺或剥削的结果，这种购买并不像表面上那样便宜。其所以看来便宜主要是由于价格是以不同于该物品的标准衡量的，好像是以一条已经磨损了的以11寸为1尺的皮尺来衡量的。生产手段以及它们的产物——买主心中要购买的成品——是未来物品，而价格是以（价值更高的）现在物品来衡量和偿付的。在这里，以少量的价值较高的现在物品来购买数量较多而价值较低的未来物品并不是“低价购买”，正像以100个50弗罗林本位币交换90个45弗罗林本位币不能算作是低价购买一样。占有的情况与下面这个事实只有很少的关系：工人们所出售的未来物品（他们的劳动）比资本家所提供的现在物品（工资）价值要低些。关系最大的是人类本性和生产技术这两个基本事实；也就是我们在上面详细讲过了的那些事实。但利息现象的社会重要性，我们将在以后讨论；目前我只要解释**什么是利息**，以及为什么会产生利息。

现在已经了解到，企业家购买未来物品——生产手段——是用一笔比它们构成的未来物品数量较小的现在物品来取得的。我们试问，企业家怎样获得利润呢？答案非常简单。企业家从他的“廉价”购买中，确实得不到任何结果；因为如果用它的现在价值来估计，这物品是昂贵的。[①] 利润首先是在企业家手中产生出来的。只有在生产过程中，未来物品才逐渐地成熟变为现在物品，同时它也增值到现在物品的全部价值。时间进展着，来年变为今年；在生活的演变中，万事——人自己、人的需要和愿望，以及他用来衡量物品的标准——也在演变着。去年我们把某种需要当作是未来需要，因而很少加以考虑；现在它却变成了现在需要，而供应这些需要的物品也前进了一步。一年以前它们是未来物品，必须满足于未来物品应有的较低价值。今天它们是现在物品，可以用于消费，因而也享有现在物品的全部价值。一年以前，用当时的“现在”物品来衡量时，打了个折扣。今天，那个标准已经过去了，如果再用“现在”物品来衡量它们，它们完全和“现在”物品处在相等的、最主要的地位。扼要地说，随着时间的进展，昔日的未来物品的减值原因

① 当然，可能在下列个别的场合碰到这种情况：除了正文中讨论的廉价购买的明显原因而外，还可能出现其他真正反常的廉价购买的原因。例如，对有利时机的巧妙利用，对卖主的高利贷式的压迫，尤其是对劳动者的高利贷式的压迫。这些因素的出现，将使购买价格更进一步受到限制，并造成超额利润。这种超额利润在各方面都和资本的正常利润不同：在性质方面——因为它不是资本的真正剥润，而不折不扣地是企业定的利润；在理论解释方面——因为它起源于其他的和十分特殊的原因；最后，我们在社会和政治意义上对它们做出的评价不同。我毋庸多说，本文中所述的内容只是单纯地同资本的利润有关。——原注

消失了，它们的价值和现在物品完全一样。这种价值的增加额就是资本的利润。

当然，这并不等于说，要使未来物品变成现在物品，只要时间进展，未来变成现在就够了。物品本身不一定保持不变。在物品这一方面，它们必须越过使它们同现在隔开的鸿沟，而它们是通过生产来达到这个目的的，因为生产能把它们从较远级产品变成最终成品。如果没有生产过程，如果资本任其呆滞，则生产手段总是评价较低的未来物品。在 1888 年，可以在一年生产过程中——亦即到 1889 年——变成最终产品的一组生产手段，对满足现在需要还是相距一年之久。如果这组生产手段留着没有使用直到 1889 年，当然它所能生产的产品，在 1890 年以前是不可能得到的；正如前一年一样，它仍然离满足现在需要有一年之隔。它的价值没有机会增加，它要遭到和“呆滞资本”共同的命运；它不能产生任何剩余价值，也没有任何利息。

这就是关于**企业家利润**的真实情况，我确信它可以被认为是足够简单的。社会主义者喜欢将这一利润称为“剩余价值”。这一名称比他们所能想到的更为适用。按照字义来解释，它就是企业家把未来物品，转变为现在成品的过程中，由于价值增加而得到的利润。

（选自［奥］欧根·冯·庞巴维克《资本实证论》，陈端译）

第十四讲　消费者主权

[奥]路德维希·冯·米塞斯

路德维希·冯·米塞斯（Ludwig Edler von Mises, 1881—1973），伟大的经济学家及思想家。他于1881年9月29日出生于奥匈帝国；1900年进入维也纳大学学习，读到门格尔的著作，接受奥地利学派经济学，随后参加由庞巴维克主持的定期研讨班，前后坚持10年。从1909至1934年，他一直在一个行政机构工作，同时担任维也纳大学不领薪的教师，并支持哈耶克设立了奥地利商业周期研究所。1934年，米塞斯离开奥地利，先到瑞士，1940年又流亡到美国．从1949年起担任纽约大学教授，发展出新奥地利学派经济学。米塞斯最重要的著作是《货币与信贷理论》（1912），构建了一个完整的货币与信贷理论体系；《社会主义的经济与社会学分析》（1922），对计划经济的不可能性进行了深入论证；《人的行为》（1949）则把经济学转化为一门新学科：人类行为学（praxeology）。他的著作还有《理论与历史》（1957）、《经济学的根本基础》（1962）等。

【编者按：与计划经济相对比，市场经济有一个十分突出的特征，那就是，个人增进自己利益的唯一办法就是最好地服务于他人。消费者是市场的最终主宰者，他的购买与购买决策，决定着企业的生与死，也决定着财富在不同企业家、工人之间的分布。从这个意义上说，市场经济趋向于走向“丰裕社会”。】

在市场社会里面，一切经济事情的定向是企业家们的任务。他们控制生产，他们是这条船的掌舵者、驾驶人。肤浅的观察者以为他们是至高无上的。但是，事实上并非如此。他们必须无条件地服从船主的命令。这位船主是消费者。决定生产什么的，既不是企业家，也不是农民，更不是资本家，而是消费者做这个决定。如果一个企业家不严格地服从消费者经由市场价格结构传递出来的命令，他就要亏损、要破产，因而要从掌舵的高位退下来。另一个能够使消费者的需求更满足的人取代了他的地位。

消费者群照顾那些他们能够以最便宜的价格买到他们所想买的商店。他们的购买或不购买，决定了谁会保有和经营这些工厂和农场。他们会使穷人富有，富人贫穷。他们精密地规定应该生产什么，怎样的品质，以及多大的数量。他们是些无情而自私的头儿，富有变幻莫测的兴致和奇想。对于他们，没有什么事情比他们自己的满足更值得计较。他们毫不关心过去的功绩和既得利益。如果你能够提供他们所更喜欢的或更便宜的东西，他们马上背弃以前所照顾的商店而来买你的。人们在以购买者和消费者的身份出现时，心肠是硬的，不会考虑到别人。

只有第一级的货财和劳务的出卖者才直接与消费者接触，直接接受消费者的命令。但是他们会把所接受的命令转到较高级的货财和劳务的生产者。因为消费货财的生产者、零售商，以及提供劳务的职业，都不得不向那些定价最廉的供给者去取得他们业务上需要的东西。如果他不能在最便宜的市场购买，不能把生产要素以最经济、最适合消费者需求的方法来利用，他们就会被迫退出他们的行业，而由那些能善于购买和利用生产要素的能手来接替他们。消费者是能够随心所欲的。企业家、资本家和农民让他们的手被束住；他们不得不遵照大众购买者的命令来做事。如果背离了消费者的需求所规定的路线，就会赔本。稍稍背离——或者是由于故意，或者由于差误，或者由于坏的判断，或者由于缺乏效率——就可降低利润或造成亏损。较严重的背离，就会陷于破产或赔掉全部财富。资本家、企业家、地主，只有好好地遵照消费者的命令才可保存和增加自己的财富。消费者向他们买产品所付的钱不会多于自己所愿意支付的，他们收到这笔钱也不会自由地花掉它。在生意的行为中他们一定是无情的，因为消费者——他们的发号施令者，也是无情的。

消费者不仅决定消费货财的价格，而且也决定一切生产要素的价格。他们决定市场经济里面每个分子的所得。最后支付工人的工资、电影明星的薪水的，不是企业家，而是消费者。消费者每花一文钱，对于一切生产程序的方向和生产活动的组织，都会发生影响。这种情况曾经被称为市场民主。在这种民主里面，每一文钱就代表一次投票权。[①] 我们还可更正确地说：一部民主的宪法是给每个公民在政治行为中的主权的一个设计，市场经济则是给他们作为消费者的时候的主权。但是，这个类比是有缺点的。在政治的民主中所投的票，只有投给多数人所支持的候选人或多数人所赞成的方案的那些票才有效。其余的票不发生直接影响，但在市场里面没有票是白投的。消费者所花的每一文钱都影响到生产。出版商不仅是迎合大多数消费者的好尚而出版

① 参考 Frank A. Fetter, *The Principles of Economics*（3d ed. New York, 1913）, pp.394, 410。

侦探小说，同时也迎合少数的人的情趣而出版抒情诗和哲学论著。面包店不仅是供应一般健康的人所吃的面包，也供应为病人而特制的面包，消费者的决定之发生效果，是随他愿花的金额所发生的力量而俱来的。

诚然，在市场里面，不同的消费者不是享有同等的投票权。富人的投票比穷人的多。但是这种不平等的本身是以前投票的结果。在纯粹市场经济里面，要成为富人，必须好好地满足消费者的需求。一个富人要想继续保有他的财富，也只有靠继续以最有效的方法为消费者服务。

所以，生产要素的所有人和企业家实际上是消费者的受托者，而这受托者每天都有被撤销或继续当选的可能，因为消费者每天在继续投票。

在市场经济的运作中，只有在一种情形下，业主阶级可以完全不受消费者主权的支配，那就是独占。独占价格是对消费者主权的侵犯。

政治术语的比喻用法

商人在业务方面所发的命令，可以听到或见到，谁也不会不知道。即便是听差的小孩也会知道他的老板是总管店务的人。但是，如果要知道企业家之服从市场，那就多需要一点头脑来想。消费者所发的命令不是有形的，不是感官所可察觉的。许多人缺乏这种认识力。他们陷于一种幻想，以为企业家和资本家是些无责任的独裁者，没有任何人责备他们检点其行为。[①]

这种心态发展的结果是把政治统治和军事行动的名词用之于工商业。成功的商人被称为大王或公爵，他们的企业被称为帝国、王国或公国。如果这种称呼只是一种无害的比喻，我们就没有必要去批评它。但是，它却是一些严重谬见的来源，而这些谬见在当代的一些学说中发生

---

① Beatriee Webb，Lady Passfield，她本人是一位富商的女儿。我们可引她作为这种心态的一个显例。参考 *My Apprenticeship*（New York，1926），p.42。

恶劣的作用。

政府是一强制机构。它有权用武力使得人民服从，取得政治的主权，是一位君主也好，是代议制下的人民也好，只要他的意理权力维持得住，就有权削平叛乱。

至于企业家和资本家在市场经济里面所处的地位是属于不同性质的。一位“巧克力大王”无权支配他的顾客——消费者。他以价廉物美的巧克力供应他们。他不统治他们而是为他们服务。消费者不受他的束缚。他们很自由地可以随时不再照顾他的商店。如果消费者宁愿把他们的钱花在别处，他就要失掉他的“王国”。他也不“统治”他的工人。他雇用他们的劳务而偿付他们的代价，代价的金额决定于消费者购买他的产品所愿支付的代价。资本家和企业家更是不运用政治控制的。欧美的一些文明国家久已被那不大妨碍市场运作的政府统治。今天，这些国家也受那些敌视资本主义的政党的支配，而认为凡是伤害资本家和企业家的事情是最有利于人民的。

在一个未受妨碍的市场经济里面，资本家和企业家不会希望靠贿赂官吏得到利益。另一方面官吏们也不能够向工商业者敲诈。但在一个干涉主义的国邦，有力的压力团体每每企图取得本团体分子的特权而损害较弱的团体和个人。于是工商业者就认为为免于自己被歧视，贿赂行政官吏或立法人员是最方便的办法；一旦用过这种方法，他们就会进一步用这个方法来谋取特权。无论如何，工商业者向官吏纳贿或者受那班人的敲诈，这个事实并不说明他们是至高无上的，是统治这个国邦的。纳贿的、奉献的，是被统治者，不是统治者。

大多数的工商业者受自己的良心或恐惧心的抑制不至于靠纳贿来图利。他们想以合法民主方法来维护自由企业制度以保障他们自己不受歧视。他们组成同业公会，且想影响舆论。这些努力的结果颇为可怜，这可由反资本主义的政策之大行其道得到证明。他们所能达成的，至多是把某些特别可恶的措施延缓一时而已。

这个事象被煽动家们用极粗鲁的方法来误传。他们告诉我们：银行家和制造业的那些同业公会是他们国家的真正统治者，所谓的“财阀”（plutodemocratic）政治是由他们支配的。这样的传说，只要列举最近几十年任何国家的立法机关所通过的法律，也就足以推翻它。

（选自［奥］路德维希·冯·米塞斯《人的行为：经济学研论》，夏道平译）

第十五讲　企业家是经济发展的动力

[奥]约瑟夫·熊彼特

约瑟夫·熊彼特（Joseph Alois Schumpeter，1883—1950），奥地利经济学家和社会学家，是一位纺织工厂主之子。他曾在维也纳大学跟随维塞尔和庞巴维克学习奥地利学派经济学。1912年，他出版了《经济发展理论》，提出企业家的创新乃是经济发展的动力。他曾经担任奥地利财政部长，又曾经担任过一家银行的总裁，由于经营不善，导致该银行破产。1932年，熊彼特担任美国哈佛大学终身教授。这期间他出版了《资本主义、社会主义与民主》（1942），提出：资本主义借助其“创造性破坏”过程，将自动进入社会主义。他的理论的最大特色是从动态的角度观察市场。他的巨著《经济分析史》在他去世后的1954年出版，叙述从古希腊罗马到现代经济学领域中科学分析的发展和成果。

【编者按：在市场中，新技术、企业组织的新形态不断涌现，由此，新产品、新服务层出不穷，财富被源源不断地创造出来。这背后的动力是什么？有人说，劳动创造价值，但熊彼特则说，市场的引擎是“企业家”，企业家是创新者，经济变革和发展的主体。当然，这里所说的企业家，并不是指一般概念的“企业家”，实际上，在市场中，消费者也是某种类型的企业家。】

生产意味着把我们所能支配的原材料和力量组合起来。生产其他的东西，或者用不同的方法生产相同的东西，意味着以不同的方式把这些原材料和力量组合起来。只要是当“新组合”最终可能通过小步骤的不断调整从旧组合中产生的时候，那就肯定有变化，可能也有增长，但是既不产生新现象，也不产生我们所意味的发展。当情况不是如此，而新组合是间断地出现的时候，那么具有发展特点的现象就出现了。以后，为了便于说明，当我们谈到生产手段的新组合时，我们指的只是后一种情况。因此，我们所说的发展，可以定义为执行新的组合。

这个概念包括下列五种情况：（一）采用一种新的产品——也就是消费者还不熟悉的产品——或一种产品的一种新的特性。（二）采用一种新的生产方法，也就是在有关的制造部门中尚未通过经验检定的方法，这种新的方法绝不需要建立在科学上新的发现的基础之上；并且，也可以存在于商业上处理一种产品的新的方式之中。（三）开辟一个新的市场，也就是有关国家的某一制造部门以前不曾进入的市场，不管这个市场以前是否存在过。（四）掠取或控制原材料或半制成品的一种新的供应来源，也不问这种来源是已经存在的，还是第一次创造出来的。

（五）实现任何一种工业的新的组织，比如造成一种垄断地位（例如，通过“托拉斯化”），或打破一种垄断地位。

…………

我们把新组合的实现称为“企业”，把职能是实现新组合的人们称为“企业家”。这些概念比通常的广一些，同时又比通常的狭一些。广一些，是因为首要地，我们所叫作的企业家，不仅包括在交换经济中通常所称的“独立的”生意人，而且也包括所有的实际上完成我们用来给这个概念下定义的那种职能的人，尽管他们是——现在逐渐变成通例——一家公司的“依附的”雇用人员，例如经理、董事会成员等等；或者尽管他们完成企业家职能的实际权力具有任何其他的基础，例如控制大部分的股权。由于是实现新组合才构成一个企业家，所以他不一定要同某个别厂商有永久的联系；许多的“金融家”、“发起人”等等就不是同某些具体厂商有永久的联系，但他们仍然可以是我们所说的企业家。另一方面，我们的概念比传统的概念要狭一些，它并不包括各个厂商的所有的头目们或经理们或工业家们——他们只是经营已经建立起来的企业——而只是包括实际履行那种职能的人们。可是我认为，上述定义只不过是更准确地表达了传统理论真正所意指的东西。首先，我们的定义同普遍的定义在区分“企业家”和“资本家”的根本之点上是一致的，不论所谓“资本家”被认为是货币所有人、货币请求权的所有人，还是物质财富的所有人。这个区别是今天的共同特点，并且已经在很长的时间内成为共同的特点了。其次，它也解决了这样一个问题，即普通的股东是不是一个企业家；它也抛弃了把企业家看作是风险承担人的这一概念。还有，普通对企业家型的描述所用的一些辞藻，诸如“首创性”、“权威”或“远见”，是同我们的方向完全一致的。因为在循环流转的例行事务中是没有这种品质存在的余地的，而如果这一点已同这种例行事务本身中变化的出现严格分开，那么在企业家职能的定义中，重点会自动地转移到后者。最后，有些定义我们能够径直接受。特别是有一个为大家所熟知的可以追溯到 J．B．萨伊的定义：企业家的职能是把生产要素组合起来，把它们带到一起。因为只有在要素是第一次组合时，这才是一种特殊的行动——而如果是在经营一个企业的进程中去做时，就只是例行的工作——所以这个定义和我们的定义是相一致的。当马塔雅在《企业家利润》中把企业家定义为接受利润的人时，我们只需加上一个结论，即在循环流转中没有利润，以免把这个表述追溯到离我们的表述太远的地方。而这个观点也并不是与传统理论完全违背的，这可以由“企业家既不获利，也不受损”一语来表明，这是由瓦尔拉严密得出的，但也是许多其他作家的成果。在循环流转中的趋势是，企业家既不获取利润，也不遭受损失，也就是说，他在那里没有特殊的职能，他简直就是不存在；但是代替他的是，有一种不同类型的厂商头目或企业经理，我们最好不用企业家这个名称去称呼他们。

相信一种制度或一种类型的人的有关历史起源的知识能够直接向我们表明它的社会学上的或经济上的性质，那是一种偏见。这种知识常常引导我们去理解它，却不能直接得出一种关于它的理论。更加虚伪的是这样一种信念，认为一种类型的“原始”形式事实上也是“比较简单的”或“比较原始的”形式，也就是说，原始形式比起后来的形式来，能更加纯粹地表明本身的性质，并且具有较少的复杂性。可是情况常常与此相反，除了其他的原因之外，还因为日益增长的专门化可能使职能和性质鲜明地表现出来，而在比较原始的状况中，由于和其他的职能及性质混合一起，则是比较难于认清的。这种情况在我们的例子里也是如此。在一个原始游牧民族的首领的一般地位中，很难把企业要素同其他要素分开。由于同样的理由，小穆勒时代以前的大多数未能把资本家和企业家分开，因为100年以前的制造商是一身而二任的；自是以后，事态的进程肯定促进了两者的区分，就像英国的土地占有制促进了农民与地主的区分，而在欧洲大陆则这种区分偶尔仍被忽视，特别是在农民耕种自有田地的场合。但在我们上述的场合，仍然有很多这样的困难。早期的企业家，不仅照例也是资本家，他还常常是——在小企业，他今天仍然是——他自己的技术专家，只要是即使在特殊的场合也并不邀请职业性的专家的话。同样，他过去和现在都常常是他自己的买卖代理人，他的办公室的头目，他自己的人事经理；有时甚至在日常事务中是他自己的法律顾问，尽管他自然照例要雇用律师。正是履行一些或所有这样的职能，经常占用了他每天的时间。实现新组合之作为一种职业，只不外是做出并执行战略上的决定，虽然正是这一职能，而不是他的例行工作，形成了一个军事领袖的特点。因此，企业家的主要职能必然表现为总是同其他种类的活动混在一起，后者一般必然要比主要的职能居于显著地位。故此马歇尔的企业家定义，那就是，只是把企业家职能看作是从最广义说的“管理”，自然会使我们中的大多数人都表示赞同。我们不接受这个定义，就是因为它没有把我们认为的主要之点表达出来，而这是使企业家活动与其他活动具体分开的唯一要点。

可是有些类型——事态的发展已经逐渐使这些类型产生——特别纯粹地表现了企业家的职能。“发起人”的确属于这种人，不过有些限制条件。因为，暂且不管归于这一类型的人的社会和道德地位方面的联系，发起人常常只是接受佣金而参与工作的代理人，在筹资开办新企业和资金通融方面从事财务技术的工作。在这种情况下，他不是新企业的创立者，也不是这一过程的推动力量。然而，他也可能是后者，于是他就像一个“职业的企业家”。但是现代型的“实业领袖”更密切地和这里所意指的相适应，特别是当人们在这两方面看出了他的存在：一方面，譬如说，有20世纪威尼斯的商业企业家，或者在后来的类型中有约翰·劳；另一方面有乡村的当权者，他把诸如一家农村酿酒厂、一家旅馆和一个商店与他的农业及他的牲畜贸易结合起来。但是，不管是哪一种类型，每一个人只有当他实际上“实现新组合”时才是一个企业家；一旦当他建立起他的企业以后，也就是当他安定下来经营这个企业，就像其他的人经营他们的企业一样的时候，他就失去了这种资格。这自然是一条规则，因此，任何一个人在他的几十年的活动生涯中很少能总是一个企业家，就像一个工商业者很少能从来没有一个时刻是一个企业家一样，不管其程度是多么微小。

由于充当一个企业家并不是一种职业，一般说也不是一种持久的状况，所以企业家并不形成一个从专门意义上讲的社会阶级，如同地主或资本家或工人那样。自然，企业家的职能对成功的企业家及其家人将会导致某种阶级地位。这种职能也可以给一个社会历史的时代打上它的烙印，可以形成一种生活方式，或一种道德的和美术的价值制度；但在它本身，它并不表示一种阶级地位，也不以一种阶级地位为前提。而且由此可以获得的阶级地位也并不就是一种企业家的地位，而是根据企业的资金如何使用，以土地拥有或资本家为特征的。于是，金钱财产或个人品质二者的继承，均可以使这种地位保持在一代人以上，使子孙后代进一步从事企业开发比较容易一些；但是企业家的职能本身却是不能继承的，制造业家族的历史已经充分表明了这一点。

但是，现在决定性的问题产生了：为什么实现新的组合是一个特别的过程和一个特种“职能”的目标呢，每一个人都是在尽可能好地进行他的经济事务。诚然，他自己的意愿是从来不会尽善尽美地实现的，但是最后他的行为是由他的活动的结果对于他的影响所定型的，以便适应通常不会突然变化的环境。尽管一个企业从任何意义上说从来不可能是绝对完善的，可是到时候它会接近于相对的完善，就周围的世界、社会的条件、时代的知识以及每一个人或每一个集团的视野相对而言。新的可能性继续不断地由周围的世界提供，特别是新的发现被继续不断地增加到现有的知识宝库中。为什么个人不能尽量利用新的可能性，就像他利用旧的可能性那样，并且根据他所理解的市场情况，去养猪而不养牛，或者甚至选择一种新的作物轮种，如果这样能被看作是更加有利的呢？有何种特别的新的现象或问题，不能在已经建立的循环流转中找到，而却能在那里产生呢？

虽然在习惯了的循环流转中，每一个人能迅速合理地行动，因为他对于他的行为根据确有把握，并受到所有其他人的与这一循环流转相适应的行为的支持，这些人转过来又期望他从事合乎习惯的活动，但是，一旦当他面临一种新的任务时，他就不能单纯只是这样去做。虽然在习惯了的渠道中他自己的能力和经验对于正常的个人来说是够用的，但当他面临着创新时，他就需要指导。虽然他在自己熟悉的循环流转中是顺着潮流游泳，如果他想要改变这种循环流转的渠道，他就是在逆着潮流游泳。从前的助力现在变成了阻力。过去熟知的数据，现在变成了未知数。超出了例行事务的范围以后，许多人就不能再前进一步，而其余的人也只能用高度变动无常的方式去进行。那种说行为是迅速的和合理的一类假设，在所有的场合都是一种虚构。但是它会变得足够接近于现实，如果人们能有时间去被迫懂得客观事物的逻辑的话。在这种事情发生的地方，以及在它发生的限度以内，人们可以满足于这种虚构，并在它上面建立理论。于是那种认为习惯或惯例或非经济的思维方式会在不同阶级、不同时代或不同文化的个人之间造成无可补救的差别，以及认为例如“股票交易所经济学”对于今天的农民或中世纪的手工匠都是不适用的等等，就都不是实在的了。反之，相同的理论的图景在其最广阔的轮廓上是与属于完全不同文化的个人相适合的，不问其智慧和经济理性的程度如何；我们可以确有把握地说，农民出售他的小牛就像股票交易所的经纪人出售他的股票一样的精明和一样的照顾自己的利益。但是，这一看法，只有在无数的先例在几十年中，并且在根本之点上在千百年中形成了行动，并且消除了不适应的行为时，才是真实的。在这个范围以外，我们的虚构就失去了它对现实的接近性。在那里还紧紧抓住它不放，就像传统的理论那样做的，就是掩盖一种主要的东西，并忽视这样一个事实，那就是，这个事实比起我们的假设同现实的其他一些偏离来，很不相同，它在理论上是最重要的，它是对没有它就不会存在的一些现象做出解释的源泉。

因此，在描述循环流转时，人们必须把生产手段的组合(生产函数)当作数据，就像自然的可能性那样，只容许在边际上做小小的变动，正如同每一个人通过使自己适应于所处的经济环境的变化所能完成的，而不大大地偏离熟悉的路线。因此，同样，实现新组合也是一个特殊的职能，是这一类型的人的特权，而他们的人数比所有具有实现新组合的

“客观”可能性的人数要少得多。所以，最后，我们认为企业家是一种特殊的类型，他们的行为是一个特殊的问题，是大量重要观象的动力。因此，我们的立场可以用三对相应的矛盾作为特征来描绘。第一，用两个真实过程的对立：一方面有循环流转或走向均衡的趋势，另一方面有例行经济事务渠道中的变化，或从制度内部产生的经济数据中的自发的变化。第二，用两个理论工具的对立：静态的和动态的。第三，用两类行动的对立，根据现实，我们可以将其描绘为两种类型的人物：单纯的经理和企业家。因此，从理论意义上讲的生产的“最好方法”，可以设想为“在已由经验检验的并且已经变得熟悉的各种方法中的最有利的方法”。但这并不是在当时“可能的”方法中的“最好的”方法。如果人们不做这种区分，这种概念就会变得没有意义，而正是这些没有解决的问题，我们的解释意在为之做出贡献。

现在，让我们把所讨论的关于行为和类型的特征，做一精确的表述。日常的哪怕是最小行动，也体现着巨大的心智上的努力。如果每一个小学生必须通过自己个人的努力，去创造他所知道的东西和他所使用的东西，那他就必须是一个心智上的巨人。如果每一个人在每一种场合都必须重新创造那些指导他的日常行为的一切规则，那他就必须是一个智慧和意志的巨人。这不仅对于个人和社会生活中以历经成千上万年所产生的原则为依据的那些决定和行动来说是如此，而且对于较短时期的和具有比较特殊性质的产品来说也是如此，这些产品构成了完成职业任务的特殊工具。但恰恰是这些事情，它的完成根据这一点应当包含至高至上的努力，一般却根本不要求个人做特别的努力；这些应当是特别困难的事情，实际上却特别容易；这些应当要求有超人的能力才能做的事情，却是最没有才能的人也能做到的，只要心理健康的话。特别是，在日常的例行工作中，无须有领导。自然，仍旧必须为人们规定任务，维持纪律，等等；但这是很容易的，这个职能是任何正常人都能学会去完成的。在大家所熟知的界限以内，甚至领导别人的职能——虽然仍然是必要的——也只是一种像任何其他的工作一样的“工作”，可以同看管机器的服务相比拟。所有的人都依照习惯的方式去了解，从而能够去进行他们的日常任务，通常都由他们自己来完成它们；“领导人”有他的例行工作，就像他们有他们的例行工作一样；而他的领导职能只是去纠正那些个别脱离常轨的行为。

其所以如此，是因为一切知识和习惯一旦获得以后，就牢固地植根于我们之中，就像一条铁路的路基植根于地面上一样。它不要求被继续不断地更新和自觉地再度生产，而是深深沉落在下意识的底层中。它通常通过遗传、教育、培养和环境压力，几乎是没有摩擦地传递下去。我们所想的、所感觉的或所做的每一件事情，常常完全变成了自动的，而我们的有意识的生活并不感到它的累赘。可是，这里牵涉到的在种族和个人中的力量的巨大节约，并没有大到足以使日常生活成为轻微的负担，并足以阻止它要求照样耗尽平均的能力。但它是大得足以能够满足普通的要求。这对经济的日常生活是同样适用的。从这一点我们也可以就经济生活来这样说，在例行事务的边界以外，每行一步都有困难，都包含一个新的要素。正是这个要素，构成了领导这一现象。

这些困难的性质可以集中于以下三点：第一，在这些习惯的渠道之外，个人没有在渠道以内他常常知道得非常准确的那些供他做决策之用的数据和那些行动规则。自然，他仍旧必须根据他的经验来进行预测和估计。但是，许多事情必然是不能肯定的，还有一些事情只能在广大的限度内才能确定，再有一些事情也许就只能“猜测”。尤其是个人力图改变的那些数据，以及他想要创造的那些数据，都是如此。现在，他必须真正在某种程度上做那些在日常生活中传统为他所做的事情，也就是在每个细节上自觉地计划他的行为。在这样做时，比在习惯的行动中，将有更多的自觉的合理性，而习惯的行动是根本不需要反映这种自觉合理性的；但这种计划必然不仅易于犯程度上更大的错误，而且易于犯习惯行动中所发生的以外的他种错误。凡是已经做过的事情，总有着我们曾经看到的和经历过的一切事情的鲜明的现实性；而新的事情就只是我们想象中的虚构。实现一个新计划和根据一个习惯的计划去行动，是两件不同的事情，就像建造一条公路和沿着公路行走是两件不同的事情一样。

如果我们记住了不可能去彻底调查计划中的企业的一切影响和反影响，那么，这是一件多么不同的事情就会变得更加明白。即使如果人们有着无限多的时间和资金，以致那些影响和反影响可以在理论上加以确定，也必然在实际上处于不可知的状态中。就像军事行动，即使可以得到的全部数据并不在手边，也必须从一定的战略位置去采取一样，在经济生活中，即使在没有得出要做的事情的全部细节时，也必须采取行动。在这里，每一件事情的成功依靠直觉，也就是以一种尽管在当时不能肯定而以后则证明为正确的方式去观察事情的能力，以及尽管不能说明这样做所根据的原则，而却能掌握主要的事实、抛弃非主要的事实的能力。彻底的准备工作，以及专门的知识、理解的广度和逻辑分析的才智，在某种情况下却可能成为失败的根源。可是，我们愈益准确地学会怎样去理解自然的和社会的世界，我们对事实的控制就愈益完全；事物能进行简单计算，并且的确是迅速的和可靠的计算的范围（具有时间和逐渐增加的合理化）越大，这个职能的意义就越是减少。因此，企业家类型的人物的重要性必然要减少，就像军事指挥员的重要性已经减少了一样。不过，每一类型的人物的根本实质的一部分，则是和这一职能分不开的。

上面说的第一点属于任务方面，而第二点则属于工商业者本人的心灵方面。做一种新的事情，不仅在客观上比做已经熟悉的和已经由经验检定的事情更加困难，而且个人会感到不愿意去做它，即使客观上的困难并不存在，也还是感到不愿意。这在所有的领域都是如此。科学史对于下面这一事实是一个巨大的证明，那就是，我们感到极其难于接受一个新的科学观点或方法。思想一而再，再而三地回到习惯的轨道，尽管它已经变得不适合，而更适合的创新本身也并没有呈现什么特殊的困难。固定的思维习惯的性质本身，以及这些习惯的节约能力的作用，是建立在下面这个事实之上的，那就是，这些习惯已经变成了下意识的，它们自动地提供它们的结果：是不怕或不受批评的，甚至是不怕或不在乎个别事实与之发生的矛盾的。但是恰恰因为这一点，当它已经丧失了自己的用处时，它就变成了一种障碍物。在经济世界也是如此。在想要做某种新事情的人的心中，习惯的力量升腾起来，反对处于萌芽状态的规划或设想。因此，需要有新的和另一种意志上的努力，以便在日常领域、范围和时间内的工作和牵挂中，去为设想和拟订出新的组合而搏斗，并设法使自己把它看作是一种真正的可能性，而不只是一场白日梦。这种心灵上的自由以超出每天需求的巨大剩余力量为前提条件，是一种特殊的并在性质上稀少的东西。

第三点在于社会环境对于想要做一些新事情的人的反响或反作用。这个反作用可能首先通过在法律上或政治上存在的障碍而表现出来。但抛开这一点不谈，一个社会集团的成员的任何偏离常规的行为都是受到谴责的，尽管在程度上有很大的不同，依社会集团是否习惯于这种行为而定。即使在衣着和礼貌这些事情上偏离社会习惯的行为，也会引起反对；何况在更严重的事情上，自然更是如此。这种反对在文化的原始阶段比其他阶段更为强烈，但它绝不会完全消失。甚至只是对偏离的行为感到震惊，甚至只是注意到它，也会对个人施加一种压力。谴责的表现可以立即带来引人注目的后果。它甚至可能造成社会的排斥，最后造成人身上的阻止和直接攻击。无论是逐渐的分化会削弱这种反对的这一事实——特别是由于这种削弱的最重要的原因就是我们想要解释的发展本身——还是社会的反对是在一定的情况下起作用，并对于许多个别人造成一种刺激的这一事实，都不会对于反对的意义在原则上有所改变。超越或克服这种反对，经常是一种不存在于常规生活进程中的特殊任务，这种任务也要求一种特殊行为。在经济事务中，这种抵制首先是在受到创新威胁的各个集团中表现出来，其次是在难于找到必要的合作上表现出来，最后是在难于赢得消费者上表现出来。即使不管一个难以抑制的发展时期已使我们习惯于创新的出现和实行，上述的这种反对要素在今天仍然在起作用，可是这些要素仍以放在资本主义初期去进行研究为最好。然而它们在那里是如此明显，以致如果去叙述它们，那按我们的目的来说就是浪费时间。

只是由于这些原因才有领导——领导是一种特殊的职能，与只是等级上的差别有所不同，它将会存在于每一种社会实体中，不论是最小的或是最大的，它的出现一般是同社会实体结合在一起的。上面提到的事实构成了一种界限，在它以外的大多数人本身并不能迅速起作用，而要求有少数人的帮助。如果社会生活在一切方面均有如天文世界的相对不变性，或者说如果可变的话，这种可变性还不能受到人类行为的影响，或者最后，如果能受到这种影响的话，这类行为还不是每一个人都能同样从事的，那么，世界上就将不会有同例行工作相区别的领导这种特殊职能。

只有在新的可能性表现出来时，领导的特殊问题方才产生，领袖类型的人物方才出现。这就是为什么在诺曼人的征服时代领导的才能表现得如此突出，而在斯拉夫人在普里皮亚特河流域沼泽地区多少世纪的不变的和相对受到保护的生活中，领导的才能又表现得那么微弱。我们的三点，说明了构成领袖类型的职能和举止或行为的性质。他的职能并不包含去“寻找”或“创造”新的可能性。这种可能性总是在那里，由所有各种各样的人们丰富地积累起来。它们常常也是大家都知道的，是由科学家或文学家加以讨论的。在其他场合，关于这种可能性并没有新的什么要发现的东西，因为它们已经是十分明显的。再从政治生活中举一个例子，我们根本不难看出，在路易十六时代的法兰西，社会和政治状况本来是如何能够加以改善，从而可以避免旧统治的一场崩溃的。事实上许许多多的人都看到了这一点。但是没有人处于这样去做的地位。而领袖的职能就在于“做这件事”，如果不去做，那么可能性就消失了。这对于所有各种的领导来说都是适用的，不管是短暂的，还是比较持久的领导。前者即短暂的可以用来作为一个例子。在一个偶然的紧急事件中应当做什么，一般是十分简单的。对这一事件，大多数的人或所有的人可能都看到了，但是在他们当中需要有某一个人先讲出来，来加以领导，来进行组织。甚至只用榜样来发生影响的领导，如艺术领导或科学领导，也不仅在于找到或创造新的事物，而在于用它去使社会集团留下深刻的印象，从而带动社会集团跟在它后面走。因此，领袖们完成他们的职能，更多的是用意志而不是用才智，更多的是用“权威”、“个人的声望”等等，而不是用创始的思想。

正由于这样，特别是经济方面的领导，必须同“发明”区别开来。只要发明还没有得到实际上的应用，那么在经济上就是不起作用的。而实行任何改善并使之有效，这同它的发明是一个完全不同的任务，而且这个任务要求具有完全不同的才能。尽管企业家自然可能是发明家，就像他们可能是资本家一样，但他们之所以是发明家并不是由于他们的职能的性质，而只是由于一种偶然的巧合，反之亦然。此外，作为企业家的职能而要付诸实现的创新，也根本不一定必然是任何一种的发明。因此，像许多作家那样的强调发明这一要素，那是不适当的，并且还可能引起莫大的误解。

企业家式的领导，与其他各种经济上的领导（如同在原始部落里或共产主义社会里我们期望可能看到的）不同，自然要带上它所特有的条件的色彩。它丝毫没有作为其他各种领导特色的那种魅力。它在于完成一种非常特殊的任务，这种任务只在稀少的场合才会引起公众的想象力。为了它的成功，更主要的与其说是敏锐和精力充沛，不如说是某种精细，它能抓住眼前的机会，再没有别的。“个人的声望”诚然不是不重要。不过资本主义企业家这个人物，并不需要，一般也不会，同我们大多数人心目中关于“领袖”像个什么样子的看法相符合，以致要认识到他竟然是属于社会学中所说的领袖这一类人物，那是有一些困难的。他“领导”生产手段进入新的渠道。但他这样做时，不是用政治领袖的那种方式，通过说服人们去相信执行他的计划的可取性，或通过创造对于他的领导能力的信任——他唯一要说服的或使之印象深刻的人就是将要为他提供资金的银行家——而是通过购买生产手段或它们的服务，然后按照他认为合适的方式去利用它们。他还从下面这种意义来说实行领导，那就是吸引其他的生产者跟随他进入他的生产部门。但是，由于他们是他的竞争者，他们首先是减少，然后是消灭他的利润，所以这好像是一种违背他自己的意志的领导。最后，他提供一种服务，但要充分欣赏这种服务，就需要对这件事情具有专家的知识。那同一位政治家的成功的演说或一位将军在战场上的胜利不一样，不是一般公众所容易理解的，还不坚持谈到他似乎是单为他个人的利益而行动（有时是严厉的行动）这样的事。因此，我们将理解，在这种领导中，我们不会看到成为其他各种社会领导的光荣的全部感情方面的价值的出现。此外，再加上各个企业家和企业家集团的经济地位的不稳定性，还有当他的成功提高了他的社会地位时他也没有文化传统或态度可以依靠，而是在社会上作为一个暴发户在动来动去，他的举止很容易受到嘲笑，所以我们就将懂得，为什么这种类型的人从来不受欢迎，为什么即使是科学的批评家也常常只对他们一带而过。

最后，我们要试图用相同的方式来完成我们对企业家的描绘，这种方式就是我们经常在科学中和同样在实际生活中所采用的，以试图理解人们的行为，也就是通过分析他们的行为的特别动机。任何这样做的企图，自然必定要遭受到对经济学家侵入“心理学”领域的一切反对，这种反对已经由一长列的作家而变得人所共知了。我们不能在这里讨论心理学与经济学的关系这一根本问题。而只要指出这一点就够了：那些在原则上反对在一个经济的论证中做任何心理学上的考虑的人，可以略去我们将要说的话，而不致因此失去同下面各章的联系。因为我们的分析想要导致的结果，没有一个会因为我们的“企业家心理学”而有所得失，或由于其中的任何错误而受到损害。读者将会很容易看出，没有什么地方有任何需要使我们越出可观察到的行为的范围。那些不反对所有的心理学而只反对我们从传统教科书中所知道的那种心理学的人将要看到，我们并不采用关于“经济人”动机的历史悠久的图景的任何部分。

在循环流转的理论中，考察动机的重要性由于这一事实而大为减少，那就是均衡制度中的方程式可以解释为根本不包含任何心理的数值，正如帕累托和巴龙的分析所表明的。这就是为什么即使是非常有缺陷的心理学，它对于结果的干预也比人们所预期的要少得多的原因。即使不存在合理的动机，也可能有合理的行为。但是一旦当我们真正想要深入探究动机时，问题就显得一点也不简单了。在一定的社会环境和习惯中，大多数人每天的所作所为，从他们看来，主要是从职责的观点去做的，是执行一种社会的或神的指令的。很少有从自觉的理性去行事，更少有从享乐主义和个人的利己主义去行事，就算是可以确有把握地说是存在的那一点点，也是比较晚近才发展起来的。可是，只要我们把自己限制在经常的一再重复的经济行动的巨大轮廓以内，我们就可以把它和需要以及满足需要的欲望联系起来，其条件就是：我们要小心承认，这样定义的动机在强度上是随着时间的推移而有很大变动的；正是社会形成了我们所观察的特殊欲望；考虑需要，必须联系到那种当个人在决定他的行动方针时所想到的集团——家庭或任何其他比家庭小一些或大一些的集团；行动并不能迅速地跟随欲望，而只是或多或少不完全地同它相适应；个人选择的领域总是（虽然以非常不同的方式和非常不同的程度）由社会习惯或习俗等等从中加以限制的。然而这大体上仍然是真实的：在循环流转的范围内，每一个人使他自己适应于他的环境，以便尽其所能地、最好地满足给定的需要——他自己的或别人的需要。在一切的场合，经济行动的意义就在于满足需要，意指如果没有需要，也就不会有经济行动。就循环流转而言，我们也可以把需要的满足看成是正常的动机。

后者这样的人物，并不是我们所说的类型。从一种意义说，他可以称得上是最理智的和最以自我为中心的人。因为，像我们已经看到的，实现新计划比只是经营一个已经建立起来的企业，需要更多的自觉理性，因为新计划本身在执行以前尚有待于详加思考、予以制订，而经营旧企业则大部分只是例行事务。典型的企业家比起其他类型的人来，是更加以自我为中心的，因为他比起其他类型的人来，不那么依靠传统和社会关系；因为他的独特任务——从理论上讲以及从历史上讲——恰恰在于打破旧传统，创造新传统。虽然这一点主要是适用于他的经济行动上，但也可以推广应用于他的经济行动的道德上、文化上和社会上的后果。在企业家类型的人物兴起的时期也产生了功利主义，这自然不只是一种偶合。

企业家的行为和他的动机是“理智的”，除以上所述之外并无其他含义。他的特有的动机也毫无享乐主义一类的意味。如果我们把行为的享乐主义动机定义为满足一个人的需要的愿望，我们的确可以让“需要”包括任何种类的冲动，就像我们可以把自我主义或利己主义定义为也包括一切利他主义的价值观念一样，这是根据这样一个事实，那就是后者也意味着自我满足方面的某种东西。但这会使我们的定义变成同义反复。如果我们想要使它具有意义，我们就必须把它限制在能用货物的消费去满足的那种需要上，限制在我们期望能从它得到的那种满足上。于是如果说我们的类型的人是基于满足他的需要的一种愿望而行动，那就不再是真实的了。

因为，除非我们假定我们的类型的个人是为对享乐主义满足的难于餍足的渴望所驱使，戈森规律的作用在工商业领袖方面就会立即使进一步的努力停止下来。但是经验告诉我们，典型的企业家只是当（并且因为）他们的精力已经耗尽，从而感到再也不能胜任时，才退出舞台的。这似乎并不符合一个经济人的画像，他把可能得到的结果同努力的反效用加以对比衡量，在适当时抵达一个均衡点，超过这一点他就不愿意再前进了。在我们的例子中，努力似乎根本没有什么分量，能够被感到是停止前进的理由。企业家类型的人的活动，显然是享乐主义的享受常常是用超过一定数量的收入去购买的那些商品的障碍，因为这些商品的“消费”是以闲暇为前提条件的。因此，从享乐主义来看，我们常常观察到的我们类型的个人行为就是不理智的。

这自然不能证明并不存在享乐主义的动机。然而它指出了另一种非享乐主义性质的心理学，特别是当我们考虑到对享乐主义的享受无动于衷时，这种淡漠在这一类型人的突出代表者身上常常是很显著的，而这也是不难理解的。

首先，存在有一种梦想和意志，要去找到一个私人王国，常常也是（虽然不一定是）一个王朝。现代世界实际上并不知道有任何这样的地位，但是工业上或商业上的成功可以达到的地位仍然是现代人可以企及的最接近于中世纪的封建贵族领主的地位。对于没有其他机会获得社会名望的人来说，它的引诱力是特别强烈的。权力和独立的感觉，并不由于这两者主要是一种幻想而有丝毫的损失。更仔细的分析将会引导到发现在这一类动机中有无穷的变种，从精神上的野心到只是趋炎附势。但是这些并不需要我们去细谈。我们只要指出这一点就够了，那就是这样一种动机，虽然与消费者的满足最为接近，却没有和它符合一致。

其次，存在有征服的意志：战斗的冲动，证明自己比别人优越的冲动，求得成功不是为了成功的果实，而是为了成功本身。从这方面看，经济行动变得和体育运动很相似——有着金钱上的竞赛，或拳击比赛。金钱上的输赢是次要的考虑，或者无论如何，只是作为成功的指标和胜利的象征才受到重视，它的炫耀常常最重要的是作为大笔开支的动机，而不是作为对消费者货物本身的想望。我们又可以找到无数细微的差别，其中有一些，如社会野心，会渐渐变成第一类的动机。我们又面临一种动机，它同上面所描写的“需要的满足”有本质的不同，换句话说，即同“享乐主义的适应”有本质的不同。

最后，存在有创造的欢乐，把事情办成的欢乐，或者只是施展个人的能力和智谋的欢乐。这类似一个无处不在的动机，但它作为一种独立的行为因素，在我们的情况中比在任何别处都更为清楚地自己强行表现出来。我们类型的人寻找困难，为改变而改变，以冒险为乐事。这一类动机，在三类之中，是最明白不过地反享乐主义的。

只在第一类动机中，作为企业家活动的结果的私有财产，才是使得这种活动起作用的必要因素。而在其他两类中则不是。金钱上的收益的确是成功的一个非常精确的表现，特别是就相对的成功而言；而从为之奋斗的人看来，它还有一个额外的好处，那就是它是一个客观的事实，大都不受他人意见的影响。这些以及其他伴随“渴望得到财富的”社会的机制的特点，使得难于取代它作为工业发展的动力的地位，即使我们摒弃它在创造一笔随时可以用于投资的基金中的重要性。尽管如此，可是第二类和第三类的企业家动机的确在原则上可以由其他社会安排去照顾，而不包含来自经济创新的私人利得。至于还可以提供什么其他的刺激，怎样能使它们工作得像“资本主义的”刺激一样好，这些都是超出本书范围以外的问题。这些问题被社会改革家过于轻视了，也被财政上的激进主义完全忽视了。然而它们并不是不能解决的，至少就一定的时间和地点来说，是可以通过仔细地观察企业家活动的心理学去解答的。

（选自［奥］约瑟夫·熊彼特《经济发展理论——对于利润、资本、信贷、利息和经济周期的考察》，何畏等译）

第十六讲　市场是一种多中心秩序

[匈]迈克尔·波兰尼

迈克尔·波兰尼（Michael Polanyi，1891—1976），出生在布达佩斯的一个开明的犹太人家庭，他的哥哥、姐姐也都是杰出的学者或者社会活动家。他早年的研究领域横跨物理、化学，曾经是爱因斯坦的助手。第二次世界大战期间，他转向科学哲学和社会哲学研究，提出了"默会知识"、"多中心秩序"等理论。他在这方面的主要著作有《科学、信仰和社会》（1946）、《自由的逻辑》（1951）、《个人知识》（1958）、《人的研究》（1958）、《默识维度》（1966）等。

【编者按：大约没有人把波兰尼当作经济学家，但他的经济思想却十分深刻。波兰尼在本文中阐述的论点是：生产的集中计划乃是严格地不可能的。在论证过程中，波兰尼区分了自发秩序与有意秩序，这两者是相互排斥的。他用苏联早期的一段历史证明，详尽安排每个企业、个人的生产进行远远超出计划当局的控制能力；因而，由中央对生产制订全面计划，就好像猫不可能横渡大西洋一样，是完全不可能的。这个反驳计划经济的理由与米塞斯有所不同。】

本文或许论述的是非常明显的东西。然而，我的结论虽然可能是显而易见，我却未曾发现在哪里提到过它——更何况在含义上与之相反的东西写得多而又多呢。

我主张，生产的集中计划化（central planning of production）——就该词严格且历史性的、并非无根据的意义而言——乃是严格地不可能的；其理由则在于：为了由 *n* 个生产单位构成的经济系统之运作，单位时间内需要调整的关系数量，会比这些单位从属于一个集中当局而能调整的关系数量大 *n* 倍。这样，假设我们坚持把一个大型工业国当中的 10 万个企业单位，置于一个单一的技术控制之下，再将所有的市场运作，由集中把物资分配给每一车间的方式来替换，则经济调整率会下降到通常数值的十万分之一，生产率也会造成同样幅度的下降。

实际的数字，甚至精确的数学关系式，其实都并不重要。我的论点在于，它可以表明，一种压倒性的生产下降——直到可能的生产率达到停滞的水平，必会因集中指令体系管理能力的限制而出现。

若这是真确的——而且我认为它也完全显然是真确的——便会出现

许多问题。如若计划化之不可能竟到了荒谬的程度，所谓计划化的经济又指的是什么？战时计划化又是什么意义？同时，若集中经济计划化根本就不能有所成就，它又如何对广泛设定为计划化的自由构成了危险？

在这里我并不想直接讨论这些问题，而是认为，下面的讨论会给出回答这些问题的途径。在这里我通篇要强调的是，社会里自发秩序体系的运作——诸如市场的竞争秩序，并不能以有意安排的机构之建立来替换。一定不要将这一点设想为这样的企图，即欲求忽略或者谅解此类自动体系的缺点。一般而言，这只是表明，我们必得搁置这些缺陷，或者把体系的运作全部放弃。因为虽然我们有时候或许能够发明并实施某种相互调整的新形式，使其得以较好地实现我们的目的，却没有理由可以假设，作为规则这乃是可能的事情。这一点在下面的论文当中会详细论及。

合作秩序

有许多途径可以把人类置于某种模式之特别指定的位置。我们可以按个头大小，把他们排成一列，或者给他们分别指定火车当中的一个座位。然而，我在这里想集中考量的是，某一集团的人在一个较长的时期，按照某些特定指令相互配合进行专职的行动，而这些指令会规制他们执行一项复杂而可以变通的任务，并要求他们频繁地重新设定各自所起的作用。每一个特定的指令，必得把此一情形当中的个人置于某一名上级的权威之下，这一名上级不断负责重新指导他们的联合行动。这些人必须在行政主管的权威之下组织为一个合作团体。

这一种合作团体的形式，主要是由下面的事实决定：直接置于任何上级的命令之下的下属人数，必须不能超过他的控制范围。在管理微妙且迅速变化的任务时，控制的范围一般不超过3—5人。该限制乃是由下列事实决定，即需要调整的下属间重要关系的数量，会随下属的人数而呈迅速的增加，因此这种关系的数量——或者更严格地讲，必须进行调整的关系的调整率——很快即会超过人心的控制能力。

既然主管能够直接下达命令的下属人数不超过3—5人，要相互调整任何更大的集团，就只能靠把权力顺次下放给下级管理者。这些层次要逐级扩展，直到最低一级，这一级乃是由实际从事工作的人组成。行政主管的指令，通过权威的金字塔传送到最低一级，而这一金字塔也是基层工人（或士兵等）中间发生的事件向上报告的机构。

在这种等级秩序当中，每个人的主要任务由上级的指令指定给他，而他有关工作进程的主要信息传送方式，采取的是向上级报告的形式。这样，管理者的直接接触，可以限制在一名上级和若干名直接下级，而任何越过此一限制的直接正式接触，都会造成组织之所倚赖的某些权威通路的短路。若是在某一点上，这种接触对组织任何成员的行动产生了决定性的影响，这便会切断他与中心联系起来的权威通路。

这种合作团体相互调整的完善行动（比方由打某场战役或者从事商业企业经营的人组成的团体），根本上是由一人处于上层的行动。唯有主管一人，被准许较为广泛地展望与处理团体的长期问题；也只有他一人能够开展战略，行使较高水平的判断力。所有其他人只能在其直接上级发出的指令之变化限制以内，从事其断片式的任务。

这样，一个团体要把行政主管及其顾问们的观念最为详尽地阐发出来，并使得金字塔底层实现该观念的人们能够相互配合，指定并不断重新指定各自的特定职能。因此，在金字塔基层开展的行动，可以称之为**集中指令**，或称之为**集中计划**。

这种方法的根本限度，从上文的描述当中很容易看出来。指定给集中指令性团体的任务，必须具有自然的统一性，以使得上层的那一人能够成功地处理；它还要能够分割成一系列相续的阶段，每个分割的部分构成一个自然的单位，能够交给某一个人当作他的特定工作；而这些部分的相互配合，又必得能够接受一个人的控制才行。

具有深刻自然的统一性的任务，极为经常的是全然无法分割。诗歌与绘画，发明与发现，根本讲来都是一个人做出的工作。旁的工作，尽管能够分解成辅助性的工作，往往也不适于重复分割成大量相续的阶段。因此原则上，合作性组织只要密切地相互配合，进行复杂而带伸缩性的操作，便无法成长为很大的规模。我们所见到的那些大型等级制组织，仿佛能够无限扩展，如同铁路或者邮政部门的情形那样，其实它们已经转化为松散的结合体，实行的是标准化的职能。军队或许算是一个例外，因军队的伸缩性较强，又能够维持一定的有机统一，尽管军队的人员数以百万计。不过在战役进行中间，战斗单位的相互配合其实甚为松散；虽然这一点或许无人虑及，因为军队的任务只在于打败旁的军队，而那一支军队也是以同样粗糙的方式，才得以组织起来。

现代工业体系的生产过程，必须将其他工厂生产的物资，分配给每一个工厂，同时要相应于供给的不同情况，相应于其他工厂以及消费者需求的变化，逐日重新调整物资的分配。这一分配体系表现出极具复杂性的连贯任务，该任务要求各工厂不断地重新调整。如若这一任务必得受到集中的指令，它便只能通过一个单一的合作团体来完成，而各个工厂乃是作为这一团体的基础。不过，这样的合作团体却无法满足上面概述的条件，因之也便无法发挥职能。这篇论文的目的，即在于证明这一命题；为此，我要来对于现代工业生产体系的运作当中合作团体的管理能力与其管理任务的规模，做一番约略的量化比较。

自发秩序与合作秩序的比较

考虑社会上自发秩序的可能性。这里有许多此种类型的情形，为我们所不予关心。例如，乘客们会通过相互调整，以有秩序的方式自行分配列车上的隔间，首先是坐满所有面向车头的邻窗座位，而后是坐满其他的所有邻窗座位，再后是过道一侧的座位，如此等等——直到所有座位都被坐满，此时旅客们是按照到达站台的顺序来坐不同级别的座位，这些级别的好处依次下降。这种偶然且非本质的相互调整，我们这里不去处理，而是注意到这些自发安排的体系，其中人们在较长的时间里相互调整他们整个时期的行动，其结果是形成对他们的行动之复杂而高度适应的相互配合。

在上文当中，我曾以预备性的方式，提及两种秩序——有意（deliberate）秩序与自发（spontaneous）秩序，乃是相互排斥的。在这里我必须把这一观点阐明一下。合作团体的建立，并不排除其成员之间所有的相互调整。在战线上，相邻的战斗单位属于别的部队，它们会不等待司令部的命令，而相互进行支援。对邻人工作的智识关注，对于任何合作性权威的成功运作都属不可或缺。然而，这样的相互调整，却绝不可超越某一个限度。它会给下属的行动**设置条件**，不过却绝不可决定他们。唯有当上级在确定其下属的行动当中处于决定性的地位，他才能够负责他们的行动之间的相互配合。如若在权威金字塔的底层工作的人（或在这一金字塔任何一级的人）获准其行动主要得由直接的相互接触而决定，他们的上级当局便会形同虚设。在这种意义上，我们所说的两种秩序便真正是相互排斥。

下面我要说明的是，控制的范围（亦即可调整关系的数量）在相互调整的体系当中，要比合作团体的权威之下来得更大；同时，实施工业生产过程的任务，要求许多关系的重新调整，其数量远远大于合作团体的控制范围。因此，（一）合作团体即完全无法处理这样的任务，（二）此一任务的处理，唯有靠相互调整的体系——只要它能够理性地进行处理。这一论证，要求以合作团体的控制范围为一方，自发体系为另一方，进行比较性的估量。

我们考虑两个小队，比方说各有 5 个人，分别代表我们的两种秩序。设其中的一个队是一场足球赛当中的 5 个前锋，要攻破对方的球门，而以相互调整来实现彼此间的配合。再设另外一队是在大海上航行的一艘小船上的船员，每个人的行动都要靠船长的命令而相互配合。这便给了我们进行比较的两种情形，其一是自发秩序，另一个则是合作秩序，每一个都包含了 5 个单位体系间的关系网络。我们可以认为，在这两种情形里面，这种网络都包含了同样数量可以独立调整的关系。

令 f 为每个足球前锋在每分钟里能够相应于其他 4 名球员的行动而做出有效调整的数量，再令 c 为船长在每分钟里能够向船员有效发出的命令数量。若每个球员每分钟调整的关系数量可用 f 来计算，而对 5 名船员而言相应的数量即为 $c/5$。这样，自我调整即比通过发布命令调整他人更为迅捷，故 f 大于 c，且必比 $c/5$ 要大 5 倍。因此，每个人在每分钟里调整的关系数量，在自我相互配合时要比之独裁主义控制下的那一队为大。然而，这还不能体现出两种类型之间决定性的差异——这一点唯有在较大规模的体系当中才可以明了。

让我们考察这两种类型当中数量增加的情形，并且比较所控制的关系数量相应增加的情况。一个自发秩序的体系完全由一个级别构成，所有增加的单位亦生自同一个级别之上。另一方面，则合作体系唯有靠通过增加新层来使金字塔加高，才能做出较大的扩展。在合作团体当中，每个上级的控制范围为 5，且这一范围得到全面充分的利用，此时每一下层包含的人数要比其上层多 5 倍；同时，若级别的数量为 l，所包含的人员总数 p 则为：

$$p=1+5+5^2+5^3+\cdots\cdots+5^{l-1}$$

在暴风雨当中的一位船长向他那 5 个船员当中的每一个直接下达命令，便是处于他控制范围的极限，因此我们可以认为，他每分钟里下达的命令数 c，表示的是任何上级能够向下属有效下达命令的最大值。因此，金字塔底层每个人在每分钟里能够调整的关系数量，对合作秩序而言，即可表示为向下属发布命令的上级人数 $p-5^{l-1}$ 的 c 倍，再除上金字塔底层的人数 5^{l-1}。计算可知，该数值仅仅略大于 $c/5$，此亦即船长与他的 5 名船员同样的状况。换言之：即便合作团体的规模增加，根本上统治其行为的人员间能够调整的 *per capita*（每人）关系数量，实际上却不受影响。

我们再来考虑自发秩序体系的扩展。同样假定体系的扩展并不改变个人的业绩；这意味着在这种情形下，运用于一组足球前锋的自我调整率 f 被设定为普遍适用。然而这里我们必须考虑下面的事实，即在与 5

名船员进行比较时，f乃是5名足球前锋之间关系调整率的适当测度，这单单因为这两组的人数相等。因为并没有理由认为，通常按照同伴的行动调整自己行动的队员，就不该虑及4名以上同伴的行为，并且按照他们的行为而调整自己。足球的前锋通常实际做的便是这些；还有许多自发秩序的体系，其中每个自我调整行为所影响的关系数量也会来得更大。

例如，想象因煤气短缺造成煤气气压异常降低状况下的一批煤气消费者。许多人无法将洗澡水加热到可接受的温度，他们宁可不去洗澡。不论是谁，只要在决定是否洗澡时考虑到目前的气压，他便会对其他所有消费者的决定产生直接的影响，那些人在同一时间里想的也是同一个问题。这便存在着一个相互调整的体系，它的每一次调整都影响着其他成千上万的关系。在相互调整的体系植根于有组织的宣传的时候，这一数量还会变得更大。实现这一结果之最为著名的例子，便是一个公共市场，其中千百万消费者利用的是同一个供给。每个消费者都要调整自己的购买以适应支配性的价格，而他也以自己的购买对该价格施加影响。

通过市场将生产资料分配给构成生产体系的各工厂，同时虑及生产资料供给的变动以及消费者需求的改变（在此我们对这一点特为关心），对这一分配进行适当的重新调整，显然构成了另一个例子，可以表现较大的自我相互配合体系，其中一个单位的每一决定，都要虑及与其他为数众多的单位之间关系的重新调整。

在这种较大的自发组织体系当中，通过各自自我调整而重新调整的关系数量，或许会比5名足球前锋的体系大上数千倍。假设这种（最大的）自我调整率仍然为f，则每人关系的调整率即为f的数千倍。

在这里，我们便认识到了自发秩序体系数量上巨大的优越性。在这种体系扩大规模的时候，或许即会造成每一成员关系的调整率几乎是无限的增长。与此形成鲜明对比的，是在合作体系当中占统治地位的条件——这种体系的成长，实际上并不促进每个人在每个单位时间里所能重新调整的关系的数量。换言之，自发体系的控制范围除上其成员的人数，其数值会随着该人数成比例增加；而合作体系的控制范围除上其终极底层下属的人数，其数值实际上却并不受体系规模增长的影响。这也就相当于下面的说法：可以说前一种类型体系的控制范围，以其规模的平方为比例而增加，后者则只是以其规模为比例而增加。

若是某个权威要负责以有意的指令，去代替大规模自我调整体系的职能，则其所处的立场，便如同这样的一个人，要把必得由数千根控制杆同时工作来操作的机器，交由一只手控制。当局的法律权能，对此也毫无裨益。坚持要做这一点，只能使体系陷入麻木状态，令其无法施行统治。

我一直避免提及集团内部可调整关系的绝对数量，因为这乃是非常难以确定的数值。然而我还是采用了一些比较性的数量，这些数量的运用具有一种抽象性，这是我们所不希望见到的。因此，有必要以更加具体的方式，重新概括我们的论证——即使这会冒着令我们的论证在某种程度上过分简化的危险。

请参看合作性权威的组织示意图，这里只表示了其简略的框架。为简化起见，我们设整个权威金字塔的控制范围为 3。在图 1 当中，我描述了 4 层金字塔的示意图。这里有顶层的 1 名主管，在基层则有 27 名终极底层下属；在他们之间，有两层中层的上级。示意图表示的是空间的位置，表明了较高层次上级对每一层次的控制关系。每一特定关系由一条点线表示，这些点线连接了与其有关的单位。这些关系的总数 r 可表示为：

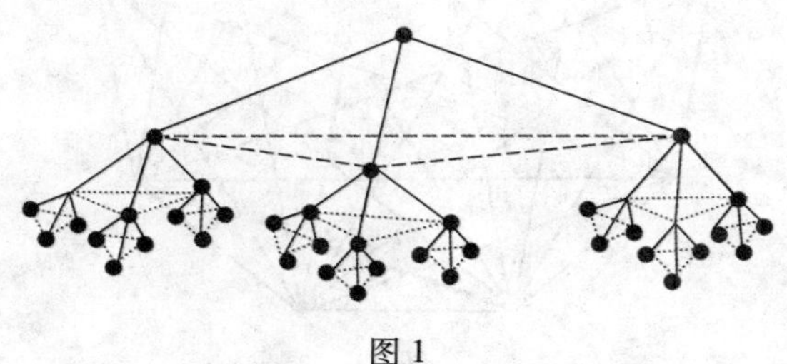

图 1

$$r=3+3^2+3^3$$

且一般而言，有：$r=3+3^2+\cdots\cdots+3^{l-1}$，这里 l 为层次的总数。与此同时，金字塔基层的终极底层下属人数 m 即为 3^{l-1}，故衡量每人通过合作团体所统治的关系数量的比例 $i=r/m$ 即为：

$$i=3^{2-l}+3^{3-l}+\cdots\cdots3^{l-1}$$

$$=(1/3)^{l-2}+(1/3)^{l-3}+\cdots\cdots+1$$

因此对 $l=2$，相关性的复杂程度有最小值1，且该值随着层次数量的增加而增加，而渐近于3/2。若我们假设控制范围更大——这会更加接近真实情况——该值的增加会变得更小，往往可以忽略不计。诚然，若我们假定（像从前一样），虽然新层次的增加导致金字塔高度的增加，上级的指令下达率保持不变，则每人在每一单位时间里调整的关系数量亦是同样的情形。

作为对比，我们再来看自发秩序的体系；这里我们不是考虑9个终极底层下属，而是该体系当中的9名成员。想象他们被安排在图2那样的圆环当中，其间相互连接的线段即表示他们相互间的关系。从每一成员发出8条线段，或一般为 m–1 条线段，这里 m 是自我调整体系成员的人数。这样，相关性的复杂程度，以及每个人关系的重新调整率——不

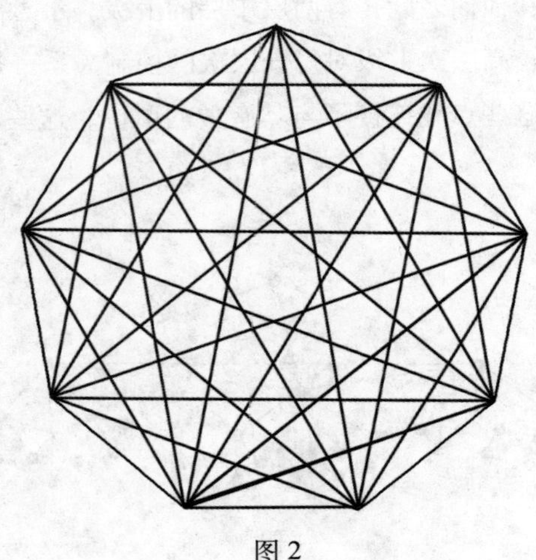

图2

同于合作团体规模的增加而实际上不变的情形——都会随着自发秩序体系的成员人数而成比例地增大。于是我们便得出了与先前同样的结论。

对我而言，有一个事实非常重要，就是对较大的体系来说，由自发性相互调整而行使的管理性控制的范围，会远远大于合作团体的相应规模；同时，撇开其巨大的规模不论，在某种意义上它甚难理解，我不能不给出第三种形式来做表示——这一次我将避免使用任何数学。

考虑图 1 里处于金字塔基层在 1 名上级之下 3 名终极底层下属的集团。这其中的任何一人，对集团内的其他成员都有着相同复杂性的关系，只要该集团构成了一个自我调整体系便是如此（每个成员关系的调整率会很小，因为上级所做的调整会比自我调整为慢，故而我们在此不予考虑）。现在，考察终极底层下属一个集团的任何成员对任何其他集团成员的关系。我们可以看到，这样的关系有两种。一种关系存在于不同集团的成员之间，他们在自己的直接上级之上，还有一个共同的上级。这种关系，可以比之于嫡表兄弟（first cousin）之间的关系。图 1 中每一个终极底层的下属，都有 6 个管理性的"嫡表兄弟"。在图 1 的终极底层下属之间还有第二种关系，该关系使他们成为管理性的"远房表兄弟"（second cousin），其中他们的共同上级置于比嫡表兄弟的情形更高的级别上；在图 1 里，每个终极底层下属都有 18 个远房表兄弟。

我们来更加详细地考察嫡表兄弟之间的关系。他们的共同上级，接受有关同属嫡表兄弟的不同集团状况和成绩的报告，同时向掌管这些不同集团的管理人员发布命令。这一过程使得作为整体的集团活动实现了相互调整，一般也可以影响到一个集团的所有成员与其他集团所有成员间共同的关系。比如，有这样一个终极底层下属的集团，是若干艘战船上的船员，他们各由一个船长指挥，且我们假设这些战船构成了一个司令官指挥下的一支舰队。司令官发布的命令，会以类似的方式，影响到每一对不同战船上所有船员之间的关系。这样的命令，不同于每一战船上船长的情形，并不调整同一条船船员之间任何特定的个人关系。其结果，是没有任何一种个人关系，能够在不同战船的成员中间形成。一般而言，在管理性的“表兄弟”之所有关系中间，这一结论都不失为正确，而在远房及“远远房”之类表兄弟中间会愈益正确。这是作为规模增大的集团而相互调整，而这些集团的成员之间的调整则毫无选择，且无甚差别。

这再次表明了，由合作权威所行使的控制范围较小，且如若企图用合作秩序来取代自发体系，其造成的结果便是将这种较大体系的运作，分割成细小的断片。

集中计划化的幻想

…………

显然，自发秩序的体系，会将合作团体作为自己的成员包含其中；我们也可以看到，工业公司会进行相互间的调整，利用同一个资源市场，在同一个消费者市场出售自己的商品。这些合作团体的运作，我们可以讲乃是按照计划而进行，因此全面集中指令的观念，即意味着将若干计划，融入一个单一的全面计划当中去。如果像我们所主张的，用集中指令的观念置换自我调整秩序的职能乃是荒谬的事情，则这种融合的观念同样必定是荒谬的事情。

记住了这一点，就让我们考察一下一个国家生产计划的结构。这样的计划，述及的是所要生产的各种商品及服务的总和。这些产品可分为各种部门以及次级部门。举例来讲，我们不妨来看工业与农业，作为我们的主要划分。这样，则工业可分为原料生产、成品生产和工业服务业，而农业亦可以分成若干部分，如食物生产、林业及工业原料生产。每个这样的部门，都可以再分为若干个次级部门，而这一过程可以不断继续下去，直到我们最终到达了各个产品的预定产量——而这便构成了计划的最终条目。

一眼看去，这俨然是一个真正的计划，亦即便是一个全面的目标通过相续的各个阶段而得以详尽地展开，事实上，这种计划唯有靠适当的集中指令，才能得以推行。

然而在现实当中，这种自称的计划不过是一组计划之无意义的概括，而只是装饰成一个单一的计划而已。这就好比一队象棋选手的主管，从每一名选手身上，都要找出来他下一步要走什么棋子，而后便总结他的结果道："我们队的计划是这样：1 步移动 45 个卒，平均 3 步移动 20 个象，平均 4 步移动 15 个车，如此等等。"他固然能自称替他的队制订了计划，可实际上他所能声称的，不过是一组计划之无意义的概括而已。

为了更加深入地表明这一点，我们再来看一下，靠集中指令来进行 100 局象棋比赛，究竟何以是不可能的。让一个人专门负责移动所有的车，旁人负责移动所有的象，这一点怎么就是荒谬的？答曰：移动任何一个车或象，而又要构成"象棋中的一步"，唯有虑及同一局比赛当中其他棋子的移动（或者可能的移动）方才可能。在 100 局不同比赛当中所有车或象的移动当中，这便不再是"象棋中的一步"，从而也便是毫无意义的事情。这样的前后关系，就是一个没有意义的集合体，讲它有什么目的全是错误的；因此，任由某人去实现这种虚拟的目的，便是荒谬之举。

实际上，像这样的陈述："该队的计划是移动 45 个卒、20 个象和 45 个车，如此等等"，这种说法的荒谬性，乃在于三个事实：(1) 它将每一局比赛当中的各步视为独立于其前后的每步，因之它提及的实体——在这些步当中——便是没有意义的；(2) 它将这些无意义的实体排列成（必然是无意义的）一组；(3) 它把这一集团说成是合目的的行动。概而言之，主管的说法之所以荒谬，是它从若干连贯的行动当中取出些无意义的断片，再将这一全不相干的集团说成是一个连贯的行动。

我们说的这一切，也同样适用于全面的经济计划，因这计划便是声言，它乃是作为国家目标的各种产出之总计。此类计划列举的数字（比方小麦收获了多少吨，石油精炼了多少桶，旅客运输了多少人），都表示的是各个工厂产量的总和。这些产量既是这样汇总起来，它们便脱离了经济各环节的联系，而只能视为物质变化的过程而已。然而，一个工厂物质方面的运作，其自身全然不是什么“生产过程”，好比移动棋子的物质过程本身，并不就是“象棋中的一步”。（一个工厂，若其运作无视市场条件，几乎必定会发现——在其被引入适当的经济联系当中时，它的运作乃是破坏性的，而非生产性的。）同样，经济上不确定的操作之集团的没有意义——比方说两个工厂的产量总和，正如同两局象棋比赛当中移动两个车一样，并不是理性的实体。

因此（就这里提及的而言），任何国家实体如若追求的不过是若干项目——比方小麦收获了多少吨，石油精炼了多少桶，旅客运输了多少人，或者其他充塞全面经济计划的数字当中的生产项目的合计，这便不具有任何意义。对特定产量合计的期望之为理性，唯有在一种情形下面才有理由，便是个人管理者在权衡了所有可供选择的生产路线之后，在构成其总和的个别产量规模之上做出的决定。然而将个别的产量汇总起来，以设定生产的目标，其结果是造成排除掉所有适当的理由，而这些理由，乃是个别工厂的管理者在决定作为计划中制订的合计总量之生产产量时所要依据的。于是，期望这些合计数字的理由不再存在，而以任何特定规模进行计划的意义也便不再存在。

同时，如若小麦、石油、旅客运输等等生产目标，听上去不似一队象棋选手移动卒与车的提议合计那般荒谬，这是由于在这种情形下，还存在一定程度的理性措施。虽然证明集中经济计划化为正当的理由绝不充分，这却有助于隐藏其根本上的荒谬性。

首先，虽然一般而言，追求任何特定的生产目标即是彻底的非理性行为，却依然存在着一些特殊条件——比方在战时——此时某可期望的生产路线的几乎每一种选择，全都遭到了忽视，因之生产目标即可以理性地设定为相当数量的坦克与战机。实际上即便在战时，考虑合计目标的想法尽管不可或缺，却依然孕育着陷身于非理性后果当中的危险。竞相追求数个目标，会造成几千个始料未及的方式相互掣肘，而资源之在可选择目标上的分配，也会演变成竞争部门间的大争夺，这些相互竞争的要求之间无理性的选择，因之对能够夺来的任何资源，它们都不惜各逞神通，巧取豪夺。不过，在战时极端紧急的状况下，从事大规模的生产既然更无良策，因此这种目标体系在此一条件下也便是正当的。

第二，尽管通常来讲追求生产目标绝非合理，生产出来的商品总和本身，却并非没有意义的东西。给定国际自我调整的分配秩序之运作，这可以归结为每一种商品的世界性价格——于是规定每一种商品与其他任何种类的商品进行自愿交换的比例——我们即可以将国家生产总计的总价格，视为国家繁荣程度的一个测度。它反映了人民的生活标准，也衡量了他们的军事潜力。诚然，毕竟存在着一些政策，可以提高这些国家的资产，而设计并追求这样的政策，也不是什么非理性的事情。

实行经济计划化的政府，总会全面追求旨在获得某种集中干预机会的任何行动路线——虽然这些机会并不完全理性也罢。在极端的情形下——如同在苏联的场合，政府会企图为整个工业融资，并以一种普遍的财政控制，监督工业的运作。大量的政府投资与维持工厂运营的责任，会倾向于引发通货膨胀，也会产生广泛控制价格的必要——而这又为国家增加了经济方面的责任。[①]

政府经济计划所表示的数字，会要求那些单单是想象出来的经济实力。然而对这些实力的信仰，会通过大肆强调某些相当广泛的经济政策(这些政策或许会引发一定的紧张与压力)，同时妄称去实施符合所有这些数字的经济计划，而诱发出来。这是蒙上了黑布当黑云，这是兜头泼水当下雨。实际结果的缺乏，并不会令那些人信心动摇，而那些信仰经济计划化的人也不过如此。在俄国的那般计划者身上，这一点格外出名；而对他们的那些英国同僚，J. 杰克斯在他的著作《计划化的考验》当中，已经做了深刻的揭露。

(选自［匈］迈克尔·波兰尼《自由的逻辑》，
冯银江、李雪茹译。原题：《集中指导的范围》)

① 比较我的 *Full Employment and Free Trade* (1945)，pp. 67—78。

第十七讲　铅笔传奇

[美]伦纳德·里德

伦纳德·里德（Leonard E. Read, 1898—1983），早年经商，后来在几家商人组织中任职。1946年，得到商人古德里奇（David M. Goodrich）等人的支持，里德创建了经济教育基金会（Foundation for Economic Education），随后一直担任主席，致力于传播自由理念。他撰写过29本书及数百篇文章，其中最主要的就是1958年发表的《我，铅笔》。

【编者按：里德通过一支不起眼的铅笔的生产、流通过程，阐明了市场经济最基本的运转原理，即斯密阐述过的“看不见的手”或者波兰尼、哈耶克所说的“自发秩序”。生产一支铅笔，有无数人参与，但无须一个人主宰，人们也无须了解这个最终的目的，价格机制、利润机制却让这些人在自己不知晓的情况下携手合作。】

我是一支铅笔——最普通的木杆铅笔，只要是能读会写的男女老少，都再熟悉不过的铅笔。[1]

写字是我的职责，也是我的业余爱好；那是我的全部职责所系。

你肯定有点奇怪，我干吗要搞一个什么家谱。好吧，我来解释一下，嗯，首先，因为我的故事很有趣。其次，我是一件神秘的东西——要比树木、日落甚至比闪电神秘多了。不过，很不幸，那些用我的人把我看得平淡无奇，就好像我完全是自己钻出来的，一点背景都不需要。这种目空一切的心态把我归入大路货的档次。这实在是一个令人伤痛的错误，而如果人们一直犯这种错误，难免会出乱子。因为，博学的切斯特顿（G. K. Chesterton）[2]曾经说过：“我们会因为缺乏好奇而毁灭，而不会因为期望奇迹而毁灭。”

我，铅笔，尽管看起来平平凡凡，但是也值得你探索和敬畏，我会证明给你看的。事实上，如果你能理解我的心——唉，这对不管什么人来说，恐怕都是过高的要求——如果你能认识到我所蕴涵的那些不可思

---

① 我的大名是 Mongol 482，我的很多部件是在 Eberhard Faber 铅笔公司组装、制作和完成的。——原注

② 切斯特顿（1874—1936），英国作家，记者，以描写布朗神父为主角的侦探小说而著名。

议之处，你就会愿意努力维护人们正在不幸地丧失的自由。我可以教给你们一些深刻的教训。而且我教给你的教训，要比汽车、飞机或者是洗碗机还要深刻——这恰恰是因为，我看起来是这么的简单。

简单？在这个地球上，没有一个人能了解我是如何被制造出来的。这听起来实在有点荒唐，是不是？尤其当你们得知，在美国，每年要生产 15 亿支我，就更荒唐了。

把我拿起来仔细端详一下，你看到了什么？没有多少东西——也就是些木头、漆、印制的标签、石墨、一丁点金属，还有一块橡皮。

数不清的前身

你不能把你的家族追溯到很遥远的时代，同样，我也不大可能叫得出我的所有前辈的名字，并对其做出解释。不过，我想尽可能地把他们列举出来，让你对我的背景的丰富性和复杂性好有个认识。

我的家谱得从一棵树算起，一棵生长在加利福尼亚北部和俄勒冈州的挺拔的雪松。现在，你可以想象一下，锯子、卡车、绳子，以及无数用于砍伐和把雪松圆木搬运到铁道旁的各种设备。再想想制造砍伐和运输工具的形形色色的工人和他们数不胜数的工作程序：开采矿石，冶炼钢铁，再将其加工成锯子、轮轴、发动机；要种植大麻，经过复杂的工序将其加工成粗壮的绳子；伐木场要有床铺，有帐篷，要做饭，要消耗各种食物。哎呀，忘了说了，在伐木工喝的每杯咖啡背后，也有成千上万人的劳作！

圆木被装船运输到加利福尼亚的圣莱安德罗。你能想象得出制造平板大卡车、铁轨、火车头的那些人，以及那些修筑和安装那些运送我到那里的整个交通体系的人们吗？这无数的人，也都是我的前身。

想想圣莱安德罗的木材加工厂。雪松圆木被切割成铅笔那么长的薄板条，只有 1/4 英寸厚。要在烘干炉内将这些板条烘干，然后涂上颜色，就和妇女们往脸上涂脂抹粉一个道理。人们喜欢我看起来漂漂亮亮的，不喜欢我煞白的模样。板条上蜡，然后再烘干。制造颜料，烘干需要的热量、照明、电力、传动带、电动机，一家工厂所需要的一切设备，等等，所有这一切需要多少技能？工厂里的清洁工也算我的前身吗？不错，还应该包括那些向太平洋天然气与电力公司的电站大坝浇筑水泥的人！因为，正是这些发电站向工厂供应了电力。

不要忘了那些或早或晚在薄板条穿州越县的运输过程中——每车装60吨——出了一份力的人们。

现在，到了铅笔制造厂——这样的工厂在机械设备和厂房建筑上要投入400万美元，这一切资本，都是我的生养父母们省吃俭用才积累下来的。一台很复杂的机器在每根板条上开出八条细槽，之后，再由一台机器在另外的板条上铺设笔芯，用胶水粘住。然后，放到其他的板条上面——这样，就做成了一块笔芯三明治。再由机器切割这“牢牢粘在一起的木头”三明治，我跟7位兄弟就诞生了。

我的“铅笔芯”本身——它其实根本就不含铅——就相当复杂。石墨来自锡兰（斯里兰卡）。想想那些矿工和制造他们所用的工具的人们，以及那些制作用轮船运输石墨的纸袋子的工人，那些装船的人，还有那些造船的人。甚至，守护沿途灯塔的人也为我的诞生出了一把力——还有港口的领航员们。

石墨要与产自密西西比河床的黏土混合，在精炼过程中，还要用到氢氧化铵。然后，要添加增湿剂，比如经过硫酸盐处理的油脂——这是用动物脂肪与硫黄酸进行化学反应制造出来的。经过一道又一道机器工序，这些混合物最后看起来是在源源不断地挤出来——好像是从一台香肠研磨机中挤出来似的——按尺寸切断、晾干，再在华氏1850度的温度下烘烤数个小时。为了提高其强度和顺滑性，还要用一种滚热的混合物处理铅笔芯，其中包括固体石蜡、经过氢化处理的天然脂肪和产自墨西哥的大戟石蜡。

我的雪松木杆上涂了六层漆。你知道油漆的全部成分吗？谁能想到蓖麻子的种植者和蓖麻油的加工者也是我的养育者的一个组成部分？他们确实都是。啊，仅仅是把油漆调制成一种美丽的黄颜色的工序，所涉及的各种各样的人们的技巧就数不胜数了。

再看看标签。那是炭黑跟树脂加热混合而形成的一张薄膜，请问，你知道怎么制造树脂吗？你知道炭黑是什么东西吗？

我身上的那点金属——金属箍——是黄铜的。想想那些开采锌矿石和铜矿石的人们吧，还有那些运用自己的技能，把这些自然的赐予物制作成闪闪发光的薄薄的黄铜片的人们。金属箍上的黑圈是黑镍。黑镍是什么东西，又有什么用途？为什么在我的金属箍的中间部分没有黑镍，光这个问题，就得用上好多页纸才能回答清楚。

然后就是我那至高无上的王冠，在该行业中被人很粗俗地称为“塞子”，就是人们用来擦除用我犯下的错误的那个东西。起擦除作用的那种成分叫作“硫化油胶”。看起来像橡胶一样的东西，是由荷兰东印度群岛出产的菜子油跟氯化硫进行化学反应制造出来的。与一般人想象的相反，橡胶则仅仅起黏合的作用。在这儿，需要各种各样的硫化剂和催化剂。浮石产自意大利，给“塞子”上色的颜料则是硫化铬。

无人知晓

现在，还有谁对我前面提到的这种说法不服：这个地球上，没有一个人完整地知道如何制造我。

事实上，有成百万人参与了我的诞生过程，他们中没有谁能比别人知道得多一点。你现在会说，我也扯得太远了，竟然把遥远的巴西的咖啡豆采摘工和其他地方的粮食种植者，也跟我的制作过程扯到一起，这也未免太夸张了吧。不过，我仍坚持我的说法。在这成百万人中，每个人，哪怕是铅笔生产公司的总裁，所做出的贡献也只是微不足道的一丁点实际知识。从实际知识的角度看，远在锡兰的石墨开采工与俄勒冈的伐木工之间的唯一区别，仅在于实际知识的类型不同。不管是矿工还是伐木工，所做出的贡献都不比工厂中的化工师或油田工人——石蜡是从石油中提炼出来的更多。

这真是令人惊异的事：油田工人或化工学家，或石墨、黏土开采工，或者是制造轮船、火车、卡车的人，或者是操纵机器生产金属箍上的滚花的工人，或者是铅笔制造公司的总裁，所有这些人，都不是由于本人需要我而干自己的那份工作的。很可能，他们每个人对我的需求都不如一年级小学生更殷切。事实上，在这无数的人中，有的人可能从来就没有见过铅笔，也根本不知道怎样使用铅笔。他们根本就没有想到过我。他们的动机也许是这样的，这成百万人中的每个人都明白：他可以因此而用自己那微不足道的实际知识来换取自己需要或短缺的物品和服务。在这些需要中，可能包括我，也可能不包括我。

无人主宰

还有一件事就更令人称奇了：并没有一个主宰者来发号施令，或强制性地指挥生产我的这无数的生产活动。一点都没有存在这种人物的迹象。相反，我发现，看不见的手在发挥作用。这就是我在前面提到过的神秘的东西。

据说，“只有上帝能造出一棵树”。为什么我们同意这种说法，难道不是因为我们都明白，我们自己不可能造出一棵树来？事实上，我们甚至是否真能把一棵树说清楚？恐怕不能，我们只能描述一些表面现象。比如，我们可以说，某种特定的分子结构表现出来就是一棵树。然而，在人类中是否真的存在一些人，有能力记录。更不要说指挥，使一棵树获得生命的分子持续运动？这样的壮举，可实在是无法想象！

我，铅笔，是种种奇迹的复杂的结合：树、锌、铜、石墨，等等。然而，在这些大自然所显现的种种奇迹之外，还有一个更为非凡的奇迹：人的种种创造精神的聚合——成百上千万微不足道的实际知识，自然地、自发地整合到一起，从而对人的需求和欲望做出反应，在这个过程中，竟然没有任何人来主宰！只有上帝才能造树，因此我也坚持，正是上帝，才造出了我。人是不可能指挥这成百上千万的实际知识聚集到一起造出我来的，就像他不可能把分子聚合到一起造出一棵树一样。

这就是当我在前面写下那句话时的用意所在："如果你能认识到我所蕴涵的那些不可思议之处，你就会愿意努力维护人们正在不幸地丧失的自由。"因为，如果人们认识到，这些实际知识会自然地，是的，会自动地组织成为创造性的、有效率的形态，从而对人的需求和要求做出反应——也就是说，不存在政府或任何强制性控制——那么，人们就掌握了自由的最本质的要素：对自由人的信心。如果没有这种信心，也就不可能有自由。

一旦政府拥有了对创造性活动的垄断权，比如政府垄断了邮件投递之后，绝大多数人就会相信，邮件确实不可能由可以自由行动的人来有效地投递。人们是这么想的：既然每个人都承认，他本人并不知道如何自己独立完成投递邮件要做的一切事，他就得出结论，任何个人都做不到这一点。这种想法当然没什么不对。没有任何个人拥有制造一支铅笔的充分的实际知识，同样，也不会有任何个人拥有在全国投递邮件的足够的实际知识。在今天这个时代，由于我们对自由人缺乏信心——没有意识到成百上千万人的微不足道的实际知识会为了满足这一需求而自然地、奇迹般地形成并彼此合作——就必然会得出大错特错的结论：邮件只能由政府"掌管"和投递。

证据多的是

假如我，铅笔，是唯一能够对世界上的男男女女们在可以自由尝试的情况下达到何种成就提供证据的东西，那么，某些人信心不足，还情有可原，但是，证据多的是，都近在眼前，唾手可得。与制造一辆汽车或者是一台计算机、一辆联合收割机等等成千上万的东西相比，投递邮件实在是最简单不过的事。这些都是输送，可是，由于在这些领域允许人们自由地尝试，因此，他们可以在不到一秒的时间内让人的声音传送到世界任何地方；事件还在进行之中，他们就可以把图像传送进每户人家中；他们可以在4个小时内把150名乘客从西雅图送到巴尔的摩；他们把天然气从得克萨斯州送进纽约某户人家的炉中，收费之低，令人难以置信，而且还不要任何补贴；他们把4磅石油从波斯湾运到美国东海岸——差不多是绕地球半圈——所花的钱，比政府把一盎司重的信件送到街对面收的费用都要少！

我教给人们的启示就是：让一切创造性的活力不受妨碍地发挥出来。只需按照这一经验组织社会的运转即可。社会的司法机构则应尽最大的努力清除一切妨碍这些活力发挥的障碍。允许这些创造性的实际知识自由地流动。要相信自由的男男女女会对看不见的手做出反应。这种信念会得到证实的。我，看起来再简单不过的一支铅笔，以我奇迹般的诞生过程证明了，这是一种实在可行的信念，就像太阳、雨雪、雪松树等等一切美好的事物一样实在而可信。

（选自［美］拉齐恩·萨丽等《哈耶克与古典自由主义》，秋风译）

第十八讲　知识问题与市场、计划

[英] 弗里德里希 · 冯 · 哈耶克

弗里德里希 · 冯 · 哈耶克（1899—1992），奥地利裔英国经济学家，出生在维也纳一个知识分子家庭，是一位“文艺复兴”式知识人物，既是20世纪最杰出的自由市场经济学家，也是最重要的政治学家之一。1974年获诺贝尔经济学奖。其主要著作有：《货币理论与商业周期》（*Monetary Theory and The Trade Cycle*, 1929）、《价格与生产》（*Prices and Production*, 1931）、《通往奴役之路》（*The Road to Serfdom*）、《个人主义与经济秩序》（*Individualism and Economic Order*, 1948）、《感觉秩序》（*The Sensory Order: An Inquiry into the Foundation of Theoretical Psychology*, 1952）、《科学的反革命——理性滥用的研究》（*The Counter-Revoluntion of Science*, 1952）、《自由宪章》（*The Constitution of Liberty*, 中译本之一译为《自由秩序原理》）、《法、立法与自由》（*Law, Legislation and Liberty*, 1973—1979）、《货币的非国家化》（*The Denationalization of Money: An Analysis of the Theory and Practice of Concurrent Currencies*, 1976）、《致命的自负》（*The Fatal Conceit*, 1988）。

【编者按：为什么经济活动应当以市场的方式组织，而不能采取集中计划的方式？哈耶克在这篇文章中，给出了一个强有力的论证：人们赖以进行经济决策的知识是高度分散的，不可能集中于任何单个人头脑或机构。因此，理性的集中计划是根本不可能的。市场的好处就在于每个人可以充分利用自己的知识，而同时借助价格体系利用他人的知识，从而使追求各自目的的人们之间的活动得以低成本地协调。】

一

当我们努力建构一种合理的经济秩序（a rational economic order）的时候，我们想解决什么问题呢？根据人们熟知的某些假设，这个问题的答案是十分简单的。**假设**我们拥有所有相关的信息，**假设**我们能够从一个给定的偏好系统（a given system of preferences）出发，**又假设**我们掌握了有关可资使用的手段或资源的全部知识，那么剩下的问题也就只是一个纯粹的逻辑问题了。这就是说，对什么是可资使用的手段或资源的最佳用途这个问题的答案，已经隐含在我们的上述假设之中了。解决这个最优问题（this optimum problem）所必须满足的那些条件已经完全设定了，因此我们可以经由数学的形式而得到最佳的陈述；用最简洁的话来说，这就是：任何两个商品或任何两个要素间的边际替换率（the marginal rates of substitution）在它们所有不同的用途中都必定是相同的。

然而需要强调指出的是，这根本**就不是**社会所面对的那种经济问题。再者，我们为解决这个逻辑问题而发展起来的经济运算方法也没有为我们解决社会经济问题提供某种答案，尽管这种经济运算方法仍不失为我们在解决这个问题的方向上所迈出的重要一步。这种经济运算方法的发现之所以无法解决社会经济问题，其原因在于：作为这种经济运算方法之出发点的“数据”或“基据”(datum)，就整个社会而言，对于一个能够计算其结果的单一心智来说，从来就不是“给定的”，而且也绝不可能是如此给定的。

合理经济秩序的问题所具有的这种独特性质，完全是由这样一个事实决定的，即我们必须运用的有关各种情势的知识（the knowledge of the circumstances)，从来就不是以一种集中的且整合的形式存在的，而仅仅是作为所有彼此独立的个人所掌握的不完全的而且还常常是相互矛盾的分散知识而存在的。因此，社会经济问题就不只是一个如何配置“给定”资源的问题——当然，“给定”（given）在这里意味着那些资源对于一个按照刻意方式去解决由这些“基据”所设定的某个问题的单一心智来说是“给定的”。据此我们也可以说，社会经济问题毋宁是这样一个问题，即人们如何才能够确使那些为每个社会成员所知道的资源得到最佳使用的问题，也就是如何才能够以最优的方式把那些资源用以实现各种唯有这些个人才知道其相对重要性的目的的问题。简而言之，它实际上就是一个如何运用知识——亦即那种在整体上对于任何个人来说都不是给定的知识——的问题。

我以为，人们在晚近对经济理论所提出的诸多修正方法——尤其是许多运用数学的新方法——并没有阐明上述基本问题的特性，反而遮蔽了它的特性。尽管我在本文中主要关注的是如何合理组织经济的问题，但是在讨论的过程中，我却不得不反复论及这个问题与某些方法论问题(methodological questions）之间所具有的紧密关系。实际上，我希望在本文中阐明的许多论点，乃是各不相同的论证路径在未预期的情形下已然达致的结论。但是，从我现在对这些问题的认识来看，这种情形绝不是偶然的。我认为。当下发生的许多关于经济理论和经济政策的争论，实际上都源于人们对社会经济问题之性质的误解；而这种误解的产生，则是因为人们把自己在处理自然现象时养成的思维习惯误置于社会现象的做法所致。

二

在日常语言中，我们一般都把一整套有关配置我们可资使用的资源的相互关联的决策称为“计划”（planning）。在这个意义上讲，所有的经济活动都是计划；此外，在众人共处合作的社会中，这种计划不管是由谁制定的，在一定程度上都必须以最初并非为计划者所知道而是为某个其他人所知道的、尔后又以某种方式传递给计划者的那种知识为基础。把这种知识——亦即人们制定计划时赖以为基础的那种知识——传递给计划制定者的各种方式，对于任何解释经济过程的理论来说，都是一个至关重要的问题；再者，究竟什么方式才是运用最初由个人分散掌握的那种知识的最佳方式的问题，至少在一定程度上讲，也是经济政策——或者是设计一个有效的经济制度——方面的主要问题之一。

对这个问题的回答，实是与这里所存在的另一个问题——亦即应当由**谁**来制定计划的问题——紧密相关的，而这正是所有有关“经济计划”（economic planning）之争论所围绕的核心问题之所在。争论的关键之处并不在于是否应当制定计划，而毋宁在于应当由谁来制定计划：是由一个中央权力机构以集权的方式为整个经济系统制定计划，还是由许多个人以一种分散的方式制定计划？人们在当下的争论中所使用的那个具有特定意义的“计划”一术语，一般都是意指中央计划，亦即根据一项统一的计划来指导整个经济系统。另一方面，竞争则意味着由许多独立且分立的个人以一种分散的方式制定计划。这二者之间的居间性方案则是把计划交由有组织的行业或垄断者去制定；尽管有许多人都在谈论这种方案，但是当他们真的看到这种情况的时候，他们却不再喜欢这项方案了。

关于这三种制度当中哪一种制度有可能更具效率的问题，将在很大程度上取决于我们究竟在哪一种制度中能够期望现有的知识得到最为充分的运用；然而，我们究竟在哪一种制度中能够期望现有的知识得到最为充分的运用这个问题，则又取决于我们在下述两种做法中采取何种做法才更可能取得成功：一是把所有应当加以运用的但最初却由许多不同的个人分散掌握的知识交由某个中央权力机构去处理；二是把个人为了使自己的计划得以与其他人的计划相应合而需要的那种相关的额外知识都传输给这些个人。

三

就此而言，不同种类的知识的地位显然是不同的。因此，对我们这个问题的回答，将在很大程度上取决于不同种类的知识所具有的相对重要性：是那些较可能为特定的个人所掌握的知识更重要，还是那些我们应当较具信心地期望可以为那些经由适当方式挑选出来的专家所组成的某个权力机构所掌握的知识更重要呢？如果说人们在今天普遍认为后一种知识更重要，那只是因为这样一个事实所致：一种知识，亦即科学知识（scientific knowledge），在当下公众的想象中占据了太重要的地位，以至于他们忘记了这样一个道理，即科学知识并不是唯一与此相关的一种知识。我们可以承认，就科学知识而言，一群经由适当方式挑选出来的专家也许可以最好地掌握可资获得的所有最佳的知识——尽管这种做法只是把这方面的困难转嫁到了如何挑选专家这个问题上面。在这个方面，我想指出的乃是这样一个要点：即使我们假设这个问题很容易就可以得到解决，它也只是那个所涉范围更广泛的问题中的一个很小的部分而已。

一如我们所知，在今天，谁要是宣称科学知识不是全部知识的总括，那他就肯定会被认为是在宣扬类似于异端邪说的东西。然而我们只要稍加思索就会发现，现实生活中无疑还存在着一种极其重要但却未经系统组织的知识，亦即有关特定时空之情势的那种知识（the knowledge of the particular circumstances of time and place）——它们不可能被称为科学知识（也就是一般性规则之知识那种意义上的科学知识）。正是在这个方面，每个人实际上要比所有的其他人都更具有某种优势，因为每个人都掌握着有可能极具助益的独一无二的信息，但是只有当立基于这种信息的决策是由每个个人做出的或者是经由他的积极合作而做出的时候，这种信息才能够得到运用。就此而言，我们只需要牢记下述几点，我们就能够理解这个道理了：第一，无论我们从事什么职业，我们在接受理论训练以后都必须学习许多其他的东西；第二，学习和掌握各种特定工作的知识，实际上耗用了我们整个工作生涯中的很大一部分时间；第三，在各行各业中，有关人的知识、有关当地环境的知识、有关特定情势的知识，都是一笔极其宝贵的财富。了解并操作一架未得到充分使用的机器、掌握并使用某个人所具有的可以得到更佳运用的技艺，或者意识到供应品中断期间所能依凭的供应品储备，从社会的角度来看，与了解并掌握更好的可供选择的其他技术有着大体同样的助益作用。一个靠不定期货船的空程或半空程运货谋生的人，或者一个几乎只知道瞬间即逝之机会的地产掮客，或者一个从商品价格在不同地方的差价中获利的套利人，都是以他们所具有的有关其他人并不知道的那些一瞬即逝之情势的特殊知识为基础而在社会中发挥极大作用的。

令人感到奇怪的是，这样一种知识在今天却遭到了人们普遍的蔑视，而且任何因拥有这种知识而占据了较佳位势（亦即比那些掌握着更多理论知识或技术知识的人占据了更佳位势）的人居然也被认为是行为不端的人。那些因更了解通讯或运输这类设施而占据优势地位的人，有时候也会被认为是不诚实的人，尽管社会运用这个方面的最佳机会与它使用最新的科学发现有着大体同等重要的意义。这种偏见在相当大的程度上造成了人们重生产轻商业的态度。即使那些自以为完全不会受有些论者在过去所主张的赤裸裸的唯物主义谬论之影响的经济学家，在处理那些旨在获得这种实践性知识（practical knowledge）的活动的问题上，也屡犯同样的错误——这显然是因为在他们的研究体系当中，所有这样的知识都被设定为是“给定”的。当下普遍流行的一种看法似乎认为，所有这样的知识都应当理所当然地极容易地为每个人所掌握；而且那种旨在反对现行经济秩序的毫无道理的指责也常常是以这类知识并非如此容易为人们所获得这个事实为基础的。然而需要指出的是，这种观点却忽视了这样一个事实，即我们究竟通过何种方法才能使这类知识尽可能广泛地为人们所获得这个问题，正是我们必须努力加以解决的问题。

四

如果说竭力贬低有关特定时空之情势的知识的重要性乃是当今一种时尚的话，那么这种情形实是与变化（change）本身的重要性在今天蒙遭贬低这个事实紧密联系在一起的。的确，一些变化的发生必定会要求人们对生产计划做出重大的修正；然而，就这些变化的重要性和频繁性而言，“计划者”（通常都是以一种不甚明确的方式）做出的假设与其反对者所做的假设却差别甚大，因为“计划者”的假设完全忽略了这一点。当然，如果人们事先就能够制定出时间跨度较长且事无巨细的经济计划并使之得到严格的实施和遵循，从而不再需要制定任何重大的经济决策，那么制定出一项调整一切经济活动的总体计划的任务也就容易多了。

我们也许有必要强调指出，经济问题始终是由变化所引发的，而且也唯有变化才会产生经济问题。如果事情一成不变或者至少按照人们的预期那样去发展，那么也就不会产生任何需要进行决策（即制定一项新计划）的新问题了。如果有人认为变化——至少是日常的调整措施——在现代社会已经变得不那么重要了，那么他无异于是在主张，经济问题也已变得不太重要了。出于这个缘故，那些坚信变化的重要性正日渐降低的人，通常也就是那些宣称经济方面的因素因为技术知识变得日趋重要而退居次位的人。

在现代生产拥有精密仪器的情况下，是否就真的**只有**在建立一家新工厂或引进一种新的生产工序的时候才偶尔需要进行经济决策呢？一旦一家工厂落成，所有剩下的问题是否就真的只是些可以由该家工厂的性质所决定的技术问题了，而且也不再需要做什么变动就足以适应日益发生的不断变化的情势了？

的确，有相当多的人都对上述问题给予了肯定的回答。然而根据我的考察，他们所做的这种回答却是得不到商人或企业经营者所具有的实践经验证明的。在一个竞争的行业中（单单这样一个行业就能够起到一项检测的作用），避免成本上升这项任务要求人们做出持之不懈的努力，而我们知道，仅此一项任务就会消耗掉经理们的一大部分精力。一个低效无能的经理浪费掉作为获利之基础的差别成本（the differentials）实在是太容易不过了；此外，即使技术设施相同，生产成本也可能极不相同。我们可以说，所有上述情况都是商业领域中的常识，但是从经济研究的文献来看，经济学家却好像并不熟知这些情况。一如我们所知，生产厂商和工程师们始终都渴望能够在不受货币成本这类因素制约的情况下进行他们的生产工作，而他们对此欲求的强度，恰恰证明了这些因素涉入他们日常工作的程度。

经济学家之所以越来越容易忘记众多构成整个经济系统的持续发生的小变化，其间的一个原因很可能是他们越来越着迷于统计上的综合指标，而这种综合指标肯定会比具体细小的运动表现出更大的稳定性。然而，这种综合指标的相对稳定性却不能——正如统计学家往往倾向于做的那样——通过“大数定律”（the law of large numbers）或随机变化的相抵方式而得到说明。因为就统计而言，我们必须处理的那些因素，虽说数量很大，但是却没有大到足以使这样的偶然性力量产生稳定性。商品和服务的持续流动之所以能够得以维续，实是因为下述情形所致：第一，人们持续不断地进行着精心的调整；第二，人们每天都在根据前一天所不知道的情势做出新的安排；第三，一旦某人不能交付商品或提供服务，另一个人即刻就会顶掉他的位置。更有甚者，一些高度机械化的大工厂之所以能够保持持续运转，在很大程度上也是因为它们能够依靠外部环境或其他企业提供的服务而满足各种始料不及的需求，比如说盖屋顶的瓦、文具或表格纸，以及这些工厂无力自己生产的但是根据这些工厂的运作计划却是它们所需要的而且也很容易在市场上购买到的各种设备。

在这个问题上，我也许还应当简要地论及这样一个事实：我在上文中所关注的那种知识，因其性质的缘故而不可能进行统计，从而也无法以统计的形式传递给任何一个中央权力机构。因此，这样一种权力机构所必须加以使用的统计数字，也就不得不通过下述方式去获得：对事物间的细小差别进行抽象，亦即以一种有可能对具体决策产生重大影响的方式把那些在地点、品质和其他特定方面不尽相同的项目加以综合并将它们视作同一个种类的资源。据此我们可以得出这样两个结论：第一，以统计信息为基础的中央计划，因其性质的缘故而无力直接对这些具体时空中的情势进行考虑；第二，中央计划者将不得不去发现某种其他的方法，从而使“当事者”或“现场的人”（man on the spot）能够根据具体时空中的情势进行决策。

五

如果我们大家都赞同社会经济问题主要是一个迅速适应特定时空之情势的变化的问题，那么我们就可以由此而推知：必须由那些熟悉这些特定情势的人——亦即那些直接了解相关变化以及即刻可以被用来应对这些变化的资源的人——做出最终的决策。我们根本就不能指望这个问题可以通过另一种方式得到解决：先把所有这样的知识都传递给某个中央机构，并在这个中央机构整合了所有这类知识以后再发布命令。因此，我们只能够经由某种非集权化的方式来解决这个问题。但是，这只回答了我们问题当中的一个小问题。我们之所以必须采取非集权化的方式，实是因为我们唯有依此方式才能够确使那种有关特定时空之情势的知识得到及时的运用。然而需要指出的是，“当事者”也无法只根据他自己所拥有的有关周遭环境之事实的有限但却直接的知识进行决策。因此，这里依旧存在着这样一个问题。即在“当事者”试图使他的决策与更大经济系统的整个变化模式相应合的时候，人们如何才能够把他所需要的更多的其他信息传递给他呢？

“当事者”究竟需要多少知识才能够成功地做到这一点呢？在他的直接知识视域以外的诸多事件中，究竟哪些事件与他的即时性决策具有相关性呢？此外，他究竟需要了解其中的多少事件呢？

世界上所发生的任何一起事件几乎**都可能**对“当事者”应当做出的决策产生某种影响。但是他却毋需直接了解这些事件本身，也毋需直接了解这些事件所具有的**全部**影响。对于“当事者”来说，下述情况的发生乃是无关宏旨的：**为什么**在一个特定的时间内某种尺寸的螺丝钉有较大的需求；**为什么**纸袋要比帆布袋更容易搞到；**为什么**熟练工人或某些特定的机床在眼下很难买到，等等。实际上，对他有意义的只是这样一个问题：与买到他关心的其他东西相比较，买到这些东西**究竟是难还是易**，或者他所生产的或使用的替代品究竟在多大程度上为人们所急需或在多大程度上不为人们所急需。因此，他所关注的始终是一个有关特定事物之相对重要性的问题；但是，他却无须对那些会改变这些事物之相对重要性的原因予以关注，除非它们对他周围的那些具体事物产生了影响。

正是在这个方面，我在上文中称之为的“经济运算”方法（或纯粹的选择逻辑方法）至少能够通过类推的方式帮助我们认识到价格体系据以解决（事实上正在解决）这个问题的方式。即使是一位掌握了某个自给自足的小规模经济系统之全部数据的控制者，也无法彻底弄清楚每次对资源配置做某种微小调整时那些有可能受到影响的目的与手段之间的全部关系。的确，纯粹选择逻辑方法的伟大贡献就在于它极其明确地阐述了这样一个道理：即使这样一位控制者想解决这种问题，也唯有通过建构并不断使用等值比率（或“值”或“边际替换率”）这样的方法——也就是给每一种稀缺资源都标上一个数字指标的方法：这种指标不可能从某种特定的资源所具有的任何特性中推演出来，但是它却可以反映出（或者可以集中体现出）这种特定资源在整个手段——目的结构（the whole means-ends structure）中所具有的重要意义。在任何微小的变化中，这种控制者都只能够去考虑那些集中了所有相关信息的量化指标（或

“值”)；而且也唯有通过逐个调整这些量值的方法，他才能够恰当地重新安排他的措施，而无须从头去解决整个问题，亦无须在任何阶段上同时考察它的所有方面。

从根本上讲，在一个有关相关事实的知识（the knowledge of the relevant facts）由众多个人分散掌握的系统中，价格能够帮助不同的个人协调他们所采取的彼此独立的行动，就像主观价值（subjective values）可以帮助个人协调他所制定的计划的各个部分一样。就此而言，我们有必要先对一个极其简单且常见的有关价格体系之作用的事例做一番讨论，并据此探明价格体系所具有的切实作用。我们不妨假设这样一种情况：世界某地出现了一种使用某种原材料——例如锡——的新机会，或者有一处锡的供应源已然耗尽。显而易见，上述两种原因当中究竟哪种原因造成了锡的紧缺，对于锡的用户来说并不重要——这一点意义非常重大。在这种情况中，锡的用户只需要知道，他们以前一直消费的那部分锡，现在用在其他地方可以盈利更多，因此他们必须节约用锡。对于绝大多数的锡用户来说，甚至都没有必要知道什么地方对锡有更大的需求或者节约用锡究竟可以满足什么样的其他需求。只要其中的一些锡用户直接了解到了这种新的需求并把这种资源转用于这种新的需求方面，而且只要那些意识到由此产生的新缺口的人转而寻求其他资源来填补这个缺口，那么他们所采取的这种做法的影响就会迅速扩及到整个经济系统。当然，这种情况不仅会影响到锡的用途，而且也会影响到锡的替代品的用途以及这些替代品的替代品的用途，影响到所有锡制品的供应以及它们的替代品的供应等等。然而，所有上述影响实际上都是在绝大多数提供这些替代品的人对这些变化的最初原因毫无所知的情况下发生的。显而易见，整个上述情形构成了一个市场，但是这个市场的形成却并不是因为该领域中的每一个成员都洞见到了其间的所有情况所致，而是因为他们有限的个人视域是紧密关联的和相互交搭的，因此相关的信息可以经由许多中介而传递给所有的成员。由此可见，任何商品都有一个价格（更确切地说，地方各项价格之间的关系乃是由运输成本等因素所决定的）这个事实本身，就构成了某种解决办法；当然，一个控制者在掌握了所有这方面的信息以后也可能达致这种解决办法，但是这里的问题在于：任何个人都不可能掌握所有这方面的信息，因为它们事实上是由所有涉入这一过程之中的个人分散掌握的。

六

如果我们想理解价格体系（the price system）的真正作用，那么我们就必须把价格体系视作是这样一种交流信息或沟通信息的机制。当然，价格越僵化，价格体系所具有的这种作用也就越有限。（然而，甚至当公布价格变得相当僵化的时候，那些经由价格变化而发挥作用的各种力量在很大程度上仍将通过契约的其他条款而发挥作用。）就价格体系而言，最具重要意义的一个事实便是它的运转所需依凭的知识很经济；这就是说，涉入这个体系之中的个人只需要知道很少的信息便能够采取正确的行动。一如我们所知，唯有那些最关键的信息才会以一种极为简洁的方式（亦即通过某种符号的方式）传递给他人，而且只传递给有关的人士。把价格体系描述成一种记录变化的工具或一种电信系统（a system of communications）并不只是一种比喻，因为这种电信系统能够使单个生产者仅通过观察若干指标的运动（就像工程师观察若干仪表的指针那样）就可以根据各种变化去调整他们的活动——当然，他们所了解的变化也只是反映在价格运动中的那些变化而已。

当然，这些调整活动很可能永远都无法达致"完善的"或"完全的"（perfect）程度，尽管一些经济学家在均衡分析中认为它们是"完善的"或"完全的"。但是，我颇感担忧的是，我们所养成的那些根据几乎所有的人都具有大体"完善的"或"完全的"知识（perfect knowledge）这一假设来处理这个问题的理论研究习惯，在一定程度上会使我们无法洞见到价格机制的真正作用，而且还会致使我们在判断价格机制之效力的时候采用一些颇具误导性的标准。令人极感震惊的是，在一种原材料短缺的情形中，虽说没有人发布命令，也甚少有人知道个中原因，但是无以计数的人——他们的身份五花八门，即使用数个月的时间也无法调查清楚——却都能够用一种更为节约的方式去使用这种原材料或者用这种原材料制成的产品。这就是说，他们会采取正确的行动。当然，在一个瞬息万变的世界里，并不是所有的人都能够把自己的活动调适到一个极其完美的程度的，因此他们的利润率只能始终保持在相同的甚或“常规”的水平上；即使如此，这种情形仍足以构成一项奇迹。

我故意使用“奇迹”（marvel）这个词，目的就是为了使读者能够克服人们在理所当然地看待价格机制之运作时常常带有的那种扬扬自得的心理。我相信，如果这种价格机制是人类刻意设计的产物，又如果受价格变化之引导的人们懂得他们的决策有着远远超出其即时性目的的重大意义，那么这种价格机制早就应当被赞誉为人之心智所达致的最伟大的成就之一了。然而颇为遗憾的是：一方面，价格机制并不是人之设计的产物；而另一方面，那些受价格机制指导的人通常也不知道自己为什么要如此行事。但是需要强调指出的是，那些嚷嚷着主张“刻意指导”的人，以及那些根本就不相信某种未经设计（甚至是在人们并不理解的情况下）便自发形成的东西能够解决我们经由一种刻意的方式都无力加以解决的问题的人，应当牢记：这里的问题恰恰在于如何才能把我们运用资源的范围扩展到任何个人心智所能控制的范围以外；因此，这也是一个如何才能否弃刻意控制之必要性以及如何才能提供激励以使个人在不需要任何人告诉他们该做什么事情的情况下去做可欲之事的问题。

我们在这里碰到的问题绝不是经济学所特有的问题，而是与几乎所有真正的社会现象、与语言以及与我们的大多数文化遗产都有紧密关系的问题；据此我们可以说，这个问题实际上构成了整个社会科学的核心理论问题。正如艾尔费雷德·怀特海（Alfred Whitehead）在讨论另一个问题时所指出的：“尽管所有的格言书和大人物在演说时都反复强调说，我们应当养成对我们正在做的事情进行思考的习惯，但这却是一个根深蒂固且大错特错的陈词滥调。因为事实表明：文明的进步，乃是通过增加我们无须考虑便能运作的重大活动的数量而得以实现的。”这种情形在社会领域中有着极为重要的意义。的确，我们会不断地使用一些我们并不理解其含义的公式、符号和规则，而且通过对它们的运用，我们还能够得到我们作为个人并不拥有的那种知识的帮助。在这个方面，我们已然发展起了一些惯例和制度，然而我们这种成就所依凭的则是那些在其各自领域中被证明为成功的、进而又成为我们文明之基石的习惯和制度。

的确，人类最初是在并不理解的情况下偶然发现了某些惯例和制度的，只是在后来才慢慢学会了如何运用它们，尽管人类直到今天还远远没有学会如何充分运用它们；需要指出的是，价格体系只是这些惯例和制度当中的一种而已。正是通过这种价格体系的作用，劳动分工（a division of labor）和以分立知识（divided knowledge）为基础的协调运用资源的做法才有了可能。那些喜欢嘲弄和讥讽任何上述主张的人，通常都是通过一种暗讽的说法来歪曲这种主张的。他们指出，这种主张竟然宣称说，这种最适合于现代文明的价格体系乃是通过某种奇迹而自发形成的。然而值得我们注意的是，上述主张实际上是极有道理的：人类之所以能够发展起我们的文明赖以为基础的劳动分工制度，实是因为人类碰巧发现了一种使劳动分工成为可能的方法。如果人类不曾发现这种方法，那么他们仍可能会发展起某种完全不同的其他文明类型，就像某种白蚁“国”一样，或者某种完全无法想象的其他文明类型。对此我们只能够说，迄今为止还没有人成功地设计出一种替代性体系——在这种替代性体系中，现行的价格体系所具有的某些特征（亦即对于那些最激烈抨击这种价格体系的人来说也是极为可贵的那些特征）仍能够得到维续：比如说，它已然达到的能够使个人选择自己的事业并因此而可以自由地使用他自己的知识和技艺的程度。

七

在很大程度上讲，有关价格体系对于一个复杂社会中的任何理性计算来说是否是必不可少的争论，现在已经不再是持有不同政治观点的两大阵营之间的那种争论了；从许多方面来看，这是一件幸事。一如我们所知，早在25年以前，当冯·米塞斯最初提出没有价格体系我们就不可能维续一个以当下既存的极其广泛的劳动分工为基础的社会这个命题的时候，他的这个命题便遭到了一阵阵嘲弄和讥讽。今天，一些人仍然觉得很难接受这个命题，但是在很大程度上讲，这方面的困难已不再是政治上的问题了；当然，这种情形也营造出了一种更有助于人们进行理性讨论的氛围。当我们看到托洛茨基（Leon Trotsky）说“没有市场关系，经济核算乃是不可想象的”时候，当奥斯卡·兰格（Oscar Lange）教授允诺在未来的中央计划局大理石大厅中为冯·米塞斯教授建一尊雕像的时候，又当阿巴·勒纳（Abba P. Lerner）教授重新发现亚当·斯密并强调价格体系的基本作用乃在于激励个人在追求自身利益的同时去做一些符合一般利益的事情的时候，他们之间的分歧也就确实不能再被归于政治偏见了。显而易见，当下的分歧乃是因为纯粹知识上的分歧所致，尤其是因为方法论上的分歧所致。

我记得，约瑟夫·熊彼特在其晚近发表的《资本主义、社会主义与民主》（*Capitalism, Socialism, and Democracy*）一书中有这样一段文字，它清楚地说明了这些方法论分歧当中的一种分歧。在那些根据实证主义某一分支观点研究经济现象的经济学家当中，熊彼特可以说是佼佼者。在他看来，经济现象似乎是客观给定的彼此直接影响的商品量，而且几乎是在不受人之心智任何干预的情况下发生这种彼此影响的。唯有根据这个理论背景，我才能够对他给出的下述令我惊讶不已的论点做出说明。熊彼特教授认为，经济理论中有一项基本主张，即“消费者在估价（‘需求’）消费品的时候，事实上也是在对用于生产这些商品的生产资料进行估价”。他在此基础上更是宣称，在不存在生产要素市场的情况下，理论家仍有可能根据上述基本主张进行理性的计算。

如果我们从字面上来理解熊彼特的这个说法，那么我们可以说，他的这个说法根本就不是真实的，因为消费者从来就不做这样的事情。熊彼特教授所说的“事实上”，大概是指对生产要素的估价隐含于消费者对消费品的估价之中，或者是指前者是后者的必然结果；但是，即使如此，这种说法也是不正确的。一如我们所知，隐含关系乃是一种逻辑关系，而只有当所有相关的事情都同时为某个人所知道的时候，他才能够有意义地宣称这种逻辑关系。然而显见不争的是，生产要素的价值不仅取决于对消费品的估价，而且还要取决于各种生产要素的供应情况。只有当所有这些事实都同时为一个人所知道的时候，他才能够以逻辑的方式从他所知道的这些特定事实中得出相关的结论。但是，实践过程中之所以会出现问题，恰恰就是因为：第一，这些事实绝不是同时为某个人所知道的；第二，在解决这种问题的过程当中，人们只能运用那种由众多个人分散掌握的知识。

如果某个人知道所有的事实（正如我们假设所有的事实对于作为观察者的经济学家来说都是给定的那样），那么他自己就可以确定某种解决方法。但是，即使我们能够证明这一点，我们在上面所说的那个问题仍未得到任何解决。因此，我们必须证明，一项解决方法究竟是如何通过每个只掌握部分知识的人之间的互动而得以产生的。假设一个人可以拥有所有这种知识——正如假设所有这种知识对于作为解释者的经济学家来说都是给定的一般，无异于认定这个问题是不存在的，而且也无异于对现实世界中所存在的所有意义重大的事情的无视。

一个持有熊彼特教授之立场的经济学家，显然会因为“数据”或“基据”这个术语的含混不清而跌入它为冒失鬼所设定的陷阱之中；这种情况很难被解释成一种简单的失误。我认为，这种情况毋宁说明了这样一个道理，即那种习惯于无视我们必须直面的那些基本现象的认识进路确实存在着某种根本性的错误，因为第一，人的知识必定是不完全的；第二，人们因此需要有一种不断交流知识和获得知识的途径。据此我们可以说，任何一种以人的**知识**与特定情势中的客观**事实**相一致的假设作为实际出发点的认识进路，诸如许多采用联立方程式的数理经济学家所持的那种认识进路，都会把我们的主要任务所旨在解释的那种问题排斥在考虑之外。我绝不否认，在我们的体系中，均衡分析可以起到一种有益的作用。但是需要强调指出的是，当这种均衡分析已然致使一些极为重要的思想家误以为它所描述的情形与实际问题的解决有着直接相关性的时候，亦就是我们必须提请人们牢记这样两个道理的时候了：第一，均衡分析根本就不探讨社会过程的问题；第二，均衡分析只是我们着手研究主要问题之前的一种有助益的准备工作而已。

（选自［英］弗里德里希·冯·哈耶克《个人主义与经济秩序》，邓正来译）

第十九讲　作为一种发现过程的竞争

[英] 弗里德里希 · 冯 · 哈耶克

【编者按：经济学从一开始就在讨论竞争，而哈耶克则依据奥地利学派的市场过程理论，给竞争一个全新的界定。正是基于这一定义，哈耶克也重新审视了垄断。简而言之，在哈耶克及奥地利学派看来，唯一的垄断就是政府利用权力禁止企业自由进入的状态，垄断与一个行业内企业的数量及其分布格局无关。】

竞争所具有的优长并不取决于竞争是否"完全"或"完善"

在某些条件下，竞争能够为不同商品的生产和各种服务的提供实现一种资源配置，而这种配置又能够使某些特定产品组合的产出达到一个"全智全能者"所能实现的产出数量——当然，这种所谓的"全智全能者"，不仅要知道实际上只有所有的人加在一起方可能知道的所有事实，而且还要能够以一种最为有效的方式运用这种知识。竞争性市场过程（competitive market process）得以产生这些结果的上述特殊事例，着实令一些经济理论家如痴如醉、极感满意，以至于他们在这方面的研究中竟倾向于把它夸张成一种典型的范例来对待。结果，人们在主张竞争时往往会采取这样一种论辩，即竞争之所以可欲，似乎就是因为竞争始终能够达致上述特殊事例中的那些结果；甚或只有当竞争事实上达到了诸如此类的结果的时候，竞争似乎才是可欲的。但需要指出的是，只要人们把主张和赞同市场的论辩建立在"完全"或"完善"竞争（"perfect" competition）这种特例的基础之上，那么由此出发，他们很快就会认识到：第一，上述那种"完全"或"完善"的竞争只是在极少数情势中方能趋近的一种例外情形；因此，第二，如果主张并赞同竞争的论辩以竞争在那些特殊条件下所达致的那些结果为基础，那么这种论辩作为一项一般性原则也就很难站得住脚了。据此我们可以说，为竞争所应当达致的结果确立一种完全不切实际的、过高的标准，常常会使人们错误地低估竞争实际取得的成就。

这种完全竞争的模式实是以假设某些事实的存在为基础的，然而就这些假设的事实而言，在现实生活中一般会发生下述三种情况：一是除了在为数极少的几个经济生活部门中以外，这些事实实际上并不存在；二是在许多经济部门中，我们甚至没有力量造就这些事实；三是即使我们有时候能够造就这些事实，那也是极不可欲的。这种完全竞争模式所依据的乃是这样一个关键性假设，即任何一种与其他商品有着明显区别的服务性商品，都能够同时由一大批生产者以同样的成本向大多数消费者供应，因此其间的任何一个生产者都不能随心所欲地确定该种商品的价格，因为如果有人试图以高于其边际成本的价格出售该商品，那么他的这种做法只会对那些售价比他低的人有利。在这种理想型的个案中，对于每个竞争者来说，价格都是给定的，因此每个竞争者都会在自身利益的驱使下把自己的产量一直增加到边际成本与价格相等的程度；正是这样一种理想型的状况，渐渐被人们视作是一种模式，而且还被当作一种标准，用以判断竞争在现实世界中所达致的成就。

如果我们能够实现这样一种理想型的状况，那么把每种商品的产量都扩大到价格与边际成本相等的地步，就肯定是极为可欲的，因为只要价格与边际成本还不相等，那么进一步增加该商品的产量就意味着为此所需要的生产要素用于该商品的生产要比用于他处更富成效。然而，这并不意味着，在我们不得不通过竞争的过程去发现不同的人各有何种需求以及能够做些什么事情的情形中，我们也能够实现上述那种理想型的状态；此外，这也绝不意味着，与我们用任何其他为我们所知道的方法（如政府指导或计划的方法）所能够实现的那种状况相比较，“不完全”竞争（“imperfect” competition）所达致的结果就会差得多。

显见不争的是，所谓每一种与其他商品或服务极为不同的商品或服务都应当有一大批生产者同时予以供应的情形，或者自始至终都应当有一大批生产者有能力以同样的成本生产任何特定商品的情形，既是不可欲的，也是不可能的。就一般情形而言，任何时候都会存在一种最佳的生产单位规模，而大于或小于这一规模的生产都会引起成本的上涨；此外，任何时候都会存在技艺、位置、传统等方面的特殊优势，而只有一部分企业而并不是所有的企业都拥有这种优势。一如我们所知，现实中常常会发生这样的情形，即少数企业甚或只有一家企业能够适当地供应某种特定的商品，亦即它们正好能够以抵偿成本的价格出售该商品，但是其成本却可能低于任何其他企业的生产成本。在这种情形下，少数企业（或一家企业）就没有必要把它们产品的价格降至边际成本的水平，或者说，它们没有必要把它们产品的产量调整到只能按照正好抵偿其边际成本的价格出售它们的水平。这些企业在利益的驱使下始终只会把它们的价格降到足以使其他新的生产者不敢涉入此一市场的水平。在这个范围内，这些企业（或这家企业）的确可以像垄断者或寡头垄断者那样自由地行事，而且还可以自由地把它们的价格（或所生产的商品数量）确定在一种能够使它们获得最大利润的水平上；当然，这些企业也会受到限制，而它们所受的唯一限制便是这样一种因素，即它们必须把价格降到足以使其他企业不敢涉入其间的水平。

在所有上述的情形中，一个全智全能的独裁者确实能够通过要求相关企业把产量扩大到价格能够抵偿边际成本的水平的方式来改进可利用资源的用途。如果我们用某些理论家所习惯使用的这个标准来衡量，那么我们可以说，当下世界中的绝大多数市场经济无疑都是极不完善的。然而我们必须指出，对于所有的实际问题来讲，这项标准乃是完全不涉的或完全不适用的，因为它所依凭的基础乃是与一种状态的比较，但是与之比较的却不是我们能够通过某种已知方法予以实现的某种其他状态，而是一种只有当我们无法改变的某些事实变成另外一种样子，而不是它们实际所示的那种样子的时候我们方能达致的状态。由于某些经济学家的分析是从他们知道所有决定市场秩序的事实这样一个虚构的设定出发的，所以他们也就自然而然地会把那种假想中的由一个全智全能的独裁者所做的安排当成是我们衡量竞争之实际成就的标准加以使用。但是，这种做法却并没有为我们提供一项能够用以判断实际政策所取得的成就的有效标准。显而易见，这种有效标准所判断的绝不应当是人们趋近一种无法实现的结果的程度如何，而应当是一项特定政策的成果与其他可资运用的做法的成果相比较是多还是少。这里的真正问题在于：我们究竟能够把现有的效益水平提高多少，而绝不是我们能够在多大程度上趋近只有当某些无法改变的事实发生变化的时候才会是可欲的那种理想型状况。

换言之，判断竞争成就的那种标准，绝不是某个对所有事实都无所不知的人做出的那些安排，而必须是那种唯有竞争才能确保的可能性状况，即那些因竞争而能够比他们在其他条件下生产出更多的为其他人所需要的产品的人有可能做出的不尽相同的事情。

作为一种发现过程的竞争

一般来讲，不论是在经济领域以外，还是在经济领域内部，只要我们事先并不知道谁会做得最好，那么竞争便是我们所能运用的一种极为切合实际的过程。然而值得注意的是，无论是在考场上或运动会上，还是在市场上，竞争所能够告知我们的只是谁在特定场合做得最好，而未必能够告知我们每个人的表现以及每个人所具有的真实水平——尽管竞争也为人们取得优异成就提供了一种最为有效的激励因素。竞争为人们所提供的乃是这样一种激励，即它会促使人们做得比次优者更好，但是，如果次优者落后太多，那么较优者在能够自由决定投入多少努力的方面便会有很大的回旋余地。只有当次优者对较优者紧追不舍而较优者本人又不知道自己的优势究竟有多大的时候，较优者才会觉得有必要竭尽全力。再者，也只有当人们要在能力之间持续不断地比出高低而且每个人都想尽其所能争得好名次的时候，每个人才会始终小心翼翼、左顾右盼次优者是否赶上来了。

因此我们可以说，竞争就像科学实验一样，首先是一种发现过程。有一种假设认为，有待发现的事实就是已知的事实；而任何以这个假设作为基础的理论，都不可能适当地判定竞争的意义。实际上，应予考虑的已知的或“给定的”事实，乃是无限的，因而也是人们不可能预先加以确定的。我们所能期望确保的只是一种在总体上有可能促成这样一种局面的过程，其间，我们能够考虑到的潜在有助益的客观事实，要远远多于我们在采用为我们所知道的任何其他做法的时候所能考虑到的客观事实。立基于这种情势，我们可以得出结论认为，一些论者以某个人知道所有相关事实这个假设为基础而对竞争之结果所做的一切判定，对于人们如何选择一项可欲的政策来说实是毫不相干的，也是毫无助益的。这里的真正问题在于，我们如何才能更好地帮助人们最充分地运用分散在无数人之中而又在整体上不为任何个人所能掌握的知识、技艺和获得知识的机会。我们必须把竞争视作是人们可以在其间获取知识和交流知识的一种过程，因为我们知道，一上来就从任何个人都能够获得所有这种知识的角度来认识竞争，乃是毫无实际意义可言的。此外，根据竞争“应当”实现的成果的前见来判断竞争实际取得的具体结果，就像用科学实验的结果是否与人们于此前对此结果的预期相一致的标准来判定这些实验成果一样，也是毫无意义的。就像我们只能用科学实验的条件来判定其结果的价值一样，我们也只能根据竞争赖以开展的条件而不是它应当取得的结果来判定竞争的结果所具有的价值。因此，我们必须指出，竞争与任何其他种类的实验一样，都不可能实现任何可测结果的最大化。在有利的条件下，与任何其他已知做法相比较，竞争也只能是使更多的技艺和知识得到运用而已。尽管每一次成功地使用知识和技艺都可以被视作是一项增益，从而双方自愿进行的每一次新的交易行为也都可以被视作是一件可取之事，但是，我们却永远说不清楚，人们所能取得的净利之总量究竟增加了多少。我们无须弄清楚竞争究竟产生了多少可测的或增加的净利，但是我们却必须把那些一般性条件所产生的结果视作是可能的最优者接受下来，因为那些一般性条件极可能使我们发现最多的机会。

一个人在竞争的压力下会如何行事？而在竞争这种条件下他又会遇到什么样的特定情势？这样一些问题显然不是他本人事先所能知道的，当然，其他人也就更不可能知道了。因此，要求他按照竞争“仿佛”存在的那样采取行动或者要求他按照比实际竞争更完全的竞争那般采取行动，都是毫无意义的。一如我们所见，人们之所以在这个领域中犯错误，主要原因之一就是他们所接受的那个以一种虚构假设为基础的观念，即个人的“成本曲线”乃是一种能够经由调查而得到确认的客观给定的事实，而不是某种只有根据他本人的知识和判断才能够确定的东西——实际上，一个人在高度竞争的市场上行事时所依凭的那种知识，与他是唯一的生产者或是极少数生产者之一时所依凭的那种知识，乃是截然不同的。

尽管解释竞争的结果是经济理论（或 catallactics）的主要目的之一，但是我们在上文所讨论的那些事实却大大限制了经济理论能够就竞争之特定结果所做预测的程度——这里的“竞争”，乃是指我们从实际角度出发关注的那种情势中的竞争。我们可以明确地指出，竞争之所以有价值，完全是因为它是一种发现的过程，而如果我们能够预测或预见到它的结果，那么我们也就不会再需要这种竞争了。当然，经济理论可以通过构造某些模型来阐释或解释这种发现过程的运作，而这些模型却是以这样一种假设为基础的，即对于这些模型所展示的所有个人间的互动关系来说，这些经济学家拥有着指导他们的全部知识。我们之所以对这样一种模型感兴趣，只是因为它能够告知我们这样一种系统是如何进行运作的。但是，仅仅构造这些模型并不够，我们还必须把这类模型适用于我们并不知道其间特定事实的实际情形之中。因此，经济学家所能做的，只是从他假定他能够知道每个牌手手中的牌的那些心智模型中推演出有关结果之一般特征的某些结论；经济学家也许能够根据人为建构的模型来检验这些结论，但需要强调指出的是，也只有在那些他无力检验这些结论的场合，这些结论才是有意义的——当然，他之所以无力检验这些结论，实是因为他并不拥有他所需要的那种知识。

如果“完全”或“完善”竞争缺失事实性要件，那么就不可能要求企业

作为一种发现的过程，竞争必须以生产者的自我利益为基础，这就是说，竞争必须允许这些生产者运用他们自己的知识去实现他们自己的目的，因为任何其他人都不拥有这些生产者在决策时所必须依凭的那种信息。在不存在“完全”或“完善”竞争的条件的地方，一些生产者会发现，以高于其边际成本的价格出售他们的产品乃是有利可图的，尽管他们以较低的价格出售这些产品仍能够赚到足够多的利润。值得注意的是，那些把完全竞争的状况视作唯一标准的人所反对的正是上述那种情况。他们认为，应当要求这种条件下的生产者按照完全竞争仿佛存在那样去采取行动，尽管这些生产者的自我利益并不会驱使他们这样行事。但是需要指出的是，我们之所以把自我利益作为基础，实是因为只有通过这种自我利益，我们才能够驱使并激励其他生产者去运用我们并不拥有的那种知识，才能够驱使并激励他们去采取只有他们自己才能够确定其结果的行动。我们不可能一方面依凭生产者的自我利益以求发现最为经济的生产方式，而另一方面却不允许他们以最有利于他们各自利益的方式来生产某些种类和某些数量的商品。促使人们改进生产方式的激励因素常常在于这样一个事实，即谁先改进生产方式，谁就将因此而挣得某种暂时的利润。生产方面之所以能够取得如此之多的改进，实乃是因为每个人都在努力追求这样的利润，尽管他们知道这只是一种暂时性的利润，而且也只是在他们处于领先地位的时候才能挣得的那种利润。

如果任何一个生产者的未来生产成本（尤其是他所追加产量的边际成本）都是一种可以由某个负责监督的权力机构做出精准确定的客观

的量，那么要求生产者按照其边际成本出售他们的产品就可以说是有根有据的。我们必须指出的是，尽管我们在理论论辩中习惯于把成本视为一种“已知数据”亦即某种给定的知识，但是我们据以生产某项产品的那个最低成本却正是我们想通过竞争去发现的东西。除了那些成功发现了最低成本的人以外，任何其他人都未必知道最低成本是多少——实际上，即使是那些发现了最低成本的人，也常常无法意识到究竟是什么因素使他们能够以低于其他人的成本进行生产的。

因此，从一般情形来讲，一个局外人也是不可能对这样一个问题做出客观判断的，即某种大大超过成本的定价是否是一种“适当的”投资回报——这时成本与定价之间的差额乃是通过组织方式或技术方面的某种改进而达致的，而且还是以高利润的方式表现出来的。在这种情势中，所谓“适当的”回报所意指的肯定是这样一种回报，亦即对它的预期能够足以证明为此承担的风险是值得的。在技术先进的生产部门，某项特定产品的成本一般来讲都不是一种可以客观确定的事实，而是一种在很大程度上必须取决于生产者本人对未来发展前景之看法的现象。每个企业的成功以及它的长远效益，都将取决于它所做出的预期的正确程度——而这些预期则会在该企业的企业家对生产成本的估算当中得到反映。

因此，一个在改进工厂设备方面做了大量投资的企业是否应当即刻就扩大产量、直至价格降至新的边际成本的程度，也将取决于该企业对未来发展前景所做的判断。显而易见，在有利可图的情况下，对新型且更为有效的工厂设备做某种投资是极其可欲的，但是值得我们注意的是，只有当价格在这种新型且有效的工厂设备投入使用以后的一段时间中仍持续高于运作先已存在之设备的生产成本的时候，这种投资才是有利可图的。因此，开办一家新的工厂是否可欲，唯一的判断标准便是该企业家对这家新工厂所制造的产品的售价是否会持续高于它的边际成本（不仅足以收回投入其间的资本，而且还足以抵偿为开办这家新工厂而引发的风险）所做的预期。对于那些最早做出建造新工厂决定的人来说，这些风险在当时究竟有多大或原本应当有多大，又有谁能够说得清楚呢？如果一家企业在冒险办工厂的计划取得成功以后即刻就被要求把价格降低到当时看来是它的长期边际成本的水平上，那么这种做法显然会阻止人们再去冒这样的风险。人们竞相改进生产技术，在很大程度上是以他们都努力获取暂时性的垄断利润（monopolistic profits）为基础的，因为他们知道，只要他们处于领先的地位，他们便能获取这种利润；而且从很大程度上讲，成功者也正是从这种利润中获取进一步改进生产技术的资本的。

此外，在这样的情势中，发生下述情况也是颇为合理的：第一，与任何其他生产者相比较，能够向消费者提供更多好处的仍然是那些拥有新设备的生产者；第二，只要我们以那些拥有新设备的人运用他们自己的知识为依凭，那么我们也就应当对这些生产者出于自身利益的考虑而向我们提供的更好的服务感到满足了。一如我们所知，在一个自由的社会中，每个人都可以自由地选择使用他自己的身体和财产的方式；因此，在这样的社会中，一个人不尽力而为，是不能被视作犯罪的。

要想确定这样一个事实上的垄断者是否把他的生产扩大到了价格正好与边际成本相抵的程度，实际上是极为困难的；即使撇开这种实际困难不论，我们也不能确有把握地说，要求这种事实上的垄断者如此行事，就肯定能够与市场秩序赖以为基础的一般的正当行为原则相符合。只要他所占据的垄断地位是他掌握了较高的技艺的结果，或者说，是他拥有最适合于该产品之生产的某种生产要素的结果，那么要求这种垄断者把产量扩大到价格与边际成本相抵的程度，就很难说是公平的。我们至少可以这么说，只要我们还允许那些掌握了特殊技艺或拥有着独特资产的人可以不使用它们，那么，当他们把这些技艺或资产用于商业目的的时候我们却要求他们把它们用至极限的那种做法，便是自相矛盾的。我们没有理由禁止人们用自己的技艺去拆解纵横填字字谜（crossword puzzles）或禁止人们用自己的钱去集邮；同样，我们也没有任何理由规定人们必须把他们自己的技艺或财产运用到什么程度。如果一个人所取得的某种垄断地位是他拥有某种独特的技艺的结果，那么一方面坚持要求他应当竭尽全力做到最好，而另一方面却又因为他做得比所有其他人好（尽管没有竭尽全力）而对他进行惩罚，显然是极其荒唐的。又如果一个人所取得的某种垄断地位是他拥有某种具有一种特殊优势的资产（比如拥有一块特定的场地）的结果，那么毋庸置疑，下述做法也同属荒唐之举，即一方面允许他把某处可以为啤酒厂或威士忌酒厂提供得天独厚之益处的水源开发成他的私人游泳池，而另一方面却在他把此一水源真的改建成这种酒厂的时候，却又坚持不让他从中获得某种垄断利润。

一个拥有生产某种产品之稀缺资源的所有者，之所以有权根据最有益于自己的标准来决定该产品的价格或质量，实乃是人们承认特定物品之私有产权的一个必然结果，而且这种权利也是不能剥夺的，除非我们否弃了私有产权制度。就此而言，一个创建了某种独特的组织或得到了一块得天独厚的好场地的制造商或商人，与一个把作品数量控制在能给他自己带来最高收入的画家之间，是不存在任何差别的。再者，从正义或道德的角度来看，我们既没有理由反对一个人决定只付出他认为值得付出的努力，也毫无理由反对上述那种垄断者去赚取垄断利润。

我们将会看到，当“市场权力”（market power）意指一种阻止其他人以更好的方式为顾客提供服务的权力的时候，情势就截然不同了。显而易见，在某些情形中，即使是确定产品价格的权力，也能够使某个垄断者通过操纵价格而阻止种种不利于他的竞争，进而使该垄断者获得影响其他人的市场行为的权力。我们将在下文中指出，在这些情形中，人们确实有强硬的理由禁止该垄断者采取这样的措施。

然而需要指出的是，一种垄断（或一种寡头）的出现，有时候甚至还是竞争所导致的一种可欲的结果；这就是说，当竞争暂时导致某种垄断的时候，实际上就是竞争发挥最大作用的时候。尽管生产不可能因某个垄断者的操纵而变得更富成效（这里只有一种特殊的例外情况，而我将在下文中对这种例外情形进行探讨），但是在某个特定企业出于某种特殊的原因而比其他的同行企业更有效率的情况下，相关产品的生产在这个企业的运作下便常常会是最富有成效的。上述情形当然不能够成为人们保护垄断地位或帮助维续垄断地位的正当理由，但是，它却使得容忍垄断成了可欲之举，甚至使得允许垄断者从其垄断地位中获利也成了可欲之举——只要垄断者继续其垄断地位所依凭的方式仅仅是他们向他们的客户提供比所有其他人更好的服务，而不是阻止那些认为自己还能够做得更好的人去努力做这样的尝试。只要一个生产者是因为他能够以低于其他任何生产者的成本从事生产并能够以低于其他任何生产者的价格销售其产品而占据一种垄断地位的，那么这就是我们所能期望达到的最好的结果了——尽管我们从理论上还能够构想出一种更好地运用资源的方式，但是我们却没有办法把它变成现实。

当然，有许多人都反对这种垄断状况；但是值得我们注意的是，他们之所以持有这样一种态度，主要是因为他们错误地理解了垄断（monopoly）这个术语，以为垄断就是一种特权。但是，一个（或几个）生产者能够以其他生产者无法与之相比的价格来满足人们的需要这个简单不争的事实，却并不会构成一项特权，只要这些其他生产者做不到这一点并不是因为他们的努力受到了前者的阻挠。特权（privilege）这个术语只能够被确当地用来指称一种依特别命令（privilegium）而授予的权利，而且除了被授予此项权利的人以外，任何其他人都不得享有此项权利；再者，其他人之所以不得享有该项权利，也不是因为种种情势没有向他们提供享有这种权利的客观可能性。

我们在上文中所说的那种垄断，并不是以严格意义上的那种特权为基础的；因此我们可以说，只要垄断的存在所依凭的方式是阻止人们去尝试以一种比其他人更好的方式为其顾客提供服务，那么它就确实是一种应当永远受到谴责并加以反对的权项。但是需要指出的是，我们在本节中所论及的那些垄断或寡头垄断却都不是以任何这类差别待遇（亦即阻止其他人去尝试提供更好的服务的做法）为基础的。我们所说的那些垄断实际上是以这样一个事实为基础的，即人与人并不是完全相同的，而且物与物也不是完全相同的，因而往往只有少数甚或只有一个人会在某些方面比所有的其他人都更具优势。我们知道如何去激励这种人或这种组织为他们的同胞提供比任何其他人都更好的服务，但是我们却没有办法自始至终要求他们竭尽全力地为公众服务。

（选自［英］弗里德里希·冯·哈耶克《法、立法与自由》，邓正来译）

第二十讲　市场经济与宗教

[英]弗里德里希·冯·哈耶克

【编者按：市场经济是否需要某种道德基础？哈耶克给出了肯定的回答，因为，经过历史淘汰而保存下来的主要宗教，都在维护文明的一些基本规则，且把这些规则变成人的文化本能，而这些构成了市场秩序的“元规则”。】

传统守护者的自然选择

在本书行将结束之际，我想就这本书的论点和宗教信仰的作用之间的联系，作一点非正式的说明。它们是非正式的——我的意图仅限于此。这些说明可能让某些知识分子感到不快，因为它们表明，在同宗教的长期对抗中，他们在一定程度上是错误的，而且十分缺乏鉴别力。

我在本书中揭示了分裂成两种生存状态的人类。第一种人的态度和情感所适应的是小群体的行为，人类在这样的小群体中生活了几十万年，他们相互认识，相互满足对方的需要，并追求着共同的目标。不可思议的是，这些过时的、很原始的态度和情感，现在却得到了理性主义以及与它结盟的经验主义、享乐主义和社会主义的支持。第二种是文化进化中较为晚近的发展，这时我们不再主要服务于熟悉的同伴或追求共同的目标，而是逐步形成了各种制度、道德体系和传统，它们所导致并维持其生存的人口，是生活在文明开始前人口数量的许多倍，这些人主要是以和平竞争的方式，在同成千上万他们素不相识的人的合作中，追求着自己所选择的成千上万个不同的目标。

这样的事情是如何发生的呢？那些人们既不喜欢也不理解的传统，对于其效用他们通常并不赞赏，甚至既看不到也不能预测，而且仍在对它激烈抨击，它怎么还是能够继续代代相传呢？

部分答案就是我们一开始就提到的道德秩序在群体选择中的进化过程：按这些方式做事的群体就会生存下来并得以发展。但这还不是故事的全部。这些行为规则的产生，如果并非因为人们理解它们在创造当时还无法想象的合作的扩展秩序中起着有益的作用，它们又是从哪里来的呢？更重要的是，面对本能的强烈反对以及近代理性主义的冲击，它们又是如何保留下来的呢？我们来看看宗教。

习惯和传统都是对环境的非理性适应方式，在得到图腾和禁忌、神秘主义或宗教信仰——从人类以泛灵论方式解释他们遇到的任何秩序的倾向中产生的信仰——的支持时，它们更有可能支配着群体的选择。对个人行为的这些限制作用，最初有可能是作为辨别群体成员的标志。后来，关于神灵会惩罚违反者的信仰，使这些限制得以保留下来。“神灵被普遍看作传统的守护者……我们的祖先现在作为神灵生活在另一个世界里……如果我们不遵守习惯，他们就会发怒并把事情弄糟。”（马林诺夫斯基，1936：25）

但这还不足以产生真正的选择，因为这些信仰以及相关的礼仪还必须在另一个层面上起作用。共同的行为模式必须有机会对一个群体产生范围不断扩大的有益影响，进化中的选择作用才能得到落实。在这段时间，它们又是怎样代代相传的呢？与遗传属性不同，文化属性是不能自动传递的。代与代之间的传递和不传递对一个传统体系所起的积极或消极作用，同个人所起的作用是一样的。要想保证任何具体的传统真正延续下去并最终广为传播，很可能需要许多代人的时间。这一切的发生可能需要某种神秘的信仰，尤其是当行为规则与本能相冲突时。仅仅用功利主义甚至功能主义来解释不同的礼仪是不充分的，甚至是没有道理的。

有益的传统被保留下来并至少传递了足够长的时间，使遵循它们的群体的人口得以增加并有机会在自然或文化选择中扩张，我们认为这在一定程度要归因于神秘主义和宗教信仰，而且我相信，尤其应归因于一神教信仰。这就是说，不管是否喜欢，我们应把某些习惯的维持，以及从这些习惯中产生的文明，在一定程度上归因于一些信仰的支持，这些信仰从科学的意义上讲是不真实的，即无法证实或无法检验的，并且它们肯定不是理性论证的结果。我有时认为，至少它们中间的一部分，也许可以被恰当地叫作“象征性真理”，即使这只是一种赞赏的姿态，因为它们帮助其信徒“在大地上劳有所获，繁衍生息，人丁兴旺，物产丰盈”（《旧约·创世记》，1：28）。甚至我们中间像我这样的一些人，虽然并不打算赞同存在着一个人格神的拟人论观念，他们也应当承认，过早失掉我们视为不真实的信仰，会使人类在我们正享受着的扩展秩序的长期发展中失去一个强有力的支持，而且即使到了今天，失去这些无论真实还是虚假的信仰，仍会造成很大的困难。

总之，宗教认为道德是由我们无法理解的过程决定的，这一观点也许比理性主义的欺人之谈更真实，因为后者认为，人类是利用自己的才智发明了道德，从而使他们有能力取得出乎他们预料的成就。如果我们记住了这些事情，我们就能更好地理解那些传教士，据说他们对自己的教诲是否正确已经有所怀疑，却依然继续传教，因为他们担心信仰的失落将导致道德的衰亡。毫无疑问他们是正确的；甚至不可知论者也应该承认，不仅提供了我们的文明，甚至也提供了我们的生命的道德和传统，都要因为接受了在科学意义上不可接受的现实主张。

一方面是宗教，另一方面是一些形成并推动了文明的价值观念，如家庭和分立的财产，它们之间有着无可怀疑的历史联系，但这不一定是指在宗教本身和这些价值之间有任何内在关系。在过去2000年的宗教创始人中，许多是反对财产和家庭的。但是，只有那些赞同财产和家庭的宗教延续了下来……

宗教是怎样维护了有益的习俗呢？有些习俗的益处并不为遵守习俗的人所知，这些习俗只有在得到其他一些强烈信念的支持时，才有可能被保留足够长的时间以增加它们的选择优势；有些超自然的或神秘的信仰很容易地起到了这一作用。随着人类相互交往的秩序日益扩大，对本能的要求还会构成更大的威胁，它在一段时间内就更需依靠这类宗教信仰继续发挥影响——它们是一些影响人们去做某些事情的虚假理由，要想维持能够让他们养活越来越多的人口的结构，他们必须做这些事情。

但是，正像扩展秩序绝不是出于人们有意的策划，同样没有理由认为，来自宗教的支持是有意培养出来的，或认为在所有这些事情中往往存在着什么“阴谋”。特别是鉴于我们不能观察到道德的作用这一论点，以下想法实在幼稚：有些聪明的精英冷静地计算着不同道德的作用，从中做出选择，然后企图用柏拉图“高尚的谎言”劝说民众吞下“人民的鸦片”，由此使他们遵守那些促进统治者利益的规定。毫无疑问，对基本宗教信仰中具体主张的选择，常常是由世俗统治者的权宜之计决定的。而且，世俗统治者也不时有意地动员宗教的支持，有时甚至到了玩世不恭的地步——但这往往只涉及一时的争端，在漫长的进化时期几乎无足轻重，在这种长时间的进化中，得到赞成的规则是否促进了共同体的发展这一问题，要比哪个统治集团在某个特定时期对它表示青睐的问题更具决定性。

在描述和评价这些发展时，也会出现一些语言问题。日常语言不足以非常精确地做出必要的区分，在涉及知识概念时尤其如此。例如，一个人习惯了一种行为方式，他对这种行为方式一无所知，而这种方式不仅能增加他和自己的家人而且能增加与他素不相识的许多人的生存机会，在这种情况下，特别是当他这样做是出于不同的、当然也十分不正确的原因时，会涉及知识问题吗？引导他取得成功的，显然不是一般所谓的理性知识。把这种后天的习惯称为“感情”也没什么用处，因为支配着这种习惯的，并不是可以合理地称为感情的那些因素，虽然有些因素，譬如受到非难或惩罚（不管它是来自人类还是上帝）的恐惧，常常支持或维护着某些具体的习惯。在大多数情况下，取胜的往往是这样一些人，他们坚持“盲目的习惯”，或是通过宗教教义学会了“诚实是最好的策略”之类的观念，他们借此击败了那些另有“理性”见解的更聪明的同类。作为生存战略，严守成规与灵活多变相对应，都在生物进化中起着重要作用；以刻板规则的形式出现的道德，有时可能比易变的规则更为有效，这些遵守着易变规则的人，企图根据特定的事实和可预见的后果，也就是可以更易于称为知识的东西，来指导自己的习惯并改变自己的做法。

就我个人而言，我最好在此声明，我认为自己毫无资格断言或是否定上帝的存在，因为我必须承认，我的确不知道人们想拿“上帝”这个词来表示什么。但是，对于这个词的拟人论、人格化的或泛灵论的解释，我一概断然予以反对，许多人正是通过这些解释给了这个词一定的含义。存在着一个类似于人或类似于头脑的行动者这种观点，在我看来是对一个与人类似的头脑的能力过分夸大的产物。在我本人的思维架构或我的世界观中，如果有些字眼在其中没有占据能够使它获得意义的位置，则我也不能硬派给它一个意义。如果我使用这些词，仿佛它们表达着我的信念，这无异于欺骗我自己。

长久以来，我一直犹豫不决，是否要把个人的观点写在这里，但我最终还是决定这么做，因为一个坦诚的不可知论者的支持，会帮助信仰宗教的人更加毫不迟疑地探求那些我们享有共识的结论。许多人在谈到上帝时，他们所指的也许只是那些维持其共同体生存的道德传统或价值观的化身。宗教认为人格化的神是秩序的来源，它是一张线路图或一名向导，成功地指引着个体如何在整体中运行。现在我们已经知道，秩序的根源并不在自然界之外，而是它的特征之一。这一特征极为复杂，使任何个体都不可能把握它的“整体形象”或“全景”。因此，禁止偶像崇拜的宗教反对树立这样的形象是很有道理的。也许大多数人只能把抽象的传统看作某个人的意志，才能对它有所理解。如果是这样的话，在较为肤浅的超自然主义已被作为迷信清除的时代，他们不是还可以在“社会”身上找到这种意志吗？

这个问题，也许维系着我们文明的存亡。

（选自［英］弗里德里希·冯·哈耶克《致命的自负》，冯克利、胡晋等译）

第二十一讲　市场与公共品

[英]罗纳德·科斯

罗纳德·科斯（Ronald H. Coase），1910 年 11 月 29 日出生在伦敦郊区。1932 年，他毕业于伦敦经济学院，此后即在大学教书，其中，1935—1951 年在伦敦经济学院任教，1964 年进入芝加哥大学至今。科斯毕生反对"黑板经济学"，而通过对现实经济生活的观察，发掘其背后的制度因素。科斯最重要的著作《企业的性质》是在上本科期间构思的，在此，他创造性地运用了"交易成本"概念。1960 年，科斯发表了《社会成本问题》一文，这是目前引用率最高的经济学论文，学者们据此总结出"科斯定理"。科斯与朋友开创了"新制度经济学"。他们指出：只要私人产权界定明晰，则市场自然会发现解决种种问题的有效办法，无须政府干预。1991 年，科斯因为发现和澄清了交易成本和产权对制度结构及经济运转的重要性而获得诺贝尔经济学奖。

【编者按：说起来这是一件奇怪的事情：很多研究市场的经济学家却对市场满腹狐疑。在这篇文章中，科斯则通过历史叙述证明了：灯塔这样的公共品，其实完全不必由政府来建造，私人机构曾经维护得很好。这篇文章的政策含义就是：不要轻易地相信，公共品必须由政府来供应。美国一家自由市场研究机构就因为这一篇文章，而把灯塔作为其标志。】

灯塔出现在经济学家的著作中，是因为它可能有助于理解政府的经济功能问题。它常被作为必须由政府提供而不是由私人企业提供的物品的一个例子。经济学家们通常似乎认为，由于不可能向受益于灯塔的船只的所有者收取可靠的费用，任何私人或企业建造和维修灯塔就不可能赢利。

约翰·斯图亚特·穆勒在他的《政治经济学原理》一书的“自由放任或不干预原理的基础和限制”一章中写道：

> ……为了确保航行的安全，建造和维修灯塔、设置浮标等属于政府适当的职责。由于不可能向受益于灯塔的海上船只收取使用费，没有人会出于个人利益的动机而建造灯塔，除非由国家的强制征税给予补偿。

亨利·西奇威克在他的《政治经济学原理》一书的“生产关系中自然自由的体系”一章中这样写道：

……在大量的各种各样的情况下，这一论断（即通过自由交换，个人总能够为他所提供的劳务获得适当的报酬）明显是错误的。首先。某些公共设施，由于它们的性质，实际上不可能由建造者或愿意购买的人所有。例如，这样的情况经常发生：大量船只能够从位置恰到好处的灯塔得到益处，灯塔管理者却很难向它们收费。庇古在《福利经济学》中借用了西奇威克的灯塔例子作为非补偿性服务的例子：在那里，“边际净产出小于边际社会净产出，因为它会给技术上很难向其索取报酬的第三方带来额外的服务”。

保罗·萨缪尔森在他的《经济学》一书中，比那些早期作家更直截了当。在“政府的经济作用”这一节中，他写道：“政府提供某些无可替代的公共服务，没有这些服务，社会生活将是不可想象的。它们的性质决定了由私人企业提供是不合适的。”作为“简明的例子”，他列举了国防、国内法律和秩序的维持，以及公正的契约的执行，并在一个脚注中进一步写道：

这是政府服务的最新例子：灯塔。它们保全生命和货物。灯塔管理者很难向船主收取使用费。因此，这部高深的著作将说明：“私人利益和货币成本”（正如一个想靠建灯塔发财的人所看到的）与真正的社会利益和成本（将被保全的生命和货物与1. 灯塔的总成本和2. 让更多的船只看到警告灯塔的额外成本相比较）是存在差异的。哲学家和政治家一般都承认在“私人利益和社会利益存在外部经济差异”的情况下政府的必要作用。

后来，萨缪尔森再次提到灯塔“由于外部经济效应而成为政府的合理活动”。他写道：

考察上面提到的为了警告礁石而设置的灯塔。它的光亮有助于每个看到它的人。企业家不会为了赢利而建造它，因为要向每个使用者收费会引起极大的困难。这肯定是政府要从事的一种事业。

萨缪尔森并没有到此为止，他还用灯塔来说明另一个论点（一个早期作家没有论述过的论点）。他写道：

……在灯塔的例子中，应该注意一件事：灯塔管理者不能很容易地以销售价格的形式向受惠者收费这一事实使灯塔成为某种社会或公有物品。但即使灯塔管理者——假定通过雷达跟踪——能向每一个附近的使用者收费，这一事实本身并不能保证灯塔服务能像根据市场价格而提供的私有物品那样，以社会最优的方式提出来。为什么？因为容许更多的船只使用灯塔的社会成本是零附加成本。因此，由于避免付费而远离灯塔水域的任何船只代表着社会的经济损失——即使向一切船只收费，其价格的总和也并不会大于灯塔的长期开支。如果灯塔从社会的观点上看来是值得建造和维修的——它不一定是应该的——较为高深的著作能够说明为什么这种社会的物品应该以最优的方式给予一切人。

在萨缪尔森的论点中有一个悖论。因为私人企业不可能为它们的服务收费，所以必须由政府提供灯塔。但如果私人企业收费是可能的，也不允许它们这样做（这也假定应由政府来做）。萨缪尔森的立场完全不同于穆勒、西奇威克和庇古的立场。读了这些作家的著作，我发现收取灯塔使用费的困难是对灯塔政策产生重要影响的关键所在。他们不反对收费，因此，如果能够这样做，他们也不反对私人经营灯塔。然而，穆勒的观点有点模棱两可。他认为，政府应该建造和维修灯塔，因为既然不可能让受益的船只支付使用费，所以私人企业就不愿意提供灯塔服务。但是，他附加了一个限制性的短语："除非由国家的强制征税给予补偿。"我认为，"强制征税"是一种向受惠于灯塔的船只施加的压力

（实际上，强制税就是使用费）。穆勒的说明模棱两可的根本之处是，他的意思到底是“强制征税”使出于个人利益动机建造灯塔成为可能，因而不必由政府经营，还是对私人企业家来说是不可能的（或不值得的），所以“用强制征税来补偿，因而需要由政府经营”。我的观点是，穆勒是持前一种解释的。如果这是正确的，那它代表着他的建造和维修灯塔是“政府的适当职责”观点的一个重要的限制条件。在任何情形下，似乎很明显，穆勒原则上并不反对收取使用费。西奇威克的观点并没有解释上的问题。然而，它的含义也非常清楚。他写道：“这样的情况经常发生：大量的船只能够从位置恰到好处的灯塔得到益处，然而却很难向它们收费。”这并不是说收费是不可能的。它的意思恰恰相反。它是说受益于灯塔的大部分船只逃避付费的情况很可能发生，而不是说不可能出现这样的情形：灯塔的受益大部分由比较容易向其征税的船只享用，它意味着在这些情形中，收取使用费是合乎需要的——这使私人经营灯塔成为可能。

我认为，如果没有关于英国灯塔制度的知识，就很难确切理解穆勒、西奇威克和庇古的意思，因为虽然这些作者可能不熟悉英国灯塔制度如何运行的细节，毫无疑问，他们知道它的一般性质，而且在写作有关灯塔的内容时，他们心中肯定意识到这一点。有关英国灯塔制度的知识不仅能使我们更好地理解穆勒、西奇威克和庇古，而且可以为评价萨缪尔森有关灯塔的论述提供背景材料。

英国灯塔制度

英国建造和维修灯塔的机构是领港公会（在英格兰和威尔士）、北方灯塔委员会（在苏格兰）和爱尔兰灯塔委员会（在爱尔兰）。这些机构的开支由通用灯塔基金拨出。这项基金的收入来源是由船主缴纳的灯塔税。灯塔税的缴纳和报表管理由领港公会负责（在英格兰、威尔士、苏格兰和爱尔兰均可缴纳），而具体的征税由港口的税务局完成。从灯塔税得来的钱属于通用灯塔基金，由商业部控制。灯塔机构向通用灯塔基金领取它们的开支。

商业部和各灯塔机构的关系有些类似于财政部和英国政府部门的关系。这些机构的预算必须经商业部批准。三个机构的预算方案必须在圣诞节期间提交给商业部，而且需要每年在伦敦召开的灯塔大会上加以审议。除了这三个灯塔机构和商业部外，出席大会的还有灯塔咨询委员会——即代表船主、水险商和货运者的船运协会（一个商业协会）的委员会——的成员。灯塔咨询委员会尽管没有法定的权力，然而在讨论过程中却起着重要的作用。灯塔机构在制定预算时，商业部在决定是否通过预算时都要考虑它的意见。灯塔税的标准由商业部决定，以使在某一年限内的税收收入足够维持支出。但是在制定工作规划和改变原有安排时，大会的参加者，特别是灯塔咨询委员会的成员必须考虑新的工作规划和改变原有安排对灯塔税标准的影响。

征收灯塔税的根据在 1898 年颁布的商业船运（商业船舶基金）法的第二细目表中有说明。虽然后来理事会条例对灯塔税标准及其中的某些方面做了修改，目前的征税结构基本上是 1898 年确定的。对于在英国到港或离港的一切船只，每个航次每吨的纳税标准有极大的不同。“内航”船只一年内 10 个航次之后就不再缴纳灯塔税。“外航”船只 6 个航次之后就不再纳税。这两类船只的收税标准不同。如果船的体积相同，“内航”船只 10 个航次所缴纳的税额近似等于“外航”船只 6 个航次所缴纳的。某些船只每吨纳税率比较低，如超过 100 吨的帆船及巡航船。拖船和游艇按年纳税而不是按航次纳税。而且，有些船只可免缴灯塔税：属于英国或外国政府的船只（运载货物或乘客的除外），渔船，底卸式船和挖泥船，小于 100 吨的帆船（游艇除外），小于 20 吨的所有船只（包括游艇），只装底货的、等待燃料煤的、装补给品的和避免海险的船只（拖船和游艇除外）。所有这些条例都有限制条件，但它们足以说明条例的性质。

目前的情况是，英国灯塔服务的支出由通用灯塔基金拨出，该基金的收入来源于灯塔税。基金除用于大不列颠和爱尔兰的灯塔开支外，还用于某些殖民地的灯塔维修和建造、清除残骸的支出，虽然这只占总支出的很小一部分。灯塔也有一部分开支不是由基金拨出的。如果“地方性的灯塔”只使某些使用特定港口的船只受益，它的建造和维修开支就不由基金支出，基金被限于通常为了“一般航行”的灯塔的财政开支。“地方性的灯塔”的支出通常由港务局拨款，由港口税弥补。

英国灯塔制度的演变

穆勒在 1848 年的著作和西奇威克在 1883 年的著作中，关于他们心目中存在的英国灯塔制度，他们肯定想到的是早期的情况。为了理解穆勒和西奇威克，我们应该了解 19 世纪英国灯塔制度的一些情况和它的演变方式。然而，研究英国灯塔制度的历史不仅有助于我们理解穆勒和西奇威克，而且能够帮助我们开阔眼界，了解提供灯塔服务的各种可资利用的制度安排。在讨论英国灯塔服务的历史时，我仅限于英格兰和威尔士，因为这两地的灯塔制度是穆勒和西奇威克最为熟悉的。

英格兰和威尔士主要的灯塔机构是领港公会。它也是英国最主要的领港机构。它经营疗养院，为海员及其妻子、寡妇、孤儿管理慈善基金。它还负有许多职责，例如，检修“地方性的灯塔”，为法庭的海事案例听证会提供海事顾问和领港船长。它是包括伦敦港务局在内的港口委员会的成员。领港公会的成员在许多委员会（包括政府委员会）中供职，处理海运事务。

领港公会是一种古老的制度。它大概是从中世纪经海员行会演变而来的。1513 年，一份要求成立行会的请愿书提交给亨利八世，1514 年颁发了许可证书。证书赋予领港公会以领港管理权。这一权力和慈善事业在许多年中一直是领港公会最主要的工作。直到很久以后，它才考虑到灯塔本身。

17 世纪以前，英国几乎没有灯塔，即使到 18 世纪灯塔也并不多见。然而，确实存在各式各样的航标。大多数标志设在岸上，并非特意用于导航的。这些标志包括教堂和尖塔、房屋和树丛等。浮标和信标也作导航之用。哈里斯解释说，信标并不是灯塔，而是“立在岸边或海滩上，或许是顶端装有老式笼的柱子”。16 世纪初，航标的管理和信标的提供由海军大臣负责。为了提供浮标和信标，他指派代表向受益于这些航标的船只收费。1566 年，领港公会被赋予提供和管理航标的权力。它们也负责监督私人航标的管理。例如，一个不经允许就砍伐作为航标的树丛的人将被责以“假公济私”的罪名，“并将被处以 100 英镑的罚款”（罚款收入由国王和领港公会平分）。1566 年的法令在是否给予领港公会在水面上设置航标的权力的问题上似乎还存有疑虑。这一疑虑在 1594 年被消除了，当时，海军大臣将浮标和信标的管理权转给港领公会。这些工作实际上是如何进行的并不清楚，因为 1594 年以后海军大臣继续负责管理浮标和信标，但后来领港公会在这些领域内的权威似乎被承认了。

17 世纪初，领港公会在卡斯特和洛威斯托夫特设置了灯塔。但是，直到该世纪末，它才建造了另一座灯塔。同时，私人也在建造灯塔。哈里斯写道：“伊丽莎白社会的一个基本特征就是，那些公共工程的拥护者表面上是为了公共福利，但实际上却是为了谋私利。灯塔也没有逃脱他们的注意。”后来他写道：“洛威斯托夫特的灯塔完工之后，领港公会的会员就心满意足不再干了……1614 年 2 月，300 名船长、船主和渔民请求他们在温特托立一座灯塔，他们好像什么也没干。对这类请求充耳不闻，不仅动摇了行会的信心，而且既然存在着赢利的前景，所以这等于邀请私人投机者插手。不久他们就这样做了。”1610—1675 年，领港公会没有建造一座灯塔，而私人建造的至少有 10 座。当然，私人建造灯塔的要求使领港公会很为难。一方面，领港公会希望自己成为建造灯塔的唯一的权威机构；另一方面，它又不愿意用自己的钱建造灯塔。因此，它反对私人建造灯塔的努力。但正如我们所看到的，它没有成功。哈里斯评论道：“灯塔建造者是这一时期投机者的典型代表。他们主要不是出于公共服务的动机……爱德华·科克爵士1621年在国会上的演讲对此提供了有力的依据：‘像船工一类的工程建设者表面一套，实际另一套：他们声称是为了公共福利，其实是为了个人。’”困难之处在于，出于公共服务动机的人没有建造一座灯塔。正如哈里斯后来写到的：“应该承认，灯塔建造者的最初动机是个人利益，但至少他们能完成建造灯塔的任务。”

私人避免侵犯领港公会法定权力的办法是从国王那里获得专利权。国王允许他们建造灯塔和向受益于灯塔的船只收取使用费。具体的做法是由船主和货运主递交一份请愿书，声称他们将从灯塔获得极大的好处并愿意支付使用费。我认为，签名是通过正常渠道征集的，而且毫无疑问，它们代表了人们的心里话。国王有时可能授权他们使用专利权以作为他们为他效劳的回报。后来，经营灯塔和征收使用费的权力由国会通过法令授予个人。

灯塔使用费由所在港口的代理者（它可能代理几座灯塔）收取，这种代理者可以是个人，但通常是海关官员。每座灯塔的使用费是不同的。船只每经过一座灯塔，就根据船只的大小缴纳使用费。每个航次每吨收费比率有一个通常的标准（如1/4或1/2便士）。后来，刊载有不同航程所要经过的灯塔相应收费标准的名册发行了。

同时，领港公会实行了一项既能保住权力又能保住钱财（甚至可能赚钱）的政策。领港公会申请经营灯塔的专利权后，向那些愿意自己出资建造灯塔的私人出租，并收取租金。私人租借的先决条件是保证进行合作而不与领港公会作对。

这样的一个例子就是建造和重建坐落在普利第斯海岸14英里礁石上的或许是英国最著名的伊迪斯通灯塔。D．阿兰·史蒂文森评论道：“1759年在灯塔史上写下了最富戏剧性的一章：为了抵御海浪的冲击，建造者们表现了高度的事业心、才干和勇气。”1665年，英国海军大臣收到一份要求在伊迪斯通礁石上建造灯塔的请愿书。领港公会评论道：这虽然值得，“但几乎是不可能的”。私人企业编年史作者塞绍尔·斯迈尔斯写道：“……以前，任何一个胆大包天的私人冒险家都不在伊迪斯通礁石上建造灯塔，那里的海面上连石头影子都看不到，连一小块可以站立的地方都没有。”1692年，沃尔特·怀特菲尔德提出一项建议，领港公会和他达成一项协议。协议规定：他建造灯塔，领港公会分享一半利润。然而，怀特菲尔德却没有着手这项工程。他将他的权利转让给亨利·温斯坦利，后者在1696年与领港公会谈判后达成一项协议。协议规定：他得头5年的利润，以后50年领港公会分享一半利润。温斯坦利造了一座灯塔，后来又造了一座来代替它。灯塔于1699年完工。然而，1703年的一场大风暴把灯塔冲走了。温斯坦利、灯塔管理员和他手下的一些工作人员都送了命。那时这座灯塔的总造价为8000英镑（全部由温斯坦利负担），收入为4000英镑。政府给予温斯坦利的遗孀200英镑的抚恤金和每年100英镑的养老金。如果灯塔必须由具有公益心的人来建造，那么在伊迪斯通礁石上将有很长一段时间没有灯塔。但是，私人利益又一次占了上风。有两个人——洛维特和拉迪亚德决定再造一座。领港公会援引国会法令赋予的重建和收费的权力，同意向新的建造者出租这一权力，而且条件比温斯坦利优惠——租期为99年，每年租金为100英镑，全部利润归建造者。灯塔于1709年竣工，它一直工作到1755 年才毁于一场大火。租约还有50年才到期。灯塔的权利转入他人之手。新的所有者们决定进行重建，他们邀请了当时最伟大的工程师约翰·斯米顿。他决定全部用石头建造，而以前的灯塔是木结构的。灯塔于1759年建成。它一直工作到1882年才被一座领港公会新建的灯塔所代替。

如果我们考察一下19世纪初的情况，就可以理解私人和私人组织在英国的灯塔建设中所起的重要作用。1843年灯塔委员会在它的报告中声称，在英格兰和威尔士有42座灯塔（包括浮动灯塔）属于领港公会；3座灯塔由领港公会出租给个人；7座灯塔由国王出租给个人；有4座灯塔是起初根据专利权后来根据国会法令属于私人业主。也就是说，在总共56座灯塔中，有14座由私人或私人组织经营。在1820—1834年间，领港公会建造了9座新的灯塔，购买了5个租给个人的灯塔（除了那9座新建的灯塔之外，又在伯恩汉新建了2座灯塔以替代1座买回的灯塔），购买了3座属格林尼治医院所有的灯塔（它们是约翰·梅尔德伦爵士在1634年左右建造的，后根据他1719年的遗嘱赠送给格林尼治医院）。1820年的情况是，24座灯塔由领港公会经营，22座由私人或私人组织经营。但领港公会的许多灯塔原先不是由他们建造的，而是通过购买或租约到期而得到的（伊迪斯通灯塔就是一个例子，租约于1840年到期）。1820年24座由领港公会经营的灯塔中，12座灯塔是租约到期的结果，1座是1816年由切斯特理事会转让的。所以，1820年46座灯塔中只有11座是领港公会建造的，而34座是由私人建造。

由于领港公会的主要建塔活动开始于18世纪末，因此在早期，私人灯塔的地位甚至更为重要。关于1786年的情形，D. 阿兰·史蒂文森写道："很难评价领港公会对当时英国海岸灯塔的态度。"根据它的行动而不是它的主张来判断，行会建造灯塔的决心从来都不是很坚决的：1806年以前，只要有可能，它就把建造灯塔的权利租让给承租人。在1786年，它控制着四个地方的灯塔：卡斯特和洛威斯托夫特（这两处用地方性的浮标使用税来管理），温特森和西西里（行会在这两处立塔是为了阻止个人利用国王专利权收取使用费牟利）。

然而，至1834年，正如我们所见，领港公会经营着总共56座灯塔中的42座。那时，议会强烈支持领港公会购买私人灯塔的建议。这项建议由下议院小型特别委员会于1822年提出。不久，领港公会开始购买某些私人灯塔。1836年，议会的法令把英国所有的灯塔授予领港公会，领港公会有权购买剩留在私人手中的灯塔。这一工作到1842年完成。从那以后，除"地方性的灯塔"外，在英国不再有属于私人所有的灯塔了。

1823至1832年，领港公会花费了7.4万英镑购买了向弗拉索尔姆、费尔思斯、伯恩汉、北福雷兰兹和南福雷兰兹地方出租的灯塔。1836年法令公布后，购买剩余的私人灯塔花费了近120万英镑，其中大笔费用是用来购买斯莫尔斯灯塔（租约还有41年到期）和其他3座灯塔：蒂玛茅斯、斯伯恩和斯克略斯（根据议会法令，它的租约还没有到期）。购买这4座灯塔的费用为：斯莫尔斯，1.7万英镑；蒂玛茅斯，12.5万英镑；斯伯恩，33万英镑；斯克略斯，44.5万英镑。这些费用的数目极大：购买斯克略斯的44.5万英镑等于（根据权威机构的估计）今天的700万至1000万美元，而它可能产生的收益比今天要高得多（因为税收水平较低）。因此，我们发现这些人不仅——用萨缪尔森的话来说——“靠经营灯塔而发了一笔大财”，而且确实很成功。

从《下议院小型特别委员会1834年报告》中可以了解到支持领港公会集中管理一切灯塔的理由：

> 本委员会吃惊地获悉，灯塔建造在英国各地属于完全不同的系统。管理机构不同，灯塔税率和税额不同，征收的原则也不同。本委员会发现，灯塔建造这项对英国海军和商业至关重要的事业，不是在政府的直接监督下进行，由统一部门领导，由富有责任心和远见卓识、并以最有效率的方式和最节约的计划保证航运安全的人民公仆管理，而是放任自流，那灯塔只能在海难之后，应地方的要求，慢吞吞地建造起来。所有这些或许可以看作是我们伟大国家的耻辱。过去以至现在。灯塔的建造在很大程度上是作为向国家贸易征税的手段，为了少数几个人的利益，他们正享受着国家给他们的这种特权。
>
> 本委员会认为，在任何时候，不必要地向我国的任何产业部门征税都是不合理的。向航运业征税尤其不合理，因为这使它和其他国家的航运业进行不平等竞争时处于很不利的地位。本委员会认为，航运业应免掉向其公开征收的不必要的每种地方税和不公平税。
>
> 因此，本委员会强烈建议，在任何情况下，灯塔税应该降到与管理现有的灯塔和浮动灯塔。或建造和管理国家商业和航运所必需的新灯塔相适应的最低限度。

> 管理当局无视各独立机构持续不断地攫取大量收入（与上述的原则相反）；他们名义上是收取灯塔税，支付管理灯塔的费用，实际上是为少数几个人谋私利，以达到那些在建造灯塔时不曾考虑到的目的。对此，本委员会不得不表示遗憾。本委员会特别反对重定出租某些灯塔契约的做法。12 年来，下议院小型特别委员会一直呼吁议院对这一问题加以注意……

虽然这一报告特别强调现有管理的不合理之处，认为某些私人灯塔管理不善，但是可以肯定，坚持将灯塔统一由领港公会管理的主要理由是认为这样做会降低灯塔税。当然，这种建议认为灯塔的开支应由国库支出，这将导致废除灯塔税。但这办不到。在这里，我们对此不作讨论。

令人费解的是，为什么由领港公会统一管理灯塔就能降低灯塔税。这种观点可以在互补垄断理论中找到某些依据，然而古诺到 1838 年才发表他的分析著作，所以它不会影响这些关心英国灯塔的人们的观点，尽管他们比经济学家更快地认识到古诺的分析著作的重要性。没有任何理由认为统一管理能使灯塔税有任何下降。因为要向灯塔的前所有者提供补偿，就需要一笔和以前同样数目的款项。正如领港公会所指出的，由于“作为借款偿还的担保，灯塔税就被抵押了出去……在债务还清之前，灯塔税不能废除”。实际上，在 1848 年贷款清偿之后，灯塔税也没有降低。

另一个降低灯塔税的方法是领港公会放弃经营自己所有的灯塔所得的净收入。这笔钱当然用于慈善事业，主要用来资助退休的海员、他们的寡妇和孤儿。灯塔税的这种用途在 1822 年和 1834 年受到议会委员会的反对。1834 年委员会特别提到救济院扶养着 142 人。有 8431 个男人、女人和小孩领到年金 36 先令至 30 英镑的资助。它建议正在接受养老金的人继续接受，直到去世为止，但不增加新的名额，然而实际上却没有这样做。

1853 年，政府提议灯塔税不要再用于慈善事业，领港公会在向国王提交的报告中声称，这项收益是它的财产，这和私人业主的灯塔的情况是一样的（而私人业主由此得到了补偿）。

国王和立法机构过去一直通过特许状把灯塔的管理权委托给领港公会。特许状没有在任何方面改变作为私人行会的法人团体的法律地位，除了它必须管理灯塔作为获此特权的条件。行会的法律地位在国王和公众看来与灯塔税和其他特权（例如市场、港口和集市等）授予个人的法律地位没有差别。认为行会负有把灯塔税降低到管理费用——包括或不包括建造的成本——的永久的法律责任而无用于其他用途的观点，是完全没有根据的，而且是不合法律的。如果在颁布特许状时灯塔税是合理的，那么它将继续有效，尽管由于船运的增加，灯塔税将产生利润。特许状仍是有效的。在这里，国王是为了大众的利益，如果那时是合理的，以后则不可撤回。……行会对它们所建造灯塔的所有权与私人业主的所有权同样有效……而且，将收益的一部分用于慈善事业，使行会的权利至少与私人的权利同样值得考虑。……属于领港公会的灯塔和灯塔税，就行会的目的而言，在严格的意义上，是它们用于这些目的的财产。……政府的建议似乎主张这一大笔财产应该给船主，除管理灯塔的开支外其他一概不收。它看似行会的慈善之举，其实却是财产的转让，而这财产是为了死去的船长和海员的利益，为了他们的家庭，对船主们来说是财产的遗赠品。

这份报告提交给贸易委员会，贸易委员会严厉地批评了领港公会的意见：

> 上议院议员们丝毫不怀疑领港公会声称属于它所有的财产的权利。但是……行会的情况与个人的情况存在着这样一个差别：行会拥有财产必须——至少就灯塔税而言——是为了大众的利益。因此必须考虑到公共政策的实际情况。议员们不认为为了公共目的的减税违反财产原则，其中没有任何既得利益者分享税收收入。它向国王陛下某一阶层的臣民征税，而这个阶层却没有得到任何适当好

> 处作为回报（任何超过管理灯塔的必要支出的灯塔税就属于这种税）。这种减税不仅没有违反财产原则，而且是最公正、最有益的。议员们不认为用灯塔的剩余收入资助穷海员和他们的家属有任何既得利益的动机，因为个人特权得以保全的既得利益的本质是大家和法律所熟知的。议员们真诚地对已经发放的养老金或其他福利工作不进行丝毫干涉。他们认为不把现在任何人都无权得到的权利给予新的个人，根据公共政策的理由，并不是公正的……议员们认为，灯塔管理费应由灯塔使用费支付。用前一代人为了保护船只避免触礁而缴纳的收入建造的灯塔应该是今天在英国海岸航行的人们的自然而公正的遗产。他们应该自由地享有环境所能允许的尽可能低的收费标准，其他的任何考虑都不应该成为问题。

灯塔税用于慈善事业的做法于 1853 年停止。结果，这使灯塔税的降低成为可能，价格更接近边际成本，而且无数默默无闻的海员和他们的家属的待遇变得更糟。而我们发现，由领港公会统一管理所有的灯塔并不一定会带来这一后果。

这种变化是 1853 年调整的一部分，这一调整就是设立商业海洋基金。灯塔税（和一定数量的其他款项）提供给该基金，该基金用于经营灯塔的支出和其他涉及航运的开支。1898 年，这一制度又有所变化，即取消了商业海洋基金，设立通用灯塔基金。这项基金全部由灯塔税提供，它仅用于灯塔服务的管理。同时，计算灯塔税的制度也简化了。每个航次的纳税不再像以前那样根据船只经过能够获益的灯塔的数目而定。1898 年所确定的基本上就是第二节中描述的筹资和管理制度。当然，细节上稍有变动，但制度的基本特征自 1898 年以来一直保留了下来。

英国灯塔制度的概况及其演变表明，从穆勒、西奇威克和庇古的论述中所得到的结论有很大的局限性。穆勒似乎认为，假如类似英国灯塔的筹资和管理制度这类事物没有建立起来，那么灯塔的私人管理是不可能的（大多数现代读者可能并不是这样理解他的）。西奇威克和庇古认为，假如存在受益于灯塔而却不能向其收费的船只，那么政府就必须加以干预。然而，受益于英国灯塔却没有缴纳使用费的船只主要是那些不在英国港口停靠而由外国船主管理的船只。在这种情况下，不清楚所需要的政府行动的性质是什么，也不清楚政府应该如何行动。例如，尽管俄国、挪威、德国和法国政府的船只并没有在英国停泊，这些政府是否必须缴纳使用费？或者是否必须支付给英国通用灯塔基金一笔税款？或者还是由英国政府拿出部分税收支付给灯塔基金以弥补外国政府没能缴纳的缺额？现在让我们考察一下，如果用普通税代替灯塔税将会发生什么情况（这似乎是萨缪尔森希望看到的）。首先，这将会增加英国政府特别是财政部为控制补贴的数量而监督管理灯塔的责任感。财政部的干预会降低灯塔管理的效率。另外还有一个后果，因为现在的收益是从灯塔服务的消费者那里得来的，所以成立一个代表船主、水险商和货运主的灯塔咨询委员会，可以向其咨询有关预算、灯塔管理特别是有关新的工作的有关事务。用这种方法，灯塔服务对那些使用其服务的人将更容易引起反应，因为它是船运业为追加服务所做的现实的支付。只有当附加收益的价值超过成本时，他们才愿意改变原有的安排。如果灯塔服务从普通税中筹措资金，那么调整安排将不会发生，服务的效率由此就会降低。总之，我们似乎可以得出一个可靠的结论，即用普通税支付灯塔服务其结果将导致低效率的管理结构。从资助灯塔服务的方式的变化中，萨缪尔森所看到的就是这种进步吗？那些现在由于灯塔税而避开英国航行的船只将来也会这么做。如果这种情况发生，使用费和免税的形式意味着对大部分船只而言，航行的次数将不受缴纳灯塔费这一事实的影响。因为灯塔税而造成的海难事故的数目——如果有的话——不可能很大。我理所当然地认为，取消灯塔税的好处是微不足道的，同时这种管理结构的改变又将造成若干损失。

问题仍然存在：这些大人物在他们的经济学著作中怎么会得出与事实相矛盾的有关灯塔的论述——就具体的形式而言是含混不清的，就政策而言可能是错误的？解释是：这些经济学家有关灯塔的论述都不是仔细研究或阅读其他经济学家的详细著述的结果，尽管文献中有大量的有关灯塔用途的论述。就我所知，没有一个经济学家对灯塔的财政和管理做过广泛深入的研究。灯塔只是凭空拿来作为一个例子。灯塔例子的目的是提供“确定的细节，以具有艺术意味的逼真的事物来代替空洞和虚幻的叙述”。

对我来说，这是一种错误的方法。我认为我们应该去发现能指导我们如何组织和经营各种活动的普遍原则。但这种普遍原则不一定是有益的，除非它们是从研究这种活动在各种不同的制度内的实际工作情况中得出来的。这类研究使我们能够发现在决定结果中哪些因素是重要的，哪些是不重要的，以便使结论有一个坚实的基础。这样做还有一个用途，就是能向我们展示可供我们选择的社会方案的多样性。

本文中有关英国灯塔制度的论述只是揭示了某种可能性。早期的历史表明，与许多经济学家的信念相反，灯塔的服务可以由私人提供。那时，船主和货运主可以向国王申请允许私人建造灯塔并向受益的船只收取（规定的）使用费。灯塔由私人建造、管理、筹资和所有。他们可以立遗嘱出卖和处置灯塔。政府的作用局限于灯塔产权的确定与行使方面。使用费由灯塔的代理人收取。产权执行问题对他们与对向船主提供货物和劳务的供给者并无二致。产权只有在其调节使用费价格这一点上起着异乎寻常的作用。

后来，英格兰和威尔士的灯塔委托给领港公会，一个对公众负责的私人组织，但费用继续由船只的灯塔使用费支付。萨缪尔森所热衷的制度——由政府从普通税中筹措资金，从来没有在英国实行过。这种政府筹资的制度并不一定要排除私人企业建造和管理灯塔，但它似乎不允许私人拥有灯塔（除非是很小的形式），这与持续到 19 世纪 30 年代末的英国的体制有很大的出入。当然，政府筹资很可能意味着政府既管理灯塔又拥有灯塔；我不知道这种政府性的制度实际上是怎样运行的。比尔斯对美国灯塔的定义——“在海滩上的、上面挂有一盏由政府管理的灯的高大建筑物，是政治家的朋友”——并没有说明全部事实。

我们可以得出结论，经济学家们不应该把灯塔作为只能由政府提供服务的例子。但是，本文不准备解决灯塔服务应该怎样组织和融资的问题，这需要更仔细的研究。同时，本文希望探讨最好由政府提供的服务的经济学家应该举出一个比灯塔更有说服力的例子。

（选自［英］罗纳德·科斯《论生产的制度结构》，
陈郁、盛洪等译。原题：《经济学中的灯塔》）

第二十二讲　市场是消费者的保护者

[美]乔治·斯蒂格勒

乔治·斯蒂格勒（George Stigler，1911—1991），中欧移民的后裔。最早学习商业管理，1933年进入芝加哥大学学习经济学；毕业之后，曾任教于明尼苏达大学、哥伦比亚大学，其间还曾与米尔顿·弗里德曼在全国经济研究局共事；1958年转入芝加哥大学，成为芝加哥学派的重要一员。斯蒂格勒主要研究经济学思想史、信息经济学和管制理论，他的主要著作有《价格理论》（*The Theory of Price*, 1946）、《产业组织》（*The Organization of Industry*, 1968）、《公民与国家》（*The Citizen and the State*, 1975）、《作为传道者的经济学家及其他文章》（*The Economist as Preacher: and Other Essays*, 1982）、《一位不受管制的经济学家的回忆录》（*Memoirs of an Unregulated Economist*, 1985）。1982年，斯蒂格勒因为"对产业组织、市场运转以及政府管制的因果之研究"而获得诺贝尔经济学奖。

【编者按：经常有人说，在市场中，企业是强者，消费者是弱者；为了保护消费者，需要政府进行管制。但是，斯蒂格勒反问：政府的管制机构真能保护消费者吗？斯蒂格勒管制理论的核心结论是：管制不可能达到当初所宣告的目的，而且，往往会被特殊利益集团利用获得额外好处，因而，有的时候，管制往往是特殊利益集团促成的。】

消费者——以及投资者和劳工——一直都受到起因于偶然、无知、粗心或造假之种种人世变化的影响。有些根本就是无法避免的：没有哪一国政府可以保证其学校所教的每一件事都是正确的。有些则大致可以避免，但有时必须付出比变化本身还要高昂的代价——想想看，彻底地测试同一产品的10种竞争品牌要花上多少时间？这可能就是没有任何一个企业会提供主要品牌的产品让潜在买主进行比照的原因。

长久以来，政府对此类问题很少去注意，这期间消费者处理购买、借贷、工作和生活中可能的变化，主要是用两个办法。第一个办法是凭借其本身的智慧，也就是所谓的“购者自行负责，售出概不退换”。此一套词语其实并不能表达出全部的实况，原因至少有三：

1．那时候的消费者用不着注意每件事情；他可以和卖方就商品内容订定保证契约，而这些保证是可以切实执行的。

2．出售的商品，隐含有该商品具有可出售之品质的保证：卖方必须透露以一般目测无法发现出来的缺点。

3．那时候的卖方，就像现在的商人一样，也有自己必须提高警觉的地方。如果有人认为卖方总是比顾客更为粗心、更不负责任或更不诚实，显然他自已从来没有当过卖主。

消费者第二种对抗劣质产品的办法是凭借“竞争”的大动力。一般人认为，如果A公司制造出次等品来，对手B会降低产品的品质，以便在价格上作竞争。这和典型次序刚好相反——以改善品质、可信度和安全性来从事竞争，通常是比较有利的。下面举出两种证据，来说明竞争的保护作用：

1．长期以来，制造品的品质一直有所改善：轮胎比以前耐用，也很少爆胎；食物比较清洁了，抗生素也较前更为有效。请看“国家经济研究物价统计委员会”的一段文字：

> 如果我们对专业经济学家和统计学家作一次意见调查，他们之中的绝大多数会指出，现行物价指数的主要缺点，在于它们无法充分解释产品品质上的变动；而且差不多同样多的人会认为，这种失真会使物价指数有系统地被高估，因为品质上的改变一般是朝更好的方向演进。

2．那些声名显赫的百货王朝——马夏尔·费兹公司（Marshall Fields）、梅西百货（the Macys）、莱斯罗公司（the Lazarus Companies）、席尔斯公司（Sears Roebuck）和华德百货（Ward）等，都是以信赖度高而闻名，而不是靠漠视消费者的权益起家的。他们主要的资产，以及他们经济上兴隆发达的原因，正是他们得自公平交易的声誉。制造商的情况也相似：福特公司就要比 Lydia Pinkham 富有得多。

当然，一般人再怎么勤勉努力，或一个卓越的经济体系再怎么活泼竞争，都无法侦测或矫正生活中所有的不幸、疏忽和虚伪狡诈。在巴蒙（Bamum）的时代，每分钟都可能有容易受骗的人出生；现在的人口是当时的3倍，而即使（或特别？）是在美国，每小时至少也有好几个小混混出生。所以，很自然地，人们转向政府——这个权威的中心、美德和善意的宝库，以及正义的源泉——来为消费者提供更进一步和完善的保护。现在，我们所处的时代，是保护消费者的法律和机构充斥的时代。过去，政府在保护个人经济（和社会）需要方面的任何疏误，目前已因各方面热烈的努力而有矫枉过正之嫌。

问题显然是：政府能为消费者做些什么？这个问题可以分两个层次来讨论。

第一个层次，也是为大众所普遍接受的层次，是推论和引申式的：指派7名热心服务公益——并且只对公益热心——的睿智之士组织一个委员会，供之以足够的资源去发现该做些什么，并且赋予他们法律权力以便有效地执行，那么，汽车就能安全，证券交易将会索取合理的佣金，而共同基金的销售成本也可随之降低。如果有哪一名委员偶尔不称职，那么就把他换掉；如果委员会做了错事，就加以惩罚；如果委员会做得太少，就扩大其权限并增加拨款。立法单位最多只需偶尔注意一下，管制机构就可解决垄断性的铁路，或攫取暴利的电视，或是滥放高利贷等种种问题，其力无远弗届。在这样简单容易的世界里，我们每天只需倾听纳德先生的号召，并且成立一个新机构来解决他的问题——成立一个机构，就等于解决了一个问题。要结束这样的讨论，唯一适当的字眼就是“阿门”：莫非那5名或7名使徒还没有被处死？！

另外还有第二种讨论层次，而在本文以下，我将固执地局限于这个层次。它的思路大为不同：政府长久以来一直在保护消费者——譬如说，已有83年（到1971年为止）历史的州际通商委员会就是为了确保铁路的安全、服务的适切和费率的合理而创设的；56年来，联邦贸易委员会一直在杜绝不公平的竞争行为；64年来，食品和药物类产品一直在联邦管制之下；即使是证券交易委员会也已经有36岁的高龄，以致无法再作体力充沛的冲刺。当我们评估政府在保护消费者方面所扮演的角色时，必须以为数众多的真实经验为基础，而不是以改革者的一纸议程为基础。

倘若过去委员们的表现时常是怠惰或胆怯的，或非常顺从于理应为他们所管制的产业，那么，假定未来所有的受命者都将是管制上的圣人，就是不可原谅的浪漫。如果——姑且不论委员们的品质如何——法律通常暗藏着不利于消费者的政策导向，那么，向国会要求制定较好的法律又有何意义？或者，我们应该设立一个委员会来管制国会？目前，我们已经累积了有各形各色、为时甚久的管制经验，因此，我们可以离析出管制过程中的基本特征，这些特征，事实上决定了消费者渴望从管制中获得什么。

在以下的讨论中，我将常常以证券市场管制的例子来加以说明。不过，和科恩先生比起来，我这当然只是班门弄斧。不论以什么为例，让我强调，我们的任务是确定政府管制的基本特征，而不是其间偶然的丑闻或胜利。我将假定——事实上我认为确实也是如此——管制者通常都是诚实而有良知的，特别是证交会的委员们以及其历届主席，都可说是美德的典范。我们关注的是管制的逻辑和基本动力，这些因素不仅超越人事和事件之变动，而且基本上还决定了哪一类型的人（或者更确切地说，哪一类型的律师）通常将会得到任命。

现在就来看我们主要的论点：政府管制削弱了消费者在市场上的防范力量，并且还加诸他一些新的负担，却没有给予相对的保护。购者留心的学说尚未失去力量；唯一改变的是，现在消费者必须当心与以前不同的威胁，而这些威胁是他比较没有能力去防御和对抗的。我们将借证交会和证券市场的一些实例，说明这个论点。

我们举出四个证交会对传统消费者防卫之伤害（通常是透过纽约证券交易所的合作而进行）为例，开始我们的讨论：

1．纽约证券交易所所采行的最低佣金结构，对高价位股票、大宗交易，以及非会员的代理人有很大的歧视。没有经济学家会相信，一个代理人卖出 1000 股要比卖 100 股多上 10 倍的花费，或者 100 元一股的运作成本要比 25 元一股的高很多，或者非会员代理人只分担工作而不拿佣金的制度，在经济上是很理想的。这种歧视性的佣金结构，早期即得到证交会的默许，最近更获得后者公开的认可，这个认可，乃是此一公然以联合垄断方式定价之行径对抗反托拉斯法指控的唯一屏障。

2．在销售共同基金的股份时，第一次销售的成本比往后每次收取付款的成本要高得多，因此，共同基金对客户第一年的出资要比后几年的出资索取较高的费用——这种做法叫作“前端负载”。证交会现在已争取到控制前端负载的立法。现在，共同基金的买主倘若不从基金中退出，则他们将需负担那些很快就撤回基金的买主所发生、而尚未摊付的交易成本。这种反诱因结构必将导致解约的增加，并且，这种惩罚谨慎者以补助鲁莽者的做法是否公平，也很令人怀疑。证交会的此种做法，主要是基于错误的经济判断，而非来自产业压力（像佣金结构的情形）。

3．同样，在销售共同基金股份时，法律条文（投资公司法第二十二条〔d〕款）强迫所有卖主按照买方价格成交——这是企图使转售价格维持于相对稳定水准的一种极不寻常的特例。对于这种极端形式的定价法则，证交会很明显地有意避免呼吁私人企业提出撤销的请求。

4．证交会已经获得管制共同基金销售费用之立法。当然，费率管制是传统所惯用的一项保护消费者的武器，以铁路为例，费率管制几乎已使旅客得到百分之百的保护——意外事件和服务等量减少。证交会的最高费率限制将使新基金的创立更加困难，因此降低了市场竞争，而后者正是投资者对抗费用上升之主要防卫。对于此一立法，地位稳固的大型共同基金自然是表示同意。

这些例子是，有害投资者福祉的政策，而这些政策正是负责保护投资者的管制机构所制定或支持的。我们也可以举出渎职的事例：最近的一个例子是股票经纪商以薄弱的资本作为经营基础的做法，使得股市稍微动荡就已造成了为数众多的倒闭。证交会和其同盟——纽约证交所——已有效地延缓了那些想要公开上市，以获得适度的永久性资金（而不再受制于合移解约）之证券经纪商的行动，但我必须加上一句：多数投资者不会天真到相信证交会对这个产业的广泛管制，已经增加了此一产业的安全性。

竞争，就像其他治疗恶疾的方法一样，长久以来人人都认为对于社会有好处——只要是加在别人身上。每个请得起发言人的产业都言之谔谔地强调其对此一原则的热爱，以及为什么只有在它的市场内必须降低竞争，因为那是唯一不适合竞争的领域。医生们必须保护其病人封抗（没有执照的）庸医，而医生们必然是对的，否则上天也不会赐予他们所有行业中最好的收入。农夫必须保护消费者对抗饥荒，而要达到这个目的，最好的方法就是微妙地对产出加以限制和对生产者进行补贴。

管制团体在接受这种双边哲学时是相当忠诚的——事实上他们也该如此，因为它们存在的价值就系于此。以证交会来说，也许它确曾有过激发产业竞争的例子，而这是证交会的天职，如果不是“人职”的话。我希望科恩先生能以其无与伦比的知识，至少为我们举出一个这样的例子来。不过，话又说回来，如果真有这样的例子存在，则对每一个举出的例证，我们都可轻易地找到这个压抑竞争的反例。管制和竞争既是表面的朋友，又是不共戴天的仇敌。在每个管制机构的玄关门口都应该刻上“竞争不许进入”的字样——除了两个例外：联邦贸易委员会的门前应该贴上公告：“竞争请从后门进入”；而反托拉斯局则应写着：“只有指定的单位才能垄断”。

对于政府管制——特别是以压抑竞争的方式——对社会造成很大的成本这项指控，政府管制的友人会有三点回答：

1．某些疏忽——如佣金费率的垄断性定价和证券交易商的资本额要求过低——已经快要修正了。对于这种回答，我们必须作两项决定性的批评：（1）如果错误在改良之前已经存在了36年，那么，这对管制过程就是一项极为严重的批评；（2）即使未来确实将发生一些变革，这些改革究竟能否治愈过去的缺失，也仍然没有丝毫的保障。把讨论转移到神学的层次，是没有什么历史根据的。

2．证券业的某些缺点——如共同基金销售时的最低佣金限制——是法律制定的，因此不是管制者力所能及的。但是，我们应注意：管制的效果不是以立法者实际上通过的法律来判断，而是以那些管制者的朋友们希望见到的立法来判断的。

3．管制也有它的好处，因此，即使我们退一步接受了上述的抱怨，利弊相衡之后管制还是有益的。

这第三种反应自然是关键所在，因此必须更广泛地加以评断。

对于证交会虽然可能对投资者造成一些伤害，但是也成就了许多好事这么一个命题，我既不打算接受，也不想去否认。正如所有其他的管制团体，证交会的经济效果一直没有受到任何客观的估量，而事实上，在它发表过的言论中也绝少提及效果问题。比如说，几年前证交会赢了一场诉讼案，对方是一家顾问公司，在告诉订户采用相同做法之前，自己先行买卖股票。证交会有没有问过这种做法是否伤害了客户？当然没有，因为它关心的只是利益冲突的法律概念，而与经济实质毫不相干。事实上，如果顾问公司的客户果真照着建议，随公司而进出的话，很有可能赚钱。

有关证券业管理的绩效问题，有一篇研究可以一提。六年前，我对证交会审核新发行股票公开说明书的成效做了一番测试，我采取的办法基本上有两个步骤：

1．假设我们对 1923—1927 年以及 1949—1955 年——也就是证交会开始审核说明书的前后各一段期间内——新发行的所有普通股股票（发行额在一定数量以上者）每种投资 1000 美元。

2．我们将此二阶段的投资盈亏，分别与同时期以史坦普指数来衡量的股市动作比较。我们主要的发现为，在这两个期间购买新发行股票的人，和史坦普指数下的股票相比，在一年之后大约都损失了 11%，而在两年后大约损失了 21%。我们不敢说这样的发现完全正确，但至少可得出保守的结论：证交会大费周章地审查上市公开说明书，并未显著改善投资者在新发行股票市场的经验。

证券市场管制的记录，完全代表了一般典型的管制方案。想想看运输的管制，消费者从 ICC 那儿获得了什么呢？消费者确实得到了两样东西：卡车运输业之非竞争性的费率结构——如果不是管制，这个产业必然呈现高度的竞争性；以及僵硬的铁路管理，而后者正在活生生地扼杀此一产业。另外，消费者又从民航理事会那儿得到了什么呢？如同 ICC

的情形，民航理事会也对新业者的加入筑起了重重障碍，并且设定了一套和竞争原则相冲突的费率结构。消费者从电视的管制得到了什么？主要是像全力围堵付费电视这类事情——虽然这种来自商业电视台和电影业的围堵势力，主要是透过国会而对联邦传播委员会造成影响。

我既不准备，也没有证据去否认，管制过程中偶尔也有胜利的时候。阻止“特利窦麦”（一种可能导致畸形胎儿的镇静剂）引进美国就是一个成功的例子，应该获得大家的肯定。但是，公共政策的基础不应建立于显著的胜利或重大的失败上，而应建立于政策之一般、平均的表现上。如果延缓引进“特利窦麦”的政策，也会使新抗生素的上市时间同样为之展延——这是极有可能的——我们就必须了解这种政策所造成的代价。

对消费者而言，生活中最终而又无可避免的事实是，他必须随时自己当心——现在跟以前都一样。在本文开始时我曾提到，在早年“购者留心”的时代，消费者基本上是受到他自己小心和智慧的保护，以及他最有力的同盟——市场竞争的保护。政府管制削弱了——有时甚至摧毁了——这些对抗诈欺和疏忽的防御机构，而未曾代之以其他形式的保护。

想想任何一种管制活动——譬如说联邦牛奶行销理事会吧！这个理事会异常小心地将全美国牛奶的制造和分配寡头垄断化，对消费者造成了严重的经济伤害。如果有一家牛奶公司欺骗或误导消费者，则每位消费者都希望能找出更可靠、更有效率的供应商。若这家公司所犯的错误愈大，且消费者对牛奶的消耗量也愈大的话，那么，消费者争取新的供给来源所能得到的报酬也愈大。而追求利润的局外人必然会对这个较低，但仍有利可图的价格做出反应，竭尽全力地来满足这项需求。这种诱因，即使对一个独占者来说，也是一项强有力的处罚（一种广为人所接受的看法是，独占者每以降低产品的品质——和在竞争下所能提供的品质相比——来获利，但这种理论根本就是错误的；另外，一种同样受到欢迎的看法——通常亦为同一批人所抱持——是竞争会导致品质的持续下降，这同样也是错误的）。

如果说消费者受到了联邦行销制度的剥削——不但其消费权益遭到漠视，甚至（就像美国目前的情形），该制度还正面地武装和保护剥削消费者的卡特尔——这时消费者能够寻求什么样的对策呢？消费者唯一的对抗是，组织一次政治活动来改变或推翻那种行销计划；但是，对个别消费者来说，这样做的希望是很渺茫的。因为改变立法的成本，无论就时间、努力和金钱来说，都是相当昂贵的；而对任何一个参加消费者游说团体的消费者来说，他的报酬却微乎其微。根据一位杰出经济学家的分析，芝加哥的牛奶行销理事会，在20世纪60年代中期，至少将每夸脱牛奶的价格提高了2分，也就是，每年每个家庭得多花10—20美元。如果有一个家庭想要花这笔钱（10—20美元）来掀起反对此种行销制度的抗争，而且即使战场只限于芝加哥一带（基本的立法是联邦的），这仍然会是一项可怜的抉择：这个家庭从此一活动中能够得到的好处将会微乎其微。

受到保护的农民、牛奶公司和牛奶业劳工们的赌注则要大得多，他们有能力，并且也确实积极于推动立法，借以创造并主导相关的法律。个别消费者并没有真正的防卫能力。由于我们的政治体制本质上即容许“每人平均利益”极高的密集团体，战胜力量分散的消费大众，消费者无人能够有效地对抗特别利益立法。

偶尔，消费者也会受到别的产业立法的保护，这个产业刚好和消费者有同样的目标，但不像消费者那样无能为力。抛开这种偶发的情况不谈，在我们的政治制度下，消费者乃是无法诉求保障的受害者，因为这个制度对于为数众多，但个别成员在争论中只有很少筹码的团体，是关着大门的。

我们现在正处于一个以公共改革为手段的新救赎时期，和第一次世界大战前的揭发贪污腐败时期相比，不论在规模上或在情绪和知识所扮演的角色上，都极相似。那时候有厄普顿·辛克莱以及艾达·塔贝尔和很多其他的参与者，而现在我们有雷夫·纳德和他的研究所，以及预校的学生们。在这两个时期中，改革文献的品质，除了非常好的几页之外，大致是很可悲的：主观成了事实，邪恶无所不在，改革的成本不是使一有理性的社会免于在某一方面做得太过火的合理价格，而是既得利益的肤浅、犬儒式的借口；而联邦的政治运作和行政表现，很容易在动机和成就上获得改良，只要我们能将那些多年来扭曲和败坏此一运作的恶徒撤换掉！即使是这类文学中的典范之作，比如研究州际通商委员会的所谓的纳德报告（罗伯特·费尔梅斯所作），在对过去的管制成果感到幻灭之余，竟要求将来要有更好的管制！这股波涛汹涌的情感，无疑将会为我们带来另一批好的或坏的改革，但永远也成不了大气候。

它们成不了大气候的原因，是因为缺乏持久而有效的政治基础来支持或引导专业（更别说是业余）改革者的努力。纳德先生必须从汽车事件跳到药品管理，再跳到地方财产的估定问题，因为他深深了解，大众的关注和同情无法长时期定于一；不断重述古老的罪恶，就连最拘谨的圣人都会感到厌烦的，因此，时常揭露（或编造）新的恶行，加之以新的罪名，就成了一种必需的手段——最好还要出之以充满了义愤之情的铿锵文字。这些自我任命的救世主和他们的同僚，以及立法盟友们，偶尔可能会争取到一项新的立法，但他们不会年复一年地参加拨款听证会或那些似乎永无止境的新任命之听证会，而到头来，这些才真正决定了管制机构的执行方向和人事安排。

个人传统防卫的优越性——靠着本身的努力和市场竞争的力量——就在于它具有和政府管制完全不同的特征。第一种传统防卫都是随时可以派上用场的——“私利”和“竞争”永远不会过时，而且，对于每个人或小团体而言，也都唾手可得——每当需要改变政策或对新环境做调适时，我们毋庸再去烦心如何扭转一个政府之庞大、昂贵，而反应迟钝的机构和体制这种问题。归根究底，消费者真正提高警觉的对象，其实正是“管制”本身啊！

（选自［美］乔治·斯蒂格勒《人民与国家——管制经济学论文集》，

吴惠林等译。原题：《管制机构能保护消费者吗？》）

第二十三讲　市场的力量

[美]米尔顿·弗里德曼

米尔顿·弗里德曼（Milton Friedman, 1912—2006），出生在一个罗马尼亚移民家庭，1932年进入芝加哥大学攻读经济学；换过多个工作，曾供职于美国财政部、全国经济研究局。1946年，他回到芝加哥大学任教一直到1982年退休，之后担任胡佛研究院高级研究员。弗里德曼系统地阐述了实证主义的经济学方法论，见《实证经济学论文集》（*Essays in Positive Economics*, 1953），在技术经济学领域，他发表过《消费函数论》（*Theory of the Consumption Function,* 1957）、《美国货币史》（*A Monetary History of the United States*, 1867—1960，with Anna J. Schwartz，1963）、《最优货币数量及其他论文》（*The Optimum Quantity of Money and Other Essays,* 1969）等，阐述了"货币主义"理论，以反驳凯恩斯主义。1976年，他因为在消费分析、货币史和货币理论领域的成绩及对宏观经济稳定政策的复杂性的揭示而荣获诺贝尔经济学奖。此外，弗里德曼也积极进行政治经济学研究，并发表了两部影响广泛的著作：《资本主义与自由》（*Capitalism and Freedom,* 1962），《自由选择：个人声明》（*Free to Choose: A Personal Statement,* with Rose Friedman, 1980）。

【编者按：这篇文章简要地论述了自由市场是如何运转的，政府应当扮演什么样的角色。弗里德曼强调：市场的自愿、自发性质，而政府应当尽可能减少对这类活动的干预，让人们自由地进行选择。】

每天，我们每一个人为了吃、穿、住，或干脆为了享乐，消耗无数的货物和劳务。我们想当然地认为，什么时候我们要买这些东西，就能买到。我们从不停下来想一下，有多少人这样那样出了力，提供这些货物和劳务。我们从不问一问自己，为什么街角那个小店——或者现在的超级市场——的货架上总有我们想买的东西，为什么我们大多数人能够挣到钱来购买这些货物。

人们自然可以假设，一定有谁在发号施令，保证以“适当的”数量生产“适当的”产品，投放到“适当的”地方。这是一种协调大批人活动的方法，即军队的方法。在军队里，将军下命令给上校，上校下命令给少校，少校下命令给中尉，中尉下命令给军士，军士再下命令给士兵。

但是，完全靠这种方法或主要靠这种方法，只能指挥一个很小的集团。即使是最专断的家长，也不可能完全靠命令来控制家里其他成员的每一行动。没有哪一支庞大的军队能够真正完全靠命令来统率。将军显然不可能掌握必要的情报来指挥最低级的士兵的每一行动。在指挥系统的每一级，无论是军官还是士兵都必须注意考虑特殊情况，即考虑上级不可能了解的情况。指挥必须以自愿的合作来补充——这种合作不那么明显可见，比较难以捉摸，却是协调大批人活动的最为基本的方法。

苏联是个典型的例子，是所谓典型的中央计划经济，它那巨大经济被认为是靠命令来组织的。但这只是想象而并非事实。在经济的每一层，都有自愿的合作来补充中央计划的不足或抵消它的硬性规定——有时是合法地进行，有时是非法地进行。①

在农业方面，国营农场的全日工可以利用业余时间在小块自留地上种粮食、饲养牲畜，供自己用或在比较自由的市场上出售。这种自留地只占全国农田总面积的不到百分之一，但据说提供了苏联全部农产品的将近三分之一（“据说”，这是因为大概有些国营农场的产品，暗中当作自留地的产品出售了）。

在劳动市场方面，个人很少受命去做特定的工作；在这个意义上，实际上没有什么指导。倒是用人单位为各种工作提供工资，而个人去求职，这同资本主义国家很相像。只要受雇，人们就可能被解雇，也可能主动辞掉工作而去从事自己所喜爱的工作。但实际上有许多限制影响了人们挑选工作的自由，而且法律也禁止任何人成为雇主。尽管如此，却仍有许多地下工厂为商品齐全的黑市服务。靠强制来大规模地分配工人，根本就行不通；而且很明显，要完全压制私人经营活动也是办不到的。

在苏联，各种工作的吸引力，常常取决于它们能提供多少非法兼职的机会。莫斯科的居民碰到家里什么设备坏了，如果找国营的修理站，他可能得等几个月才能得到修理。但他可以不这样做，而去雇一个兼职的人——很可能就是在国营修理站工作的人。住户的设备马上就能修好，那个兼职的也可得到一些外快，真是两全其美。

这种自发的市场因素虽然与官方的马克思主义意识形态相抵触，却获得了很大发展，因为要消灭它们，代价太大。自留地是可以被禁止的，但人们一想起20世纪30年代的饥荒，便感到不寒而栗。现在苏联的经济已很难说是高效率的典范了。要不是有那些自发的因素，它运行的效率肯定还会更低。最近柬埔寨的经验悲剧性地说明，完全不要市场会使人们付出多么惨重的代价。

---

① 参看赫德里克·史密斯：《俄国人》（纽约：方形丛书和纽约时报图书公司，1976），并参看罗伯特·G. 凯泽：《俄国：人民与权力》（纽约：阿瑟纽姆公司，1976）。

正如没有一个社会能够完全按指挥原则运行那样，也没有一个社会能够完全通过自愿的合作来运行。每一个社会都有一些指挥的成分。它们可采取多种形式。可以是直截了当的，如征兵，禁止买卖鸦片或甜味素，法院禁止被告或要求被告采取某些行动；也可以是非常隐蔽的，如征收重税来劝阻人们吸烟——如果这不算命令的话，可以说是我们当中的一些人对另一些人的一种暗示。

两者如何掺和，关系极为重大。或是自愿的交易基本上是地下活动，其发展是由于占支配地位的指挥成分过于死板；或是自愿的交易成为主要的组织原则，在某种程度上得到指挥成分的补充。地下的自愿交易可以防止统制经济崩溃，可以使它艰难地运行，甚至取得某些进展。对于主要以统制经济为基础的专制统治来说，它起不了什么破坏作用。另一方面，自愿交易占支配地位的经济内部就具有促进繁荣和人类自由的潜力。它也许在这两方面不能完全发挥其潜力，但就我们所知，凡达到过繁荣和自由的社会，其主要组织形式都必然是自愿交易。不过我们要赶紧补充一句：自愿交易并不是达到繁荣和自由的充足条件。这至少是迄今为止的历史教训。许多以自愿交易为主组织起来的社会并没有达到繁荣或自由，虽然它们在这两方面取得的成就要比独裁社会大得多。但自愿交易却是繁荣和自由的必要条件。

通过自愿交易进行合作

有一个有趣的故事，名叫“小铅笔的家谱”[①]，非常形象地说明了自愿的交易怎样使千百万人能够互相合作。里德先生用“铅笔，即所有能读书会写字的大人小孩都熟悉的普通木杆铅笔”的口气，异想天开地这样开始讲他的故事：“没有一个人……知道我是怎么造出来的。”然后他就讲述制造铅笔的前前后后。首先，木头来自一棵树，“一棵长在北加

---

① 载《自由人》杂志，1958 年 12 月。

利福尼亚和俄勒冈的笔直的雪松”。把它砍倒，运到站台需要“锯、卡车、绳子……和无数其他工具”。这些工具的制造过程涉及许多人和各种各样的技能：“先采矿、炼钢，然后才能制造出锯子、斧子和发动机；先得有人种麻，然后经过各道工序的加工，才制造出了又粗又结实的绳索；伐木场里要有床铺和食堂……伐木工人喝的每一杯咖啡里面，就不知包含多少人的劳动！”

接着，木料被运进木材加工厂，在那里圆木被制成板条，然后把板条从加利福尼亚州运到威尔克斯巴勒，在那里做成这支讲这个故事的特定的铅笔。但这还只是铅笔的外皮，那个铅芯实际上根本就不是铅。它最初是从斯里兰卡开采出来的石墨，经过许多复杂的加工，最后才制成铅笔的铅芯。

铅笔头上的那一圈金属是黄铜。他说：“请想想看所有那些开采锌矿和铜矿的人吧，想想看所有那些运用自己的技术把这些自然的产物做成闪亮的铜片的人吧。”

那个我们叫作擦子的东西在铅笔制造业上叫“疙瘩”。一般以为那是橡胶的。但是里德先生告诉我们说，橡胶只用于结合的目的。起擦除作用的实际上是“硫化油膏”，这东西看起来像橡胶其实是用荷属东印度群岛（即现在的印度尼西亚）产的菜子油和硫氯化物反应制成的。

讲了这一大通之后，铅笔说：“有哪个愿意出来反驳我上面说过的那句话：地球上没有一个人知道怎样制造我？”

成千上万参与制造铅笔的人，没有一个是因为自己需要铅笔去干那一行的。他们中间有的人从未见过铅笔，不知道它是干什么用的。每一个人都把他的工作看作是取得他所需要的货物和劳务的方法——而这些货物和劳务则是我们为了得到我们所要的铅笔而生产的。每次我们到商店里去买一支铅笔，就是在用我们的一点点劳务去交换那制造铅笔的成千上万人的一点点劳务。

令人惊奇的是，没有谁坐在中央办公大楼里号令那成千上万的人，没有宪兵队来强制人们执行不曾发布过的命令，但竟然制造出了铅笔。

这些人居住在许多地方，讲不同的语言，信不同的教，还可能互相仇视——但是这些区别全都不妨碍他们合作生产铅笔。这是怎么回事？亚当·斯密在 200 年以前就给了我们答案。

价格的作用

亚当·斯密在《国富论》中阐述的主要思想，简单得常常使人发生误解：如果双方的交换是自愿的，那就只有在他们都相信可以从中得益时，才会做成交易。经济上的谬论，大都是由于人们忽视了这个简单的道理，而往往认为，就那么一块饼，一方要多得就必得牺牲另一方。

斯密的这一见解在两个人之间的简单交易中是容易理解的。但要懂得它怎么能使生活在世界各地的人们合作来促进他们各自的利益，就困难多了。

价格制度就是这个机制，无须中央指导，无须人们相互对话或相互喜好，就能完成这个任务。你每天买铅笔或面包时，并不知道铅笔是谁做的，麦子是谁种的，是白人还是黑人，是中国人还是印度人。价格制度使人们能够在他们生活的某个方面和平地合作，而每个人在所有其他方面则各行其是。

亚当·斯密的天才的闪光在于他认识到，在买者和卖者之间的自愿交易中——简单地说就是在自由市场上——出现的价格能够协调千百万人的活动。人们各自谋求自身利益，却能使每一个人都得益。亚当·斯密认为，经济秩序可以作为许多各自谋求自身利益的人的行动的非有意识的结果而产生，这在当时是个惊人的思想，直到今天仍不失其意义。

价格制度运行得这样好，这样有效，以至于我们在大多数时间里都感觉不到它。直到它的运行受到阻滞，我们才认识到它的良好作用，但即使到那时，我们也很少认识到麻烦的根源。

1974 年石油输出国组织实行石油禁运之后突然出现的排长队买汽油的现象和 1979 年伊朗革命后的春夏两季再度出现的同样现象，是最近这方面的显著例子。这两次石油危机，使原油的进口供应陷入了极度混乱的状态。但这在完全依靠进口石油的日本和西德并没有导致人们排队买汽油，而在自己生产许多石油的美国却导致了排长队，其原因——也是唯一的原因——是由于政府部门执掌的法规不允许价格制度起作用。在一些地区，价格被指令控制得过低，而价格稍高一点本来是可以使加油站有足够的油来满足消费者的需要的。石油按命令分配给全国各地，而不是按在价格上反映出来的需求的压力，其结果是在一些地方过剩，而在另一些地方是缺货和排长队。价格制度的顺利运行——数十年来它保证了每个消费者能够随自己的便、在任何一个加油站不必怎么等待就买到汽油——被一种官僚主义的即兴之作代替了。

价格在组织经济活动方面起三个作用：第一，传递情报；第二，提供一种刺激，促使人们采用最节省成本的生产方法，把可得到的资源用于最有价值的目的；第三，决定谁可以得到多少产品，即收入的分配。这三个作用是密切关联的。

传递情报

假设，不管是什么原因，对铅笔的需求有所增加——也许是因为出生的孩子多增加了学生人数。零售商发现铅笔的销路增加了，他们会向批发商定购更多的铅笔。批发商会向制造商定购更多的铅笔。制造商会定购更多的木料、黄铜、石墨——用于制造铅笔的所有各种产品。制造商为了使他们的供应者更多地生产这些产品，就得出更高的价钱。较高的价钱会促使供应者增加他们的劳动力，以便应付增加了的需求。为了得到更多工人，他们就得出较高的工资或较好的工作条件。这样，就像水波似的愈来愈扩大，把消息传给全世界，知道对铅笔的需求增加了——或者，说得更确切些，是对某种他们生产的东西的需求增加了。他们可能知道其原因，也可能不知道其原因。

价格制度只传递重要的情报，而且只传递给需要知道的人。举例说，木材商并不需要知道，铅笔的需求增加是因为小孩出生得多还是有1.4万份政府公文要用铅笔填写。他们甚至无须知道铅笔的需求增加。他们只需要知道有人愿意为木料出更高的价钱，而且这个价钱会维持很久，值得去满足这种需求。这两种情报都来自市场价格——前一种来自现时价格，后一种来自期货价格。

要有效地传递情报，一个大问题是保证每一个能使用这种情报的人得到它，不让那些不需要它的人把它束之高阁。价格制度自动解决了这个问题。传递情报的人受到一种刺激，去寻找能使用情报的人，而且他们最后是能够找到的。能够使用情报的人也受到一种刺激去获得情报，而他们最后也是能够得到情报的。铅笔制造商同卖给他木料的人接触。他总是试图找到新的供应者，能够提供较好的产品或是要较低的价钱。同样，木材商人同他的顾主接触，并总是试图找到新的顾主。另一方面，那些眼下不从事这些活动而且将来也不打算从事这些活动的人，则对木料的价格不感兴趣而予以漠视。

通过价格传递情报，当今由于有组织良好的市场和专业化的消息传送设施而大为方便了。看一看《华尔街日报》上每天的行情表，是一件很有意思的事情，且不说许多更专业化的商业出版物。这些价格几乎是当即反映全世界发生的事情。在遥远的一个主要产铜国家发生了革命，或是由于其他原因，铜的生产中断，铜的现价会立刻陡涨。要了解熟悉行情的人估计铜的供应会受多久的影响，你只需要查一下同一版上的期货行情就行了。

即使是《华尔街日报》的读者，大多也只关心少数几种价格。他们可以不管其他的价格。《华尔街日报》提供这种情报，并不是出于利他主义，也不是因为它认识到这个经济的运行是何等重要。促使它提供情报的，就是那个它促进其运行的价格制度。它发现，公布这些价格——即另一套价格传递给它的情报——能增加报纸发行量从而赚更多的钱。

价格不仅把情报从最终的购买者那里传给零售商、批发商、制造商和拥有各种资源的人，它们还以其他方式传递情报。假定有一处森林失火或是工人罢工，使木材供应减少而木材的价格上涨，这就告诉铅笔制造商应该少用木料。如果还生产原先那么多铅笔而又不能加价售出，那就要吃亏。铅笔的产量缩减，会使零售商提高价格，而加价会使使用者把铅笔用得更短或者改用自动铅笔。使用者用不着知道铅笔为什么涨价，而只需知道铅笔涨价就行了。

阻止价格自由地反映供求状况，会妨碍情报的精确传递。私人垄断——由一个生产者或生产者卡特尔操纵一种特定的商品——就是一个例子。这并不妨碍通过价格制度传递情报，但它的确会歪曲所传达的情报。1973 年石油卡特尔把油价提高三倍，传递了很重要的情报。但是这个价格所传递的情报并不反映石油供应的突然减少，也不反映关系到未来石油供应的新技术知识的突然发现，或是别的什么能够确实影响石油和其他能源供应的事情。它只是传递了这样一个情报：一些国家成功地达成了定价和分销协议。

美国政府对石油和其他能源实行价格管制，妨碍了价格把石油卡特尔的影响精确地传送给用油者。其结果是，由于不让价格的上涨来促使美国消费者节约石油而加强了石油卡特尔的地位，同时迫使美国建立庞大的控制机构，来分配不足的供应（一个能源部 1979 年开支约 100 亿美元，雇用 2 万人）。

私人对于价格的歪曲固然重要，但在当今，政府是对自由市场制度的主要干扰源。干扰的方法是征收关税和对国际贸易实行其他限制，采取冻结或影响价格（包括工资）的国内措施，管理某些行业，以及采取货币和财政政策来造成反常的通货膨胀。

反常的通货膨胀造成的重大不利影响之一，可以说是使价格传递情报的作用失灵。例如，如果木材的价格上涨，木材制造商无法知道这是因为通货膨胀使物价普遍上涨呢，还是因为在涨价前木材同其他产品相比，需求有所增加而供应有所减少。对于组织生产来说，重要的是关于比较价格即一种东西和其他东西相比的价格的情报。高度的通货膨胀，特别是变化无常的通货膨胀，使这种情报陷于无意义的静态。

刺激

精确情报的有效传递，如果不能刺激有关的人去根据这种情报采取适当的行动，那传递情报就毫无意义。如果有人告诉木材生产者市场对木材的需求有所增加，但这并没有刺激木材生产者生产更多的木材来对涨价做出反应，那就没有必要告诉他这件事。自由价格制度的妙处之一是，传递情报的价格也提供刺激，使人对情报做出反应，还提供这样做的手段。

价格的这个作用同第三个作用——决定收入的分配——密切关联，不把后者考虑在内就说不清楚。生产者的收入——他的活动所得——取决于他出售产品的所得和制造产品的开销之间的差额。他反复权衡二者，最后确定的产量使他处于这样一种状态：再多生产一点会使增加的成本同增加的收入相等。而价格的提高改变了这种状态。

一般说来，他生产得越多，生产的成本也越高。他必须采伐更偏僻或其他条件更差的地方的树木；他必须雇用技术水平较低的工人，或者付出较高的工资以从其他行业吸引熟练工人。但是现在价格提高了，使他能够承受较高的成本，这就提供了增加生产的刺激和这样做的手段。

价格还提供另外一种刺激，使人不仅按关于需求增加的情报行动，还按关于最有效的生产方法的情报行动。假定有一种木材因短缺而比别的木材贵，铅笔制造商便获得这种木材涨价的情报。由于他的收入也取决于售货所得和制造成本之间的差额，他就受到一种刺激去节省那种木材。换一个例子，伐木工人使用链锯还是手锯，那要看链锯和手锯的价格，哪一种成本低，要看每种锯需要的劳动量以及不同种劳动的工资。因而伐木行业受到一种刺激去获得有关的技术知识，并把它同价格所传递的情报结合起来，以最大限度降低成本。

还可以举另一个更为有趣的例子来说明价格制度的微妙作用。1973年石油输出国组织提高石油的价格，增加了使用链锯的成本，使情况变得稍稍对手锯有利。如果这个例子似乎太牵强，不妨想一想石油涨价对运送木材的两种卡车的影响，一种是烧柴油的，另一种是烧汽油的。

把这例子推进一步，石油的涨价，就其容许发生的程度来说，增加了用油多的产品的成本，增加的幅度要大于用油少的产品的成本。因而消费者受到一种刺激而改用后一种产品。最明显的例子是人们从前喜欢体积大的汽车，现在喜欢体积小的汽车，从前用石油取暖现在改用煤炭或木柴取暖。让我们进一步来看更深远的影响：生产成本的增加或需求量的增加（由于把木头作为替代能源），使木材的比较价格上涨，由此引起的铅笔的涨价，这给消费者一种刺激，使之节约铅笔！凡此种种，价格的变化会带来无穷的影响。

迄今我们只论述了价格对生产者和消费者的刺激作用，实际上它对其他生产资料的拥有者和工人也起作用。木材需求量的增加会使伐木工人的工资提高。这是一种信号，表明对那种劳动的需求增加了。工资的提高刺激了人们，使一些原来不想当伐木工人或干其他活儿的人现在愿意当伐木工人了。进入劳动市场的年轻人更多地成为伐木工人。在这里，政府和工会的干预同样会歪曲所传递的情报或阻碍个人根据情报而自由行动，前者的干预手法是规定最低工资，后者的干预手法是限制人们进入这个行业。

关于价格的情报——不论是各行各业的工资或地租，还是资本用于各种用途带来的收益——并不是唯一关系到决定如何使用某一种资源的情报。它甚至可能并不是最重要的情报，特别是当关系到如何使用自己的劳动的时候。最后的决定除价格外，还取决于个人的兴趣和本事，即取决于伟大的经济学家阿尔弗雷德·马歇尔称之为一种职业的、货币的或非货币的全部有利之处和不利之处。对一种职业感到满意可以补偿较低的工资。另一方面，较高的工资可以补偿不惬意的工作。

收入的分配

我们知道，一个通过市场获得收入的人，他的收入取决于他出售货物和劳务的所得同他在生产这些货物和劳务时所花费的成本之间的差额。所得主要是直接付给我们拥有的生产资源的款项——如付给劳动的工资或付给土地建筑物或其他资本的使用费。企业家——如铅笔制造商——的情况形式上可能有所不同，但本质上是一样的。他的收入也取决于他拥有的每一种生产资源的多寡，取决于市场为使用这些资源确定的价格。不过企业家拥有的生产资源主要是组织企业、协调企业资源以及承担风险等方面的能力。他也可以拥有一些企业所使用的生产资源，在这种情况下，他的收入，部分就取自使用这些资源的市场价格。同样，现代公司的存在并没有改变这种情况。我们泛泛地说到“公司收入”或有收入的“企业”。这是比喻的说法。实际上，公司是业主即股东和除股东资本（公司所购买的这种资本的劳务）外的资源这二者之间的媒介。只有人才得到收入，他们通过市场，从他们拥有的资源上面得到收入，不管这些资源采取什么形式，是公司股票、债券、土地还是他们个人的能力。

在美国这样的国家，主要的生产资源是个人的生产能力，即经济学家的所谓“人力资本”。美国通过市场交易产生的总收入中，大约有四分之三是雇员的报酬（工资、薪金以及补助），其余部分约有一半是农场主和非农业企业主的收入，这里面既有对个人劳务的报酬又有使用企业主资本的费用。

物质资本——工厂、矿山、办公楼、商店；公路、铁路、机场、汽车、卡车、飞机、船只；水坝、炼油厂、电站；住房、冰箱、洗衣机，等等——的积累对经济增长起了极其重要的作用。没有物质资本的积累，我们绝不可能取得这样大的经济发展。不维持代代传下来的资本，一代人的所得就会被下一代花光。

但是，人力资本的积累——其形式是知识技能的提高、健康状况的改善以及寿命的延长——也起了极其重要的作用。物质资本和人力资本是相辅相成的。物质资本为人提供工具，使他大大提高生产力。而人能够发明新形式的物质资本，懂得使用物质资本，从中得到最大好处，并在越来越大的规模上组织使用物质资本和人力资本，使物质资本更富于生产力。物质资本和人力资本都必须得到照管和替换。人力资本要比物质资本更难以照管和替换，而且照管和替换的费用更大——这就是人力资本得到的报酬要比物质资本得到的报酬增长得快得多的主要原因。

我们每一个人拥有的每一种资源的数量，部分取决于偶然性，部分取决于我们自己或别人的选择。偶然性决定我们的基因，基因影响我们的体格和智力；偶然性决定我们的出身和文化环境，从而决定我们发展自己体力和脑力的机会；偶然性还决定我们可能从父母或其他施舍人那里继承的资源。偶然性可能破坏或增加我们最初的资源。但是选择也起重要的作用。我们决定怎样使用我们的资源，是勤奋工作还是随随便便，是干这一行或是另一行，是从事这种冒险还是另一种冒险，是积蓄还是花费——这些可以决定我们是消耗资源还是改善和增加资源。我们的父母、其他施舍人以及千百万可能同我们毫无关系的人的同样决定也会影响我们继承的东西。

市场为使用我们的资源规定的价格，也受偶然性和选择的影响。弗兰克·西纳特拉的嗓子在20世纪的美国备受欢迎。要是他碰巧出生和生活在印度，是否也能受到欢迎呢？狩猎的技能在18世纪和19世纪的美国用处很大，而在20世纪的美国用处就小得多了。棒球手的技术在20世纪20年代要比篮球运动员的技术得到高得多的报酬，但在20世纪70年代却正好相反。所有这些事情都牵涉到偶然性和选择——就这些例子来说，大多是劳务消费者的选择决定不同项目的相对市场价格。但是我们通过市场从资源的劳务上面所得到的价格也取决于我们自己的选择——在哪儿定居，怎样使用我们的资源，把资源的劳务出售给谁，等等。

在任何社会里，不管它是怎样组织的，总有对收入分配的不满。我们大家都感到难以理解，我们的收入为什么少于那些看来并不比我们强的人，或者，我们的收入为什么多于大多数人，他们不是也很为社会所需要，哪一方面也不比我们差吗？远处的田野总是显得更绿——于是我们就归咎于现有的制度。在统制制度下，妒嫉和不满针对统治者。在自由市场制度下，就针对市场。

结果之一是人们试图把价格制度的这种作用——分配收入——同它的其他作用——传递情报和提供刺激分开来。在美国和其他主要依赖市场的国家，近几十年的政府活动有许多就是为了改变收入分配受市场支配这种状况的，以便用另一种更为平均的方式分配收入。目前公众舆论的压力很大，要求在这方面采取进一步的措施。

如果我们不利用价格来影响收入分配，且不说完全决定收入分配，那么，不管我们的愿望如何，要利用价格来传递情报、刺激人们行动是根本不可能的。一个人的所得如果不取决于其资源提供的劳务应得到的价格，那什么会刺激他寻找有关价格的情报或根据这个情报采取行动呢？如果不管雷德·阿德尔干不干堵塞失去控制的油井这种危险工作，他的收入都一样，那他为什么要干这样危险的工作呢？他可能因一时冲动干一会儿，但是他会以此为职业吗？如果不管努力工作与否，你的收入都一样，那你为什么要努力工作呢？如果你费了很大劲找到了愿意出最高的价钱购买你要出卖的东西的买主，但实际上却得不到任何好处，那你为什么还要这样做呢？如果积累资本得不到报酬，那么人们为什么要把现在可以享受的东西推迟到将来享受呢？为什么要积蓄呢？人们的自愿节制怎么会积累现在这么多物质资本呢？如果维持资本得不到报酬，那么人们为什么不把积累或继承的资本消耗掉呢？由此可见，如果人们不让价格影响收入的分配，他们也不能利用价格干别的事情。唯一的替代办法是实行控制。由某个政府机构来决定谁该生产什么，生产多少。由某个政府机构来决定谁该扫街，谁该管理工厂，谁该当警察，谁该当医生。

在某些国家，价格制度的这三种作用之间的密切关系是以另一种方式表现出来的。这些国家思想意识的基础是：在资本主义制度下，劳动者遭受着所谓剥削，而按照“各尽所能，各取所需”这一马克思的名言建立的社会则具有无比的优越性。但是，由于纯粹的统制经济是无法运转的，它们不可能把收入完全同价格分开。

对于物质资源——土地、建筑物等等——某些国家采取了极端措施，把它们变成了政府的财产。其后果是减少了维持和改善物质资本的刺激。大家都拥有某种东西而又没有一个人拥有它，维持或改善物质资本的状况同任何人都没有直接的利害关系。这就是为什么苏联的建筑物——像美国的公共房屋那样——才建起一两年就显得破旧，为什么国营工厂的机器经常出故障，需要修理，为什么公民不得不求助黑市来维持他们个人使用的资本。

对于人力资源，某些政府没有能够走得像处理物质资本那么远，虽然它们曾经尝试过。它们不得不容许人们在一定程度上掌握自己的命运，让他们做出自己的决定，不得不让价格来影响和指导这些决定并规定收入的分配。当然，它们歪曲了价格，不让它成为自由市场价格，但它们终究没能取消市场力量。

统制经济效率的明显低下，使某些国家的计划人员不得不认真考虑在组织生产时更多地利用市场的可能性。在一次东西方经济学家的会议上，我们有一次听到一位匈牙利的经济学家侃侃而谈，声称重新发现了亚当·斯密的“看不见的手”——这可真是一个了不起的思想成就，如果不是有点多余的话。他试图改造这只手，想利用价格制度来传递情报和有效地组织生产，但不让它分配收入。

更广泛的见解

人们一般认为，亚当·斯密的“看不见的手”只对货物或劳务的买卖起作用。但经济活动并不是人类活动的唯一领域，在其他领域里，也同样是在每个人追求自身的利益而同其他人合作的时候，自然而然地产生出了错综复杂的结构。

让我们以语言为例。语言有一个不断发展变化的复杂结构，却秩序井然，丝毫不乱，这并非有任何中央机关在计划它。没有人决定什么词该用到语言里，文法应该是什么样，哪些词应该是形容词，哪些词应该是名词。法兰西学院倒是试图控制法国语言的变化，但为时已晚。它建立时，法语早已成了结构精巧的语言。它只不过是批准已经发生的变化而已。其他国家还很少设立这样的机构来控制语言。

语言是怎么发展起来的？语言的发展同经济秩序通过市场而发展的过程很相像，也是由于个人之间自愿的相互作用造成的，不过在这里相互谋求交换的是思想、情报或传闻，而不是货物和劳务。人们赋予一个词这样或那样的意义，或者当需要的时候创造新词。人们越来越多地按某种顺序运用语言，后来就形成了规则。愿意相互交流思想的双方对他们所使用的词规定相同的意思，由此而得到了便利。当越来越多的人这样做时，一种共同的用法就传开来，这个词也就被收入了词典。在这里，没有任何强制，没有中央计划人员发号施令。不过近来公立学校在使字词的用法标准化方面起了重要的作用。

另一个例子是科学知识。各学科的结构——物理学、化学、气象学、哲学、人类学、社会学、经济学——并不是任何人深思熟虑的产物。它像托普西[①]那样，“只管一个劲儿地成长”。之所以如此，是因为学者们感到这样方便。它并不是固定不变的，而是随着各种需要的发展而变化的。

任何一门学科的发展都与经济市场的发展极其相似。学者们相互合作，因为他们发现这样做相互有利。他们从相互的工作中接受他们认为有用的东西。他们通过交谈、传阅未出版的材料、出版杂志或书籍等方式交换研究成果，合作是世界范围的，就像在经济市场上一样。学者同行们的尊敬和赞同所起的作用，同货币报酬在经济市场上所起的作用是一样的。为了博得人们的尊敬，让同行接受他们的成果，学者们往往在最有科学价值的方面下功夫。一个学者在另一学者的成果上发展，使总体比单个加在一起的总和更大。他的成果反过来又成为进一步发展的基础。正如现代的汽车是货物自由市场的产物一样，现代物理学是思想自

---

① 小说中一孤儿名，她毫不费劲地成长。

由市场的产物。特别是最近一个时期，科学知识的发展也受到了政府干预的许多影响，这种干预影响了资源的利用和社会需要的知识的发展。不过到目前为止，政府的影响还不是特别严重。然而具有讽刺意味的是，许多曾经强烈赞成政府对经济活动进行中央计划的学者已经很清楚地认识到，由政府对科学进行中央计划会给科学的发展带来多么大的危险。他们担心各门学科的先后发展顺序将由上面来确定，而不是通过科学家的探求和摸索自然而然地形成。

一个社会的价值准则、它的文化、它的社会习俗，所有这些都是通过自愿的交换和自发的合作发展起来的，其复杂的结构是在接受新东西和抛弃旧东西、反复试验和摸索的过程中不断演变的。举例来说，没有哪一个君王规定过，加尔各答居民欣赏的音乐应该根本不同于维也纳居民欣赏的音乐。各国大不相同的音乐史，没有经过任何人的“计划”，而是通过一种与生物进化相平行的社会进化发展起来的。当然，个别的君主或民选的政府可以像大富翁那样，倡导某种音乐或资助某个音乐家，从而影响音乐的自然发展。

自愿的交换产生的结构，不论是语言、科学发明、音乐风格还是经济制度，都有其自己的生命。它们能够在不同情况下采取许多不同的形式。自愿的交换能够在某些方面产生一致而又在其他方面产生不同。这是一个难以捉摸的过程，它的总的运行规律不难掌握，但它所产生的具体结果很少能被人们预见到。

上述例子不仅说明了自愿交换发生作用的巨大范围，而且还说明必须给予“私利”这个概念以广泛含义。狭隘地专注于经济市场，导致了人们狭隘地解释私利，说私利就是目光短浅的自私自利，只关心直接的物质报酬。经济学受到斥责，说它只是依靠与现实完全脱节的“经济人”来得出一般性经济结论，而这个“经济人”不过是一台计算机，只对金钱的刺激做出反应。这是巨大的误解。私利不是目光短浅的自私自利。只要是参与者所关心的、所珍视的、所追求的，就都是私利。科学家设法开拓新的研究领域，传教士设法把非教徒变成教徒，慈善家设法救济穷人，都是在根据自己的看法，按照他们认定的价值追求自己的利益。

政府的作用

政府是怎么牵扯进来的？在某种程度上，政府是自愿合作的一种形式，是人们挑选来达到某些目标的方法，因为他们相信，政府是实现某些目标的最有效的方法。

最明白的例子是，人们可以自由选择居住在哪里，也就是说可以自由选择受什么样的地方政府的统治。你决定住在这个地方而不住另一个地方，其中一部分原因可能是地方政府提供的服务不同。如果它从事的活动你反对或不愿为之出钱，它们不是你赞成和愿意为之出钱的活动，那你可以迁到别处去。只要有选择，就有竞争，尽管竞争往往是有限的，却是实实在在的。

然而，政府并不仅仅是一种选择。它还是一个机构，广泛地被认为拥有独断的权力，可以合法地使用强力或以强力为威胁，来使我们当中的一些人得以合法地强制另一些人。政府的这一更为基本的作用，在大多数社会里已随着时间的推移而发生了巨大变化，而且在任一特定时期里，政府的这一作用在各社会之间也存在着很大差别。本书的其余部分将用许多篇幅来论述最近几十年美国政府的作用是怎样变化的和它的活动产生了什么影响。

在开始简要地论述这一问题的时候，让我们先考虑一个看起来很不相关的问题。假设有这样一个社会，其成员希望作为个人、家庭、自愿集团的成员或有组织的政府的公民，获得尽可能多的选择自由，那政府应该起什么作用呢？

亚当·斯密在200年前最为圆满地回答了这个问题：

> 一切特惠或限制的制度，一经完全废除，最明白最单纯的自然自由制度就会树立起来。每一个人，在他不违反正义的法律时，

都应听其完全自由，让他采用自己的方法，追求自己的利益，以其劳动及资本和任何其他人或其他阶级相竞争。这样，君主们就被完全解除了监督私人产业、指导私人产业、使之最适合于社会利益的义务。要履行这种义务，君主们极易陷于错误，要行之得当，恐不是人间智慧或知识所能做到的。按照自然自由的制度，君主只有三个应尽的义务——这三个任务虽很重要，但都是一般人所能理解的。第一，保护社会，使不受其他独立社会的侵犯。第二，尽可能保护社会上各个人，使其不受社会上任何其他人的侵害或压迫，这就是说，要设立严正的司法机关。第三，建设并维持某些公共事业及某些公共设施（其建设与维持绝不是为着任何个人或任何少数人的利益），这种事业与设施，在由大社会经营时，其利润常能补偿所费而有余，但若由个人或少数人经营，就绝不能补偿所费。[①]

前两项义务是简单明了的：必须保护社会上的每一个人免遭外国人或自己同胞的强制。没有这种保护，我们就不会有真正的选择自由。手执凶器的强盗在抢劫的时候常说："你要钱还是要命？"这也是一种选择，但谁也不会说这是自由的选择，说受害者的交换是自愿的。

当然，正如我们将在本书中反复看到的那样，一个机构尤其是政府机构"应该"实现的目标是一回事，而这个机构实际实现的目标则是另一回事。负责建立某一机构的人的意图，同管理这个机构的人的意图往往大不相同。同样重要的是，所取得的结果常常同所希望得到的结果大不一样。

防止来自外部和内部的强制，需要有军队和警察。但军队和警察并不总是成功的，他们有时把权力用于同自己的职能很不相干的目的。要建成并维护一个自由的社会，一个主要问题就是如何确保赋予政府的强制力量只用于维护自由，而不变成对自由的威胁。美国的创建人在起草

① 亚当·斯密：《国富论》下卷，商务印书馆 1979 年版，第 252—253 页。

宪法时曾为此煞费苦心，但我们却往往忽视这一点。

亚当·斯密提出的第二项义务，不仅包括警察职权范围内的事，即保护人们不受肉体的强制，而且还包括设立“严正的司法机关”。自愿的交易，只要是复杂的或延续相当长的一段时间，就难免有含混的地方。世界上还没有那么好的印刷品，能事先写明可能发生的各种意外事件，确切说明交易各方在每一场合下的义务，因而总得有某种方法来调解纠纷。这种调解本身可以是自愿的，无须政府插手。在今天的美国，商业合同方面的纠纷，大多靠事先选好的私人调解人来解决。为适应这一需要，产生了一个庞大的私人司法体系。但是，最后的裁决，往往仍然要由政府的司法机关来做出。

政府的这个作用还包括制定一般性规则，也就是制定自由社会的公民在进行经济和社会活动时应遵守的规则，以便利自愿的交易。最明显的例子是私有财产的含义究竟是什么。我拥有一所房子。如果你驾驶私人飞机在我屋顶上方 10 英尺的空中飞过，这算不算“侵犯”了我的私有财产？如果是在 1000 英尺或 3000 英尺的空中飞过呢？对于我的产权止于什么地方，你的产权始于什么地方，并没有“自然的”规定。社会主要是靠习惯法来规定产权的含义，虽然近来立法所起的作用不断增加。

亚当·斯密提出的第三项义务，是人们最争论不休的问题。他本人认为这项义务适用的范围很窄。但有些人却一直用它来为政府开展极为广泛的活动作辩护。依我们看，斯密提出的第三项义务是政府应当肩负的一项正当义务，其目的在于维护和加强自由社会；但政府也可以以此为理由，无限扩大自己的权力。

其所以正当，是因为通过严格自愿的交易生产某些货物和劳务花费太大。让我们来看斯密在说明第三项义务时所举的一个简单例子：城市的街道和公路可以通过私人的自愿交易来建造，费用靠征税偿付。但征税的开支同建造并维修这些街道或公路的花费相比，往往过于庞大。所谓“公共工程”，是指那些不是“为了任何个人的利益而建立和维持的工程……但它们”却值得“大社会”来建立和维持。

一个更不易捉摸的例子涉及对“第三者”的影响。“第三者”是指某一交易以外的人。这个例子说的是“烟尘的污害”。你的炉子喷出烟尘，弄脏了第三者的衣领。你无意中让第三者付出了代价。如果你愿意赔偿，他也许乐意让你弄脏他的衣领——但是要找出所有受到影响的人，或者这些人要找出谁弄脏了他们的衣领，要求你各个赔偿损失或者同他们各个达成协议，是根本办不到的。

你加给第三者的影响也可能并不需他们付出代价，反倒给他们带来好处。你把房屋周围绿化得很美，使所有过往行人都享受到这景色。他们可能愿意为得到这样的特权偿付点什么，但是要他们为观看你可爱的花草而缴钱，是行不通的。

用行话来说，“外界的”或“邻居的”影响会使“市场失灵”，也就是说我们不可能让受到影响的人得到补偿或付出代价，因为这样做费用太大；第三者被强加了不自愿的交易。

我们做任何事情，几乎毫无例外地都会对第三者产生一些影响，不论这种影响是多么微小或受到影响的人距离我们多么遥远。结果，乍看起来，似乎政府采取的任何措施都是正当的，都是亚当·斯密的第三项义务所允许的。但这纯粹是误解。政府的措施也会对第三者产生影响。“外界的”或“邻居的”影响不仅可以使“市场失灵”，而且也可以使“政府失灵”。如果这种影响对于市场交易是重要的话，那它对于政府采取的旨在纠正“市场失灵”的措施多半也是重要的。私人活动对第三者的影响之所以意义重大，主要是因为难以弄清给外界带来的损失或好处。在容易弄清谁受到损失、谁得到好处而且损失、好处各有多大时，人们可以很容易地用自愿交易代替不自愿交易，或者至少是要求得到补偿。如果你的车子撞了别人的车子，责任在你一边，那政府可以迫使你赔偿对方的损失，即使这种交易是不自愿的。如果能很容易地弄清谁的衣领将被弄脏，那你就可以赔偿将要受到影响的人，或者反过来，他们可以付钱给你，好使你的烟囱少冒些烟。

如果私人方面要弄清谁给了谁损害或好处是困难的，那么要政府做到这一点也是困难的。因此，政府试图改变这种状况的努力最后只会把事情搞得更糟——把损失加到无辜的第三者头上或者让侥幸的旁观者得到好处。为了开展活动，政府必须抽税，这本身就影响纳税人的作为——这是对第三者的另一种影响。此外，政府权力的每一次扩大，不管是为了什么目的，都会增加这样一种危险，即政府不是为其大多数公民服务，而是变成一些公民压迫另一些公民的手段。可以这样说，每一项政府措施都背着一个大烟囱。

自愿安排接受第三者影响的能力，比我们骤看到时所想象的大得多。举个小例子，在饭馆里面付小费的是一种社会习俗，可以使你为你并不认识或不曾见过的人提供更好的服务，反过来，也使你从另一些不知其尊姓大名的人那里得到较好的服务。不过，私人行动的确对第三者产生了非常严重的影响，因而政府有足够的理由采取行动。我们应当从滥用斯密的第三项义务所带来的恶果中吸取教训，但教训不是政府无论在什么情况下都不能进行干预，而是主张干预的人要肩负严格把关的责任。我们应当对提议中的政府干预详加考察，权衡得失，再行定夺。这样做，不仅因为政府干预的看不见的代价难以估计，而且还出于其他一些考虑。经验证明，政府一旦从事某项活动，就很难停止这项活动。那项活动可能并没有带来预想的结果，但可能不断扩大，其预算不是被削减或取消，反而是不断增加。

政府的第四项义务，是保护那些被认为不能“负责的”社会成员。亚当·斯密没有明确提到这一义务。像亚当·斯密提出的第三项义务一样，这项义务也很容易被滥用。但这是不容推卸的义务。

自由只是对负责的个人具有实在意义。我们不相信疯子或孩子的自由。我们必须设法在负责的个人和其他人之间划一界线，但这样做却会使我们最终维护自由的目标变得极为模糊不清。我们不能断然拒绝照管那些我们认为不负责的人们。

对于小孩子们，我们把责任首先交给他们的父母。家庭，而非个人，过去一直是而且现在仍然是组成我们社会的基本单位，虽然它已明显削弱——政府干预活动增加的一个最不幸的后果。然而，把管孩子的责任交给父母大多是权宜之计而不是一条原则。我们有充分理由相信，父母比别人更关心他们的孩子，可以信赖他们会保护孩子，并保证他们成长为能负起责任来的人。但我们认为父母无权对孩子为所欲为——打他们、杀他们，或者把他们卖给别人当奴隶。孩子生来就是负责的人。他们有他们的基本权利，而不只是双亲的玩物。

亚当·斯密提出的三项义务，或我们提出的四项义务，确实是“很重要的”，但它们远不像斯密所想象的那样“易于为一般人所理解”。虽然我们不能机械地根据这些义务来确定政府已经进行的每一项干预活动是否可取，但它们毕竟为我们提供了一套原则，可以用来权衡利弊。即使作最自由的解释，它们也摒除大部分现有的政府干预，即所有那些“不是优惠就是限制的制度”。亚当·斯密曾坚决反对这些制度，而且最后摧毁了它们，但后来它们又经如下各种方式重新出现了：关税、政府对物价和工资的管制、对从事各种职业的限制，以及其他许多背离了亚当·斯密的“简单的自然自由制度”的干预。

实践中的有限的政府

在当今世界上，似乎到处都是庞大的政府。人们也许要问，当今是否有这样的社会：它们主要依靠自愿，通过市场组织它们的经济活动，其政府只限于履行我们提出的四项义务。

以英国为例。在为结束政府对工商业的限制展开的斗争中，亚当·斯密的《国富论》是对这种限制的最早的打击之一。这场斗争经过70年，最后在1846年以取消所谓“谷物法”获胜，该法律对进口小麦和其他粮食（统称谷物）征收关税并施加其他限制。这样开始了历时四分之三世纪的完全自由的贸易，直到第一次世界大战爆发，并完成了早在几十年前就已开始的向高度有限政府的过渡。用上面引用的亚当·斯密的话来说，这个变化使每个英国居民享有了“完全的自由，可以采用自己的方法，追求自己的利益，以其劳动及资本和任何其他人或其他阶级相竞争”。

经济因此迅速发展，老百姓的生活水平显著提高。在这种情况下，就更显出了某些贫困地区的惨景，对此狄更斯和当时的其他小说家都有极其生动的描述。人口随着生活水平的提高而增加。英国在世界各地的力量和影响不断增加。在上面所有一切获得发展的同时，政府开支却缩减到只占国民收入的很小一部分，从19世纪初期的接近国民收入的四分之一降到1897年维多利亚女王统治60周年大庆时的大约十分之一，这一年可以说是英国鼎盛时期的顶峰。

美国是另一个惊人的例子。19世纪的美国是征收关税的。亚历山大·汉密尔顿在他著名的《关于制造业的报告》中曾为之进行辩护，试图——肯定没有成功——反驳亚当·斯密主张自由贸易的论点。但按照现在的标准来看，那时的关税是很低的，而且政府对国内外自由贸易没有施加多少别的限制。直到第一次世界大战之后，移民入境仍然几乎是完全自由的（只是对从东方来的移民施加限制）。正如自由女神铜像上的铭文所说的那样：

> 给我，你们那疲劳的，你们那穷苦的，
> 你们那挤作一团、渴望自由的人们，
> 你们那富饶的海岸抛弃的可怜垃圾。
> 送给我这些无家可归、颠沛流离的人：
> 我在这金门旁举灯相迎。

移民成百万到来，我们成百万地接受。他们不受任何人的干涉，自由自在地生活劳动，日子越过越好。

有些人毫无根据地把19世纪的美国描绘成剥削成性的资本家和极端个人主义横行的时代。据说，当时垄断资本家残酷地剥削穷人，他们鼓励移民，然后敲骨吸髓地榨取他们的血汗。华尔街被描绘成了欺骗小城镇居民的恶魔，说它专门吸吮中西部农民的血，幸亏他们身体强壮，尽管受尽折磨，还是活下来了。

实际远非如此。移民源源不断地涌入美国。最初来的可能受骗，但10年、20年后仍有成百万人继续到美国来受剥削，就是不可想象的事了。他们来是因为那些先来的人大都实现了自己的希望。纽约的街道不是黄金铺成的，但是苦干、节俭和冒险精神带来了在欧洲不可想象的报酬。新来的移民从东往西扩展。随着他们的扩展，出现了一座座城市，越来越多的土地得到耕种。国家越来越兴旺发达，移民分享了繁荣。

如果农民受到剥削，他们的人数怎么会增加呢？农产品的价格确实下跌了。但这是成功的标志而不是失败的标志，它反映了机器的发展、耕种面积的扩大和交通的改善，所有这一切使农业产量急速增长。最后的证明是农田的价格不断上涨——难道可以说这是农业不景气的迹象吗？

据说，铁路大王威廉·H. 范德比尔特在答记者问时曾说："公众真该死。"这句话后来竟成了人们指责资本家残酷无情的口实，但这种指责是毫无根据的。正是在19世纪，美国的慈善事业获得了蓬勃发展。私人资助的学校成倍增加；对外国的传教活动急剧扩大，非营利的私人医院、孤儿院和其他许多慈善机构如雨后春笋般涌现。差不多每一种慈善机构或公共服务组织，从防止虐待动物协会到基督教青年会和基督教女青年会，从印第安人权利协会到救世军，都是在那个时期产生的。自愿的合作在组织慈善活动方面的效率，一点也不比在组织生产谋取利润方面的效率差。

除慈善活动外，文化事业也获得了巨大发展，不论是在大城市还是在边疆小镇，都修建了美术馆、歌剧院、博物馆以及公共图书馆，而且成立了交响乐团。

政府开支的数额是衡量政府作用的尺度。除了在几次大的战争期间外，政府的开支从1800到1929年一直没有超过国民收入的12%。其中三分之二是州和地方政府的开支，大都用于资助教育事业和修建道路。1928年，联邦政府的开支只占国民收入的约3%。

美国的成功常常被归因于资源丰富和幅员辽阔。这些自然起了作用——但如果这些是必不可少的，我们又如何解释19世纪的英国和日本呢？

常有人坚持说，19世纪的美国人烟稀少，所以政府可以限制自己的活动，实行自由放任的政策，但在人口集中的现代工业社会里，政府必须起大得多的、确确实实的主导作用。

我们的社会是我们自己建立的。我们可以改变各种制度。物质的和人的特性限制了我们选择的余地。但是，只要我们愿意，这些都阻止不了我们去建立这样一个社会，它主要依靠自愿的合作来组织经济活动和其他活动，它维护并扩大人类的自由，把政府活动限制在应有的范围内，使政府成为我们的仆人而不让它变成我们的主人。

（选自[美]米尔顿·弗里德曼《自由选择：个人声明》，胡骑等译）

第二十四讲　市场需要规则

[美]詹姆斯·布坎南

詹姆斯·布坎南（James M. Buchanan），1919年出生在美国田纳西州。布坎南是公共选择学派的创始人。这个学派把政客当作追逐私人利益的人来进行分析，从而揭示了所谓的市场失灵在政治过程中其实表现得更严重。基于这一分析，布坎南创立了宪政经济学，也即自利的个人可以通过对宪法规则的选择就限制国家权力达成一致。1986年，布坎南因为"发展了经济和政治决策的契约与宪法基础"而获得诺贝尔经济学奖。他的主要著作有《同意的计算》（*The Calculus of Consent: Logical Foundations for Constitutional Democracy,* with G. Tullock，1962）、《民主过程中的公共财政》（*Public Finance in Democratic Process: Fiscal Institutions and Democratic Choice*, 1967）、《成本与选择》（*Cost and Choice: An Inquiry into Economic Theory*，1969）、《规则的理由》（*The Reason of Rules: Constitutional Political Economy,* with G. Brennan, 1985）等等。

【编者按：市场是个人合作交易的机制，而没有规则，就不可能有合作交易。在这篇文章中，布坎南讨论了为什么市场需要规则。而一旦有了公认的规则，则无论结果如何，就都是公平的。】

一、引言

经济学家喜欢拿鲁滨孙·克鲁索的故事切入他们所要讨论的主题，因为鲁滨孙面对着一个“经济问题”，他要决定在各种竞争性的用途中如何分配自己的稀缺资源（包括时间）。但是，在这种做法中有着某种令人深感不满的因素。借助于这个事例，人们很容易从鲁滨孙的背景滑向“社会”本身也面对“经济问题”的另一个背景，从个人效用最大化的分析跳到对社会价值最大化的直接讨论上去。

在这种教学程式中被忽略的东西，是构成社会的个人之间的**互动关系**。个人在社会背景中面临多种选择，在这个背景中，其他人的存在及其行为，以及约束着他们的行为的各种制度，要比自然界的物质约束重要得多。经济学是或应该是一门研究社会中的个体行为的学问。

这种行为未必是下述意义上的“社会”行为：个人认识到在直接相互交往的各方的行动之间存在着相互影响。在巨大的现代社会里，个人行为可以是完全非人格的行为，就像在理想的竞争性市场模型中那样。在限定的情况下，所有参加者对受外生因素决定的参数做出反应：没有谁对别人发生直接影响。所有当事人之间复杂的相互依存关系的后果，无法成为任何参与者的选择目标。

在限定的情况下，或在至少有部分行为显然是“社会”行为这种更一般的情形下，协调个人行为的**规则**是非常重要的，对于理解相互依存的过程也总是非常关键的。有着相同的动机和能力的相同的个人，在不同的规则集下，在相互作用中会产生出相当不同的总体后果，并对每个参与者的福利带来非常不同的影响。个人的时间和精力分配，在回报与绩效挂钩的背景下是一个样子，在回报采用其他标准的背景下则是另一个样子。至少从 18 世纪以来，尤其是自亚当 · 斯密以来，人们已经认识到了规则（斯密的字眼是“法律和制度”[laws and institutions]）对于社会结果的影响，这种关系为脱胎于古典基础的经济学和政治经济学的一个核心论点提供了基础。

如果规则影响着结果，如果某些结果“优于”其他结果，那么，从规则能够被选择这个意义上说，对规则和制度的比较研究和分析，就变成了我们关注的合适对象。如果不理解组成一种社会秩序的个人如何相互交往，以及不同的规则对这种交往有何影响，那么，社会的参与者也就不可能对现行规则做出有条理的变革，甚至不可能慎重地行动以维护那些已被证明对社会本身的尚可接受的有效功能具有重要意义的规则。

我们自己的社会一方面有着合作的利益，另一方面有着冲突的前景，我们能够为这个社会提供什么建议呢？我们应当摒弃我们的社会生活的哪些方面呢？引导我们相互发生负面影响的“社会秩序规则”——即控制着我们相互交往的制度安排——在哪里？能够加以利用的促进和谐的力量又在哪里？我们应当为维护什么样的规则和什么样的制度而奋斗呢？

这些问题正是我们称为“立宪政治经济学”的研究领域（它体现着古典政治经济学家的精神，这些问题对于他们也具有核心意义）。虽然这些问题在现代话语中受到普遍漠视，但它们仍然是重要的问题。在彻底的认知分析的真空中，这些问题是不会被提出来的。它们确曾吸引着西方传统中一些最杰出的头脑。然而很不幸，他们积累的大量智慧却被人忽视了。常常被认为不过是一些意识形态问题，所以各种答案也只被看作一些意见，有关它们的观点之间的差别也是半斤八两。确实存在着一个相当大的、尚可容忍的分歧范围；但是也存在着一种提出这些问题的程式，以及一种能够为争论设置条件的分析方法。

这些问题本身、提出问题的正确程式以及相关的分析方法，构成了这本书的任务清单。我们在这一章的目的是搭设一个舞台——钉上几个挂钩，以方便此后放置各种衣帽。具体而言，我们首先要以抽象的语言说明不同的互动类型。我们将指出——仍是从抽象的角度——规则和制度与现有互动关系发生关联的方式。然后，我们将把各种不同的互动关系类型与经常同它们相伴而生的社会背景联系起来。最后，我们将简略讨论一下一般规则，并把由此得出的认识与社会—政治—经济背景联系起来，当然，后者正是我们集中关注的问题。

二、规则的理由

这本书的题目是“规则的理由”，我们将渐次讨论许多理由。但是首先必须讨论所有理由中最基本的理由，尽管我们在其他著作中已经对它做过较为细致的阐述。[①] 我们需要社会规则，是因为如果没有规则，生活就会像霍布斯在300年前告诉我们的那样，“孤独、贫穷、肮脏、残酷和匮乏”[②]。只有那些浪漫的无政府主义者才会认为，人们中间存在着“自然和谐”，即使没有任何规则，他们也能消除所有冲突。我们需要共同生活的规则，其简单的理由是，没有规则，我们必会陷入争斗。我们会陷入争斗，是因为一个人的欲望对象也会是另一个人的所求。规则界定着我们每个人从事自己的活动的私人空间。

说明人际冲突的潜在可能性以及解决这种冲突的潜在手段的最佳方式，也是人们最熟悉的方式之一，大概就是经典的囚徒困境。请看矩阵

① 特别参见：James M. Buchanan，*The Limits of Liberty*（布坎南：《自由的界限》），University of Chicago Press，1975. ——原注

② Thomas Hobbes，*Leviathan*（霍布斯：《利维坦》，1651），New York：Everyman Edition，1943. ——原注

1，每个方格中的数字代表 *A* 和 *B* 两个中每一位的正值支付（positively valued payoffs）；每个方格中左边的数字是 *A* 的支付，右边的数字是 *B* 的支付。注意行和列的先后次序。这里的意思是，如果只玩一场博弈，在行之间做选择的 *A* 将选择第二行，这与他对 *B* 将做出何种选择的预测无关。同样，在列之间进行选择的 *B* 将选择第二列。结果各自独立的选择行为产生出一个“解”，即方格Ⅳ。然而，这个支付矩阵说明，如果他们都选择第一行、第一列，以方格Ⅰ作为解，他们的利益将同时增大。然而，除非有某种规则或习俗促使他们采取这个行动，个人理性和最大化行为将必然导致选择Ⅳ的结果。在这个格局中包含着一个清晰而又简单的信息。处于这个互动过程中的人的共同性，需要一种规则，一种具有社会约束力的规范，它将阻止个人的行为最终导致大家都不愿看到的方格Ⅳ所表示的结果。

	B	
A	Ⅰ 6，6	Ⅱ 0，10
	Ⅲ 10，0	Ⅳ 1，1

矩阵 1

从这个简单的例子中可以看到若干值得注意的要点。第一，正如前面已经指出的，*A* 和 *B* 都不能独自决定社会互动的后果。结果总是出自双方的行为，无论把这一行为描述为无规则情形下的个人预期效用最大化，还是服从着某种规则或习俗。

第二，只要互动结构如同矩阵里描述的那样，即存在着就某种规则或习俗达成协议的潜在可能。也就是说，如同矩阵所示，“博弈”不需要支付上的对称。所需要的是参与博弈的各方如同矩阵里的数列那样，有一个有序的排列。只要四个方格在 *A* 那里的排列依次是Ⅲ、Ⅰ、Ⅳ、Ⅱ，而 *B* 的排列依次是Ⅱ、Ⅰ、Ⅳ、Ⅲ，那个结果就会出现。因此，如果愿意，我们可以对这些数字按倍数扩大，例如，给 *A* 的支付乘以 100，同时 *B* 的支付不变，这并没有改变互动关系的基本结构。

第三，尽管存在按照愿望达成一般协议的可能性，这个简单例子还是暗示了强制问题的存在。假设 *A* 和 *B* 同意分别选择第一行、第一列，在方格 I 中得到了他们所希望的结果。如果 *A* 希望 *B* 遵守协议，但是，*A* 自己在选择第二行时会得到更高的支付，只是违反了协议。同样地，如果 *B* 希望 *A* 选择第一行，他自己选择第二列时可以增加好处。因此，任何规则只要受到所有当事人的尊重就可以得到较高的总回报，但规则也是脆弱的，因为一部分乃至全部当事人都会在自己利益的驱使下受到违反协议的激励。这不是说潜在的违反协议的人是不正常的、非理性的。的确，这个假设几乎与事实完全相反。在缺乏有效的强制办法时，奉行规则而不是背弃它，需要个人坚决摒弃所期盼的效用最大化，至少这个行为命题在现代经济学中通常就是如此表述的。

囚徒困境的行为模式是高度简化的，但是，我们认为，它的结构依然包含了理解社会秩序的核心问题所需要的大部分要素，即协调有不同动机的人的行为的要素，这种行为所产生的后果模式对所有当事人都是可以容忍的。我们的同事塔洛克很恰当地把他的书名定为《社会的困境》[①]，以此暗示类似囚徒困境是普遍存在的。当然，概括地说，这种困境采取了高度复杂的结构形式。当我们的分析推及一个团体中或由政府机构安排在一个集体中各自活动的许多人，以及包含不同决策层次的许多选项时，可以被考察的有意义的相互作用背景的数量不会受到任何限制。

然而，在这本书里，我们甚至不打算为这些互动关系的一小部分建立模型。下面我们将把理解一般性的两难困境作为我们的出发点。这种困境意味着对个人、集团和集体行为做出适当限制的规则，从总体上说是可取的。在这一章的其余部分，我们将分离出若干常见的互动关系中的规则的特征，以便着手讨论社会和政治背景下的规则。

---

① Gordon Tullock，*The Social Dilemma*（塔洛克：《社会的困境》），Blachsburg, Va：University Publications, 1974．——原注

三、游戏规则

当我们提到“规则”时，大概与之联系最密切的事物就是“游戏”。讨论一般游戏的规则是很有意义的，例如桥牌这种客厅游戏，或网球和篮球这类体育运动。一切游戏都需要规则，它规定着使游戏得以发生的参数——得到游戏者承认的行为，所使用的器材，解决分歧的办法，确定胜出者的方式，等等。

在讨论一般的游戏时，我们在区分游戏**规则**本身和这些这种规则下的**游戏活动**方面没有什么困难。游戏活动是在规则之下发生，但游戏活动本身不构成规则的一部分。规则提供了游戏活动的框架，使许多不同的游戏形式可以在给定的规则之下展开。相反，一次具体的游戏活动是确定的或封闭的。的确，该词的一般用法造成了混乱，当我们说“游戏”时，它既指规则的结构（例如，说“篮球是一种**游戏**”），也指规则之下的游戏活动（例如，说“湖人队在昨晚的**游戏**中打败了凯尔特人队”）。

在社会和政治背景下，社会互动关系的规则和这些规则之下发生的行为模式也可以做出同样的区分。不过在这里做出区分往往要比在一般游戏中更加困难，正是从这个意义上说，讨论一般游戏对我们是有帮助的。然而，在规则与规则下的行为之间的区分，对于所有社会互动关系是普遍有效的。

一般游戏的事例，也有助于我们讨论另一种既相关又独立的区分，即在一定规则下的游戏策略的选择与规则本身的选择之间的区分。一群人玩明着抽扑克牌（先发面向上和面向下牌各一张，然后三次发面向上牌各一次，每次发牌后随作拼赌）。与一个人玩时，尽管都遵守明牌规则，但是在将牌面朝下放表示放弃和继续要牌之间做出的选择，是很不相同的。

在社会和政治背景下的相应区分必须得到强调。有必要对确定规则的过程与规则之下选择具体行动的过程加以区分。但是在社会环境下做出这种区分更困难一些，因为在制约着私人行为的规则与制约着政治人物——他可能参与改变前一种规则的活动——的规则之间存在复杂的依存性。也就是说，参与立法的多数派可能是在**规则**（政治宪法 [the political constitution]）**之下**活动，这些规则限制着他们**改变**制约私人活动的规则。我们必须用心区分对规则的选择和在规则之下对策略的选择，后一种规则是指可运用于一个明确的决策单位所面对的形势的规则。例如，如果产权规则允许我们在自己的土地上烧杂草，当我们某一天决定烧掉一堆杂草时，我们是按规则采取行动。通过立法措施把烧杂草定为非法，等于改变了我们作为私人土地所有者所遵守的规则。但是，立法机构在通过这项法规时遵守着它自己的规则，比如简单多数票的规则。把对常见的普通游戏的讨论作为我们的起点，其初步的益处是，从直觉上即可以看出选择的这两个层次。

对于普通游戏中的规则的研究可能在某些方面产生误导。在设计普通游戏时，要让规则下的游戏活动十分有趣。也就是说，这种游戏活动本身是每个潜在参与者的共同目的。我们前面提到的基本困境，即因为规则可以避免大家不愿意看到的结果而需要规则的基本困境，对普通游戏的研究中却会变得不那么清楚。

当我们把注意力转向社会和政治互动关系的环境时，没有必要考虑活动本身的娱乐性，也没有必要针对博弈活动的趣味性目的而规定对个人博弈者的支付。在社会政治的规则中没有必要存在共同的目标。个人被看作有着由他们私人决定的目标，他们自己的生活计划，这些事情不需要与别人一致。在这样的背景下，规则的功能在于方便那些愿望千差万别的人们的相互交往。为了讨论这一特点，最好转向另一种逻辑框架。

四、道路规则

道路规则——这是我们熟悉的这个词语的另一用法——在制定或修改时并不以道路使用者的某种具体目的为准则。道路使用者的目的大不相同——商业的、娱乐的或某种综合性的，他们对路线、速度和车辆种类都有不同的要求。道路规则的功能是，允许人们追求他们自己各自独立的行动路线；如果没有这种规则，他们的私人选择就要引起冲突。这些规则并不意味着道路使用者的各种目标会成为单一的筹码，类似于普通游戏中的“胜出”。

我们还可以看到道路规则的另一特点。一整套规则的有效性不取决于使用设施者的技能水平的高低。一整套规则可以是优越的，因为它允许驾驶员无论优劣可以同时利用道路，这个特点在普通游戏里是不存在的。道路规则有一种社会功能，即为所有使用设施的人达到目的提供方便，而不管他们的目的是什么。而且，规则也是依照它满足这个标准的能力受到评价。

同样的道理，制约社会和政治互动关系（即人们在经济和政治活动中的相互关系）的那些规则，归根结底要根据它们促进政治关系中的所有人实现其各自目标的能力加以评价。这种规则允许个人做如下事情吗？在保障每个人的目标涉及相互依赖的条件下，个人以每个人都能最大限度地达到自己的目标、而别人也享有这样做的平等自由的方式，去追求他们的私人目标。

专注于道路规则这个例子，使我们能够分辨出一个常常受到忽视的特点。规则使每个人对别人的行为有了**可预测性**。这种可预测性所采取的形式是，它告知那些参与互动关系的人们的活动或其边界。

例如，假设有一个发展中小国刚出现汽车，数量也很少。这个国家同时受到法国和英国的影响，所以，早期的道路使用者既有靠左行的驾车者，也有靠右行的驾车者。随着汽车数量的增加，缺乏统一的规则带来了麻烦。两车相遇，每个驾车人独立调整，两人都不知道对方会做出何种反应，由此产生一种后果，它类似于霍布斯式丛林（Hobbesian jungle）的生活。此时，所有各方当事人只要采取一种规则，无论是何种规则，即可摆脱困境。

我们用矩阵 2 解释这种情形。这里的博弈基本上是一种合作博弈，采用规则是为了告知。两方中的每一方都具备了预测另一方行动的能力。根据假设，规则采用靠左行还是靠右行无关紧要，只要规则产生对称行为即可。在这个例子中，政府可以承担起公布规则的角色。然而历史也能做得不错，甚至更好——因为社会习俗常常可以建立起相关的行为规则。

在规则的可预见性内容和随之而来的可实施性问题的相对重要性这个方面，矩阵 2 所描述的互动关系不同于矩阵 1 中更一般的两难游戏。矩阵 2 描述的游戏基本上是一种合作博弈；只要采用某种规则，**无论什么**规则，即可保证得到主要收益，任何游戏者违反规则，相对而言得到的好处甚少。然而，如矩阵所示，违规行为也能得到**某种**好处，于是就有了强制实施的问题。例如，如果 *A* 知道 *B* 总是遵循规则，*A* 就会发现他个人偶尔不守规则是有好处的。但是，规则一旦付诸实施，违反规则的诱惑不会像更一般的囚徒困境情形那样普遍。

		*B*的行为	
		遵守规则（左行或右行）	独立调整
*A*的行为	遵守规则（左行或右行）	Ⅰ 10，10	Ⅱ 5，11
	独立调整	Ⅲ 11，5	Ⅳ −10，−10

矩阵 2

纯粹的合作博弈（不是这个矩阵描述的那样）不会让违反规则或习惯行为占到任何便宜，也完全不会产生强制实施的问题。这种互动关系的确存在。语言可以被看作符合这个条件。在社会共同体中所有的人都受着激励，用别人能够听懂的语言说话。存在一种自然的力量来创造共同的词汇和语法规则。对礼俗用语也可以这样说，人们的行为依靠这些东西向别人传达某种意义。

然而，矩阵 1 中基本的囚徒困境下的互动关系，或矩阵 2 中信息合

A \ B	选择靠右行规则	选择靠左行规则
选择靠右行规则	10，10	—
选择靠左行规则	—	—

矩阵 3

作下的互动关系，都没有清楚显示出其他一些重要特点。这两个例证都是指在有规则和无规则之间的最后选择。一旦更复杂的游戏活动展开，也就是说，一旦所有各方都认为需要某项规则，便有了第二种选择，即在不同规则之间的选择。考虑以下情形，有可能被采纳的规则之间是有差异的，即使我们保留博弈双方所获得的支付是对称的这一假设。这里的“博弈”其实是矩阵 2 的一个“子博弈”。

看看矩阵 3，它发生在矩阵 2 方格 I 之内。此时双方的选择不是在采用规则和无规则情形下调整个人行动之间的选择。这里的选择是面对不同规则的选择。如矩阵 3 所示，“靠右行”优于“靠左行”。在这儿，有无规则是重要的（矩阵 2 表明了这一点），但采用什么规则也是重要的。因为游戏者之间在支付上的对称，在给定制度选择之下他们将选择同一规则。

这里描述的互动关系有两点值得着重指出。第一，从历史中产生的表现为“非成文规则”形式的社会习俗，未必产生最令人满意的结果。现代社会分析家（如著名的哈耶克及其追随者）毫不含糊地认为，社会和文化“进化”的因素能产生有效的规则。可是似乎没有证据让我们断言这些因素总能保证选择出最好的规则来。在我们的例子中，“靠左行驶”规则能够出现和流行——特别是如果外生变化改变了一个时期不同规则之下的相对支付时。此后可能几乎没有或根本没有进化的压力促使更为优越的规则出现。这种前景警告我们要定期评估各种不同的规则，把规则本身看作可以选择的对象，需要根据它们所导致的社会状态加以变革和改造。这一前景也提醒我们，广义上的“政府”可以承担一项职能，即对新旧规则之间的转换发挥促进作用。这个意义上的“政府”可以有各种不同的解释——经一致同意产生的议会，相关博弈者的总和，或是另一种极端形式，一个偶然出现的独裁国王。在这个例子中收益是对称的，因此担任规则的选择者没有特别的利益，但对于某些个人、集团或过程来说，被授予选择规则的权力可能是非常重要的。

第二，把“左向行驶”改为“右向行驶”**未必令人满意**，尽管后者在矩阵中是超优的。[①] 如果规则被认为能够向游戏者提供信息，使游戏者能够预测对手的行动，那么，规则的任何改变将破坏信息。如果每天早晨通过掷骰子来决定规则（“靠左行驶”或“靠右行驶”），也就没有规则可言了。为了功能发挥，规则需要稳定。如果规则不断变化，它所提供的信息将丧失意义。每个游戏者将不再理所当然地认为其他人将遵守现存规则，即使他自己知道现存规则也没用，因为他不知道别人是否知道他知道。如果其他人遵循“过时”的规则还能过得去，每个人就很少受到激励来遵循新规则。

这个讨论说明，宪政主义的视角有着一种天生的保守主义倾向。仅仅证明如果实现了状态 *A*，它将“优于”现状，并不足以证明改变现状是合理的。如果“局部”最大值得到实现，它就有可能变成“全局”最大值。

对这个事实的认知，揭示了宪政**设计**与宪政**改革**之间的一个关键区别。在不存在有效的现行规则的地方，进行宪政设计时，需要做的事情是在产生一组后果的规则与产生另一组后果的规则之间做出选择。产生出人们所期望的结果的规则也就是人们所偏好的规则。但是，当问题是

① 博弈论中有超优策略（dominant strategy）的概念。在博弈过程中，不论对手采用什么策略，如果自己的最优策略是唯一的，那么自己的这一个策略就是“超优策略”。

改变现行规则时，例如在宪政改革的情形下，在可以随意制定规则的情况下导致最受偏爱一组后果的规则，未必就是超优规则。

这一论证可以强化社会进化论者对建构主义激情的厌恶。只要存在着稳定的、尚可容忍的规则，一个共同体不试图实行变革或许更好。然而，承认这一主张并不足以让我们相信，对现存规则的直接改革**从来不可能**令人满意。这一论证只是提醒我们，有必要关注用来修改现存规则的程序，尤其是要确保在不清楚转变的成本时，规则的改变不可过于频繁。

从另一个重要的角度看，矩阵 2 和 3 所描述的基本的合作博弈是非常简化的。除了导致强制实施问题的个人和“社会”利益之间的普遍冲突外，还有个人在规则选择方面的分歧。在这里所讨论的合作博弈中，故意没有涉及这种潜在的冲突。在矩阵中的方格排序中，两个博弈者是无差异的。

然而，让我们设想一个不同的例子，它仍然处于道路规则这个范畴之内。由于已经提到的理由，有某种规则的好处是不言自明的；背景也与“靠右行”、“靠左行”的例子相同。但假设对于处在十字路口的行为有两种规则，只能选择其一。一项规则是“右边先行”；另一项是“左边先行”。矩阵 4 描述了这十字路口的例子。请注意，在 *A* 和 *B* 之间，两个相关方格的排序是不同的，*A* 更倾向于第一项规则，“右边先行”，而 *B* 更倾向于第二项规则，“左边先行”。这种不同的排列有可能发生，例如，*A* 预测在大多数早晨他将从 *B* 的路线的右侧接近十字路口。

两个博弈者想要不同的规则，尽管他们都同意有规则强于无规则。然而，由于在采纳什么样的规则上存在分歧，在两个参与者之间将产生拖延和争执，每一方都希望通过不同规则的选择来保证自己得到最大的利益分配。

对于不同的人赋予不同的规则的不同的利益，不应过分强调。考虑到规则的长期性，以及人们会预测到在连续博弈中可能获得有利的地位，博弈者可能倾向于就规则达成协议，规则的采纳比我们简单的分析

		B的行为	
		遵守规则（左行或右行）	独立调整
A的行为	遵守规则（左行或右行）	Ⅰ 10，10	Ⅱ 5，11
	独立调整	Ⅲ 11，5	Ⅳ –10，–10

矩阵 4

所认为的要更快。在我们的例子中，如果博弈者预知每个人有时会从右边接近十字路口，有时从左边接近十字路口，互动关系的模式就可以用矩阵 2 而不是矩阵 4 来表示。[①]

五、市场秩序的规则

在第二节和第三节，我们的目的是利用一般博弈和道路规则这些人所熟知的例子，分析出规则的若干要素。然而，我们已经说过，我们所关注的核心是经济和政治秩序方面的规则。在这一节，我们要讨论市场或经济秩序的规则，在下一节，我们将考察政治秩序的规则。

在先前的两个例子中，只要考虑到互动关系，对规则的需要立刻变得显而易见；若不考虑规则，人们无法对一般博弈和交通规则进行理论分析。然而，在涉及人们在经济领域里更为重要的互动关系时，在这种互动关系中支配着个人行为的规则却常常受到忽视。经济学家本身在这

① 对于达成采纳何种规则的协议会容易实现，而对于达成严格限定的分配性配置（distributional allocation）的协议则要困难得多，对此所做的一般的原则性讨论，请参阅 James M. Buchanan and GordonTullock，*The Calculus of Consent*（布坎南和塔洛克：《同意的计算》），Ann Arbor：University of Michigan Press，1962。——原注

方面一直有着漫不经心的恶名。对市场机制的复杂分析很少提到规则，而正是依靠这些规则，个人行为才得以在市场上发生。亚当·斯密却不是忽视规则的人，他强调了经济秩序的“法律和制度”的重要性。

对斯密和古典主义的这种视角的背离，最典型的例证也许是这个世纪中叶发展起来的理论福利经济学对“市场失灵”的分析。根据与经济学家从数学演算中得出的标准模型的比较，据说“市场”失灵了。分析的展开让人觉得，制度约束似乎完全与个人在市场结构中的互动方式无关。

对规则相关性的最好证明，也许是关于共有财产资源使用的例子，有时也用“公地悲剧”来证明。如果用简单的效用最大化原则来描述使用者的行为，人们断定公地会出现过度放牧的后果。据说市场在使稀缺资源得到有效利用上“失灵”了。然而，现在我们很熟悉，这里的问题与市场过程的机制无关，而与使用者据以行动的规则有关。改变一下规则，让稀缺资源由分立的私人所有，并施以保护个人所有权的手段，即可消除这种无效率。这个例子说明，经济学家的倾向是看重结果，而不是看重产生结果的规则，这种态度始终是各种理论混乱的根源。结果的改变要通过规则的改变来实现，而不是通过对结果的直接操作来实现。

理论福利经济学家从规范角度的攻击，是给政府或集体对市场的干预提供依据。有一部分经济学家支持规范意义上的市场制度，他们的态度的特点就是对规则之重要性的广泛疏忽。这些经济学家总倾向于忽视规则的重要性，有时是因为一个天真的假设：“市场会出局”，而并不在乎制度约束。他们假设，市场方案会强大到足以让任何可能存在的制度约束失效。似乎一直存在着把以下两者混为一谈的现象：一是在既定约束下的经济激励行为的强大，一是力求改变这种约束的经济激励行为有可能十分强大。似乎相当有可能的是，在既定制度之下的市场结果有可能十分强健，而这些制度在人们对制度设计和可能的变革没有予以明确和直接的关注的情形下，对于变化的反应相当迟钝。

让我们回到对共有财产的例子上。可能存在一个运作良好的渔业市场，其中供需力量的作用产生了完美的配置——分配后果（假定资源和制度参数不变），同时，在渔场产权缺席的情况下，无法制定出任何意义上的符合规范理想的规则。

市场规则的第二个方面也值得注意。在我们前面关于道路规则的分析中，我们发现规则的基本功能是防止个人妨碍别人的行动：制度有着阻止灾难性损害这一基本的消极功能。这是霍布斯赋予防止无政府状态的社会秩序规则的基本任务。然而，根据斯密的市场秩序观，人类互动关系还存在着一个积极的方面。在斯密的世界观中，商人之间的合作能够通过劳动分工而使各方获益。在劳动分工的每一个环节，每一个活动者在他自己的个人利益的引导下，通过发挥创造性的想象力而对自己的环境做出反应，由此也间接实现了其同胞的利益。这种创造性活动的连续进行产生了一种秩序，它既反映人类合作的巨大好处，也为出现更多的创造性活动提供了空间。无论如何，只要思考一下现行的市场秩序，即可认识到人类通过劳动分工进行合作所产生的收益的性质和数量。但是，人们不能事先预测到那些收益的性质和数量会是什么样子。要做到这一点，需要研究者具备当前分散在所有经济活动主体中的创造性想象力。

从这一观点可以得到两个结论。第一，在市场规则的选择中，必然有着某些非目的论的因素。如果规则所导致的特定后果的确切性质只有在其出现时才能被发现，怎么能够根据这些后果去选择规则呢？第二，如果市场制度未被恰当地界定，或采用了某些不利于市场良性特征的规则，我们是完全不可能知道规范性“失灵”的真实含义的。我们可以设想，推动人类合作的发动机没有充分发挥功效——但是对于还有可能出现什么局面，只能是胡思乱想。

六、政治秩序的规则

许多社会分析家都会同意，市场过程是在合理的清晰界定的规则下运行的，这些规则是很重要的研究对象。他们也许不大愿意用同样的眼光看待政治过程。但是，政治“选择”也是从一定规则之下的个人之间的互动关系中产生的。每个当事人都受着他人行为的制约。政治活动主体是在或多或少被清楚界定的规则下采取行动。他们在可以利用的范围内做出选择，以便使他们的回报最大化（在这里如同在其他背景下一样，回报既包括经济方面的也包括道德方面的目标）。至关重要的问题是，对分立的活动主体之间的关系起支配作用的一套制度，是否最有利于引导个人去增进其他人的利益，或至少不损害他人的利益。

用我们研究市场的方法来研究政治过程，有几种不同的方法。首先，也是最重要的一点，是把政治过程视为有着互动关系的个人组成的一个系统，由此产生出各种均衡的结果。这种观点会认可我们能够归之于那些个体的任何动机，也会认可我们据以评估运行规则的任何一种标准。这里所说的动机和标准，能够从经济学家的工具箱中挑选。在随后几章，我们将探索这些把经济学方法运用于政治的途径。但这里的关键问题既不是当事人的动机，也不是评价标准，而是我们打算从考察市场的相同角度考察政治过程。有着各自目标的个人，在一套规则（政治制度）下相互交往以实现那些目标，这种相互交往过程最终形成一种特定的均衡结果。如果个人的能力和目标不变，则改变结局的唯一途径就是改变规则。反之，规则的任何改变，都将改变从个人交往中产生的结果。

我们在下面几章的许多讨论，都涉及政治规则结构的特定方面的含义。这里我们要特别提醒读者注意政治背景下的规则—结果之区分的某些必要细节。在一个层次上，政治游戏的规则是相当清楚的：多数规则；定期选举；对政府的获取权力的各种限制；对公共开支进行系统审计的规定；选举安排的地域结构，包括联邦结构之下政治权限的可能的分配，等等。但这些特征本身有许多是从政治过程中产生出来的。例如，对于具有重要宪政特点的公共活动之恰当领域的理解，主要取决于正在发生的政治决策。在这个意义上我们说，规则—结果之分在政治背景下变得模糊不清了。然而，由于规则和遵照这些规则做出的决策本身，其实都形成于同一政治过程，因而这一区分的重要意义似乎多少有点被夸大了。而恰恰是在这种区分不那么清晰的地方，博弈的基本规则才面临风险——正是基于这个理由，我们将在政治背景下继续坚持规则—结果之分。

七、规则的重要性

研究规则的第一步论证，取决于我们承认规则的如下作用：它能够为一个由有着既定能力和目标的社会人所组成的共同体，萃取出一种均衡结果或结果格局。我们一直不遗余力地指出，社会中的同一群人之间的互动，能够产生出各种不同的社会结果，这取决于现行规则。但是，只有那些能够在某些制度安排下作为均衡而形成的社会后果，才是合理的。基于这个理由，考察所有能够设想的社会结果，并依照某些独立的、外在的规范性标准选择出最恰当的理想结果，是一种误导世人的做法。制度安排对一组社会结果的约束力，不亚于划定了人们的欲望和产品之范围的基本的生理约束（“禀赋”）。

为避免别人指责我们是在这里扎一个稻草人，我们来考察一下公共政策领域关于分配公正或“公平”问题的传统讨论。传统的做法是考察符合生产能力的基本禀赋、符合再分配过程中造成的必要损失的所有总产出的分配模式（不过，有时甚至连后者也被忽视了）。以此为基础，分离出理论上最为可行的一套“分配模式”，引入某种社会福利函数或伦理标准，以便从中挑选出“最优”模式。然而，一个理所当然的宪政主义问题是：我们如何保证从政治过程中形成这一“最佳”结果？更有意义的做法大概是，把各种备选的政治规则具体化，考察由它们形成的分配模式。如果它们没有一个恰好与以前推导出的“最优”分配相一致，那么我们只能得出结论，这种“最优”分配是不可行的。

宪政主义者之所以坚持研究规则，是因为他力求将所有相关的约束纳入分析之中。在分析中不考虑制度性约束，与不管经济活动主体的生产能力的限度或无视基本的稀缺约束一样，都应当受到批评。

研究规则的第二个论点，从性质上说是规范性的，它有几个维度。我们将在下一章详尽考察其中之一，我们将会看到，在不同的规则间进行选择时，由于这些规则将在长期的连续博弈中有效，而其中的每个玩家的运气都不太确定，因而这样的选择具有在规则之下进行的选择——在这里，每个博弈者的处境是十分明确的——所不具备的某些特征。更明确地说，博弈者的利益中发生冲突的天然倾向，会在规则的选择中得到大大缓解，并提高博弈者就规则达成一致的可能性。

但是，在主张关注规则而不是结果的规范性论点中还有另一个维度。这涉及如下主张：不了解结果如何发生，也就不可能从规范的角度正确评价结果。提出这一主张可以基于如下理由：过程内在地具有规范含义，或关于过程的信息反过来提供了关于结果的信息，而如果没有这一信息就很难甚至不可能进行评估。

考虑一个简单的例子。假定出现了一个具体的经济结果，甲有 5 个苹果、6 个橙子，乙有 10 个苹果、9 个橙子。对这一结果的评价在一定程度上取决于我们所获得的有关这一结果如何产生的信息。假定我们发现，这仅仅是因为甲拿走了原来属于乙的 6 个橙子。如果我们认定乙以前的占有有合法的资格证明，我们就可以认为后来出现的结果在规范的意义上是不能接受的，因为它是由甲的盗窃行为而出现的——因为在形成这一结果的过程中，甲在规范意义上违反了相应的行为规则。

同样，从规范的角度看，比赛——比如赛跑——的结果也许根本无关紧要：只要规则是公平的，并得到了遵守，则任何结果都是可以接受的。换言之，就算从规范的角度说结果有着重要意义，但形成它们的过程同样如此。一个无辜者被错误地判定犯有某一罪，如果他知道虽然陪审团搞错了事实，但审判是完全公正的，他也会稍觉安心。同样，确实有罪的人，在完全公正的审判程序中可能觉得自己罪有应得，即使他早就断定会有这种结果。在这两种情况下，对于规范性目的而言，结果与过程同样至关重要。

规则在另一层意义上也可能具有规范性意义——不是因为遵守某种规则的过程具有独立的价值，而是因为遵守规则提供了有关结果之规范状态的信息。尤其是在相关结果的属性是其效率时，即属于这种情况。具体说来，如果苹果与橙子在甲和乙之间的配置状态是双方以自己的初始资格作为起点，通过自由交换而形成的，且假定苹果和橙子都显示了通常的“私人”物品的属性，则我们就可以推断，由此得到的配置是有效率的，或至少可以说，这一交易合乎帕累托标准。如果缺乏这一最终结果如何产生的信息，则完全没有理由推断它是否有效率。而且，事实上，除非分析者有能力了解相关个体的精神状态并因而弄清每个人的效用函数，否则根本不可能知道是否有效率。结果是从遵循某种规则的某一过程中形成的，这一事实提供了有关该结果的规范性状态的信息，而通过别的途径是无从知道这一状态的。在这里，规范性意义被赋予结果而不是过程，但是该过程提供了一个检验该结果之性质的标准。

（选自［美］詹姆斯·布坎南《宪政经济学》，冯克利等译）

第二十五讲　产权至关重要

[美]道格拉斯·诺斯

道格拉斯·诺斯（Douglass C. North），1920年出生，历任华盛顿大学经济学教授、剑桥大学庇特美国机构教授、圣路易大学鲁斯法律与自由教授及经济与历史教授，现任华盛顿大学经济系卢斯讲座教授。诺斯通过对近代以来英美经济增长的研究提出结论：经济增长的关键因素不是技术，而是提供适当的个人激励的有效制度，其中确获保障的私人产权制度最为重要。这种研究颠覆了传统增长理论对于技术、资本的迷信。1993年，诺斯因为"运用经济学理论和数量方法进行全新研究以解释经济和制度变迁"而获得诺贝尔经济学奖。诺斯的主要著作有《美国过去的增长与福利》（*Growth and Welfare in the American Past: A New Economic History*, 1966）、《制度变迁与美国经济增长》（*Institutional Change and American Economic Growth,* with L. E. Davis, 1971）、《西方世界的兴起》（*The Rise of the Western World: A New Economic History,* with R. P. Thomas, 1973）、《经济史中的结构和变迁》（*Structure and Change in Economic History*, 1981）。

【编者按：经济学自诞生起就在研究经济增长问题，斯密等人的关注点是制度，但现代学者则把技术创新、规模经济、教育、资本积累等等视为经济增长的动力，很多人把英国工业革命视为英国经济增长的动力。但是，诺斯指出，这些其实是增长本身。增长背后的推动力量，乃是私人产权之清晰界定，及与之配套的一整套法律、政治制度及意识形态。想实现经济增长吗？那就需要私人产权制度，需要法治，需要宪政。】

西方人的富裕是一种新的和独有的现象。在过去几个世纪，西方人已经冲破了赤贫和饥饿困扰的社会束缚，实现了只有相对丰裕才可能达到的生活质量。本书旨在为西方世界的兴起这一独有的历史成就的原因做出解释。

本书的中心论点是一目了然的，那就是有效率的经济组织是经济增长的关键；一个有效率的经济组织在西欧的发展正是西方兴起的原因所在。

有效率的组织需要在制度上做出安排和确立所有权以便造成一种刺激，将个人的经济努力变成私人收益率接近社会收益率[①] 的活动。在后几章我们将提出并运用一种有关的模型，而后描述引起制度变革的参数转换。但是首先我们必须以简化的形式指出达到经济增长的基本条件和考察私人和社会的成本收益的差别。

---

① 私人收益率是经济单位从事一种活动所得的净收入款。社会收益率是社会从这一活动所得的总净收益（正的或负的）。它等于私人收益率加这一活动使社会其他每个人的净收益。——原注

说到经济增长，我们提出人均收入的长期增长。真正的经济增长意味着社会总收入必然比人口增长得更快。另一方面，停滞状态则导致人均收入的非持续的增长，虽然平均收入在时间相当长的周期中可能有升有降。

如果社会上个人没有刺激去从事能引起经济增长的那些活动，便会导致停滞状态。就算社会上个人可能忽略这类实际刺激而进行选择，就算全社会有一些人满意他们现有的地位；然而，偶然经验主义提出大多数人仍宁愿选择较多的物品而不选择较少的物品，并依这一原则行事。经济增长只需要一部分人对它怀有渴求。

我们回过来解释如果一个社会没有经济增长，那是因为没有为经济创新提供刺激。让我们考察一下它的含义。首先我们必须把生产要素（土地、劳动、资本）投入增加引起的收入增长类型分开。这种直接的增长导致全面的（外延性的）增长，但不一定是每人收入的增长。有两种情况可以加速后一种人均收入的增加，我们把这称作经济增长。一方面，人均生产要素的实际数量可能增长。另一方面，一种或几种生产要素的效率增长也可能引起经济增长。这种生产率的增长可以通过规模经济的实现出现，因为生产要素质量改进了（劳动力受到良好的教育，资本体现新技术），不确定性和信息成本造成的市场缺陷减少了，或者由于组织的变革使市场的不完善得以消除。

以往，大多数经济史学家宣称技术变革是西方经济成长的主要原因；诚然欧洲经济的历史是围绕着工业革命而展开的。稍后有一些人强调对人力资本的投资是经济增长的重要原因。近来，有些学者已经开始探讨市场信息成本下降对经济增长的效应。毫无疑问，以上每一种因素都对产量增长有明显作用。所以规模经济建立在市场越大，生产就越大的基础之上。由于上述原因，还由于我们整个关心的是按人口计算的经济增长，所以人口扩张本身也是我们确定经济的“实际”增长需要把握的一个尺度。

前一段反映的这些情况几乎普遍被经济史学家和经济学家在他们

对过去经济成就的判断中当作决定经济增长的因素来看待。然而解释显然存在漏洞。使我们疑惑不解的是：如果经济增长所需要就是投资和创新，为什么有些社会具备了这种条件却没有如意的结局呢？

我们认为，答案使我们回到最初的论点上去。我们列出的原因（创新、规模经济、教育、资本积累等）并不是经济增长的原因；它们乃是增长。而本书着眼于引起经济增长的那些原因。除非现行的经济组织是有效率的，否则经济增长不会简单地发生。个人必然受刺激的驱使去从事合乎社会需要的活动。应当设计某种机制使社会收益率和私人收益率近乎相等。私人的收益或成本就是参与任何经济交易的个人的利得或亏损。社会成本收益为影响整个社会的成本收益。私人和社会的收益或成本之间的不一致是指某个第三方不经他们同意会获得某些收益或付出某些成本。每当所有权未予确定限制或没有付诸实施时便会出现这种不一致。如果私人成本超过了私人收益，个人通常不会愿意去从事活动，虽然对社会来说可能有利。本书提到的一些历史上的争论说明每一种情况都与所有权有关。

试举海洋运输和国际贸易为例。航运者不能确定他们的实际位置是海洋运输和国际贸易发展的主要障碍。这需要有两个坐标即纬度和经度的知识。确定纬度的能力较早便具备了，只要测量北极星的顶垂线即可；但在南纬度上北极星隐没在地平线以下。为了寻求替代的方法，葡萄牙的亨利亲王召集了一批数学家，他们发现测定太阳在中天的垂线（当它与太阳斜面重合时）可以产生所需要的关于纬度的知识。不过，测定经度就比较困难了，因为需要一台在远洋期间保持精确度的计时钟。西班牙的菲利普二世为发明这种计时钟悬赏1000金克朗。荷兰把赏金提到10万弗罗林。而英国最后悬出的赏金依天文钟的精确度定为1万—2万英镑不等。这笔奖金一直悬赏到18世纪，最后由约翰·哈里森获得，他为了解决这个问题耗尽了半生精力。精确测定轮船位置给社会带来的收益，按减少了轮船的损失和降低了贸易成本来衡量是巨大的。突破究竟发生得多早，在于有没有所有权来保证发明者收入因节省了轮船和时间而增加（当然他也要承担研究的高成本和发现一项成果的不确定性）。付给数学家报酬和提供奖金是刺激努力出成果的人为办法，而一项专为包括新思想、发明和创新在内的知识所有权而制定的法律则可以提供更为经常的刺激。没有这种所有权，便没有人会为社会利益而拿私人财产冒险。

说到实施所有权的方法，也可以举海洋运输的例子加以说明。在几个世纪里，海盗和私人武装是令人憎厌的，而且只有它们普遍从贸易中得到好处。海盗的威胁提高了贸易成本，并缩小了贸易的范围。一个解决的办法是行贿，英国采取那种露骨的办法防止了北非海盗多年在地中海的劫掠。行贿是“有效的”，因为在地中海自由贸易的收入增益总的说来足以超过为使国家境况改善而付出的贿赂，而且这种办法有时比海上保护所费便宜。

另一些国家这时采用护航的办法来保护运输，有的还部署了海上巡逻队。海盗的最终消失则是舰队在国际上实施所有权的结果。

至于制定得不完善的所有权，我们的第三个例子取自近代初期西班牙的土地致策。随着人口的增长，土地日渐匮乏，增进农业效率的社会收益率提高了，但私人收益并没有提高，因为国王早已授予羊主团以其惯用的方式在西班牙放牧他们羊群的专有权。小心准备和种植谷物的地主可能已料到迁移的羊群随时会吃掉或践踏坏他的庄稼。在这种情况下形式上的所有者并不享有对其土地的专有权。

这些实例可能会给好奇的读者带来许多疑问而不是做出解答。为什么社会不早些发明对知识财产的所有权？为什么听任海盗发展？西班牙国王为什么不废除羊主团的特权？为什么不允许无条件继承地（feesimple[①]）享有完全的土地所有权？

在头一个例子中出现了两个可能的答案。要么想不出办法让船主把他从海上安全度提高中所得到的收益付给发明者（一种“技术上”

① 不限定继承人的继承身份的土地。只有当承租人绝嗣没有继承人时，土地才交回领主。

的限制），要么便是其时收集信息的成本超过了一项潜在发明预期带来的收益。因为每个人都不想为贿赂做出贡献，而只希望从别人的贡献中受益。

这时我们发现了两个普遍的原因，解释了历史上所有权为什么不曾演进到使个人收益与社会收益相等的地步。(1) 可能缺乏技术阻止“白搭车”或强迫第三方承担他对交易成本的份额。例如，使单个陆路商人免遭隐蔽在俯瞰商路的城堡里的领主劫掠所花的费用，最初使行贿或交纳通行税比试图防止它们发生要便宜，但是火药和火炮的出现最后使这种堡垒变得易受攻击，从而降低了实施这些所有权的费用。这对今天也是合适的。技术问题使发展和实施在思想、发明和创新方面的所有权以及在像水和空气等某些自然资源上的所有权出现类似的困难，因而要付出很高的代价。为了使个人收益接近社会收益，保密、报酬、奖金、版权和专利法在不同的时代被发明出来；但使局外人不得受益的技术直到今天仍一直是代价很高和不完善的。(2) 对任何团体和个人来说，创造和实施所有权的费用可能超过收益。以上列举的都是很恰当的例子。海盗和武装私掠者造成的亏损可能比护航的成本或海军进攻的成本要少。类似的是，在废除羊主团的特权、建立土地的私有权和按其收入规定税款方面，西班牙国王面临的不仅仅是最终岁入的不确定性，而且是重新组织和收集的已知成本超过了从事这些改革的收益。

如果随所有权而来的专有和实施可以免费得到保证，即无须交易费用，那么达到经济增长确实是简单的。每个人都会得到收益或会承担其行为的费用。如果为增加产量进行的新技术、新方法及组织改善方面的创新将费用强加给了其他人，那么创新者应该确实也必须补偿损失者。如果他可以做到这一点而境况仍然不错，这便是真正的社会改善。不过一旦我们回到实际交易成本的现实世界，实现经济增长的问题便更复杂了。而且当我们认识到在一组所有权创造之初与所有权一旦确立后制度运行之间不可避免要出现调整时，经济增长问题就更为不确定。所有权始终置于一个社会的制度结构之内，新所有权的创造需要新的制度安排，确定和说明经济单位可以协作和竞争的方式。

我们应当特别对这些制度注意，这些制度安排能够使经济单位实现规模经济（股份公司、企业），鼓励创新（奖金、专利法），提高要素市场的效率（圈地、汇票、废除农奴），或者减少市场的不完善（保险公司）。这类制度安排起到了提高效率的作用。有的制度安排无须改变现行所有权便可以创造出来，有的包括在新所有权的创造过程之中；有的制度安排由政府完成，有的则是自发组织起来的。

建立组织，无论是政府的还是民间自愿的，都需要实际费用。费用的多寡往往直接与必须参加协议的人数有关。在自发组织的情况下，退股也是自愿的；但如果是政府组织的，退股只能由政治单位外的移民来完成。就是说，一个股份公司的入股者如果与公司的政策不合，他可以卖掉他的股份另组新股份公司；但是，如果他与其他人一道通过分区条例，他的财产可以派作的用途便受到限制，只要他拥有那份财产，他便不能随意提取其款项，否则就得变更法律——而这本身是一桩要付出代价的事情。

考虑到这种实际费用，除非创建新的制度安排所带来的私人收益可能超过成本，否则新的制度安排是不会提出的。我们应马上指出这一公式的两个重要方面：（1）设计新的制度安排需要时间、思想和努力（即它是有代价的），但是由于人们可以模仿新的制度形式而不补偿设计新的制度措施的那些个人，因而在私人和社会的收益和成本方面会有重大差距；（2）政府的方案需要承担为坚持未来决定而增加的费用，就是说撤销费用高于自愿组织的费用。为了不致误解以上这两点，我们将进一步讨论政府及其在经济组织中的作用。

作为一种基本上近似的办法，我们可以把政府简单看成是一种提供保护和公正而收取税金作为回报的组织。即我们雇政府建立和实施所有权。虽然我们可以设想自愿的组织可以在有限范围内保护所有权，但是很难想象没有政府权威而可以推广这种所有权的实施。其理由不妨试想一下。自从游牧生活让位于农业定居以来，人们已找到两种方法来获取产品和劳务。一种是生产它们，另一种是从别人那里把它们偷来。在后一种情况下，强制是财富和收入再分配的一种手段。在抢劫者的威胁下，产品和劳务的生产者做出的反应是对军事防御投资。但是，构筑堡垒和征募士兵随即便带来“白搭车”的幽灵。既然堡垒和军队几乎不可能保护某些村民而不保护所有的村民，因此对每个人都有利的是让他的邻人出资，如果愿意捐助的话。于是，防卫作为公共产品[①]的典型例子，包括一个排除第三方受益的问题。最有效的解决办法过去是并继续是确立政府权威和向一切受益者征税。

公正和实行所有权不过是政府提供的公共产品的又一范例。一个有秩序的社会的必要条件集中体现为一组成文的或不成文的竞赛规则。庄园的习俗（我们将在中世纪社会那部分考察）仅以惯例流行；成文的规章是晚近才发展起来的。而历史上的这类安排，上自最初的形态（在这种形态下专制统治者占优势），下至诸如 1787 年在费城创立的那种明确划分权力的详尽无遗的宪法。这些基本的制度由于提供了以具体的或辅助性的制度安排（一个社会的特别法、规章习俗），从而减少了不确定性。

总之，我们应当看到，政府能够确定和实行所有权，费用低于自愿团体的费用；还要看到随着市场的扩大，这些收益会更为显著。因此，便有一种刺激（除“白搭车”问题外）促使自愿团体用岁入（税金）来交换政府对所有权的严格规定和实施。

不过不能保证说政府会认为保护增进效率的所有权（即经济活动的私人收益率相对于社会收益率提高），与反对可能完全阻挠经济增长的业已受到保护的所有权，同样对其有利。我们已经在西班牙的羊主团一例中看出了这种情况。作为一种比较，君主在出售可能阻挠创新和要素流动（从而阻挠经济增长）的专有的垄断权时会得到短期利益，因为

① 公共产品是一种一旦生产出来人民便不可能不享受的产品。例如，如果保护一个村庄，就不能不把所有的村民都保护起来。了解了这一点，每个村民都极力逃避为村寨防卫出钱，这种情况被认为是“白搭车”问题。——原注

他直接从这种出售中所得的岁入多于从其他来源所得岁入——即经济结构重组的交易费用将超过直接收益。我们将在第八章探讨这一问题的历史方面，因为欧洲经济在封建制度让位后所取得的成功依民族国家的财政政策与所有权的关系而有所不同。因此我们要首先考察税收结构初期（13—15 世纪）的逐渐演变，因为民族国家的起源及其紧迫的财政困境被认为都是在那几个世纪形成的。

让我们把以上内容总结一下。如果产品增长比人口增长快，则会出现经济增长。在人的行为方式的描述性假设为既定的情况下，如果所有权使从事社会生产性活动成为合算的，便会出现经济增长。这种所有权的创立、规定和实施是有代价的，在一定程度上受技术和组织状况的影响。当私人收益的潜在增长超过交易费用时，便会为建立这种所有权进行种种尝试。政府承担对所有权的保护和实施，因为它为此付出的成本低于私人自愿团体所付的成本。不过，政府的财政要求可能导致对某些不是促进增长而是阻碍增长的所有权的保护；因此我们不能担保一定会出现生产性的制度安排。

我们还要回答所有权为什么不能恰好在确立的那个时点上盈利，而只能稍后证明在经济上是合理的。显然，从发展新的制度和所有权中获得的收益必然相对于费用增加，所以创新是有盈利的。因此，对影响收益成本关系的那些参数进行分析对于我们的研究就变得至为重要了。导致制度创新这一西方社会兴起原因的主要参数变动乃是人口增长。让我们考察一下它在历史上是怎样起作用的。

（选自 [美] 道格拉斯 · 诺斯、罗伯斯 · 托马斯《西方世界的兴起》，厉以宁、蔡磊译）

第二十六讲　市场创造资源

[美]朱利安·西蒙

朱利安·西蒙（Julian L. Simon，1932—1998），1961年获哈佛大学企业经济学博士学位，曾任马里兰大学商业管理教授。他的里程碑式著作是《终极资源》（*The Ultimate Resource*, 1981）。他的核心观念是：自然资源的供应是没有极限的，因为它们是由人的智力创造出来的，永远是可再生的资源。他从自由市场角度研究人口与移民问题，并得出结论：人口从来都不是问题，相反是经济增长的动力。移民对于移入国的收益远远大于其代价。他在这方面的著作包括《人口增长经济学》（*The Economics of Population Growth*, 1977）、《美国移民的经济后果》（*The Economic Consequences of Immigration to the U.S.*，1989）等。他是"自由市场环保主义"（free-market environmentalism）的创始人之一。

【编者按：一直有人在谈论资源匮乏，谈论木材、石油、土地、水、煤炭等等资源将会被工业化耗尽，政府也以此为理由出台了种种政策，管制市场。西蒙则提出：资源是无限的。但是，这个断言有一个预设，即自由市场机制正常运转。在这种情况下，价格信号就会引导人们调整供需，创造新知识，从而创造出更多资源。】

本章力求说明自然资源的供应在任何一种经济意义上说都是无限的，这也就回答了为什么自然资源的成本将持续下降。

从表面看，问自然资源是否有限，都会被认为是荒唐可笑的。人人都“知道”资源是有限的。这种信念使许多人对世界经济和人类文明的前途得出了意义深远的结论。一个突出的例子就是“增长的极限”派，他们在该书 1974 年版的前言中是这样谈论极限问题的：大多数人都承认地球是有限的……一般来说，决策者设想，为了实现“增长”和处理今天的问题，所需要的资源不足，这就把明天的问题提到了人们面前……然而，近来人们对于人口增长的后果、环境污染的加重以及矿产资源的枯竭感到担忧，这就给继续增长是可能的和有效的这一信念涂上了怀疑的色彩。

资源供应是有限的这一思想，其影响如此广泛深远，以至于 1972 年总统的“人口增长及美国前景委员会”完全以这一假设作为其政策建议的基础。该委员会在他们的一份报告的开头问道：“我们这个国家依靠什么？向何处去？在将来某个时候，地球将容纳不下更多的人，美国也是如此……积极参与在全世界范围内探索美好的生活既是恰当的，也是符合我们的最大利益的。这种生活必须包括我们人口数量的最终稳定。”

自然资源供应是有限的这一假设应对许多科学预测家的失误负责，因为他们的结论完全来自这一假设。又是这个“增长的极限”派在谈到食物时说：“世界模式是基于这样一种假设的，即按世界农业体系，每年能够生产的食物总数有一个上限。”

现在，让我们先举一个非现实的例子来看看不同的可能性，从而证明关于自然资源短缺日趋缓和的理论。假设在一个岛上仅有一个人 *A*，同时有一处铜矿。如果 *A* 今年制作了大量的铜锅和铜器皿，那么明年想要获得铜原料就更困难了。如果 *A* 不断使用这个矿，那么他的儿子 *B* 将更不容易获得铜。

再循环会改变这种状况。如果 *A* 决定在第二年制造新铜器取代旧铜器，对他来说获得必要的铜比第一年更容易，因为他可以利用旧铜器的铜而无须开采很多新矿。如果 *A* 要增添的新铜器一年比一年少，可供他循环使用的铜的比例就会逐年增加。这就意味着，尽管铜器的总数增加了，但仅仅是由于再循环这一条，就使 *A* 为取得铜所花费的成本逐年下降。

但是，让我们暂时“保守”一点，不去理睬再循环的可能。现在是另外一种景象：岛上有两个人，*A* 和 *G*，对他们每个人来说，铜就比只有一个人的时候少了，除非他们通过共同努力，设计出一种更为复杂却更加有效的采矿办法。他们也许会成功。新的发现有可能降低铜的成本，但仍然将高于只有一个人的时期。*A* 和 *G* 还可能有别的办法，他们也许会发明更好的挖掘工具；他们也可能找到新的材料来代替铜。

产生新发明的原因，或者是将过去发现的新想法付诸实施，其原因就是铜的“短缺”；也就是说，是由于取得铜的成本增加了。铜的短缺导致了采取补救办法。这种相辅相成构成了自然资源供应和使用方面的关键进程，贯穿整个历史。

发现一种改进了的采矿方法或者一种代用品，在一定意义上会对后世产生影响，但与发现一个新矿不同。甚至在发现新矿之后，平均成本将仍然比较高。也就是说，如果铜从未被大量使用并引起短缺，铜的成本会更低。但是，铜的短缺使得人们改善采矿方法，并寻找代用品，这就会降低铜的成本。

问题的关键在于，发现的替代过程或替代产品能永远造福后代，而发明者本人不可能从自己的新发现中得到全部好处。我们现在仍然从我们的祖先几千年前发明的炼铁技术中受益。这种对后人有益的事例就是经济学家所说的前人活动成果的“外在化”，换句话说，前人发现的成果对他们自己不产生直接的影响。

因此，对 *A* 和 *G* 来说，如果铜的成本不增加，可能就不会迫使他们改善采矿方法和发现代用品；如果成本真的上升了，他们也许会努力发现新矿源或新方法。新的发现并不见得会使成本立即急剧下降，*A* 和 *G* 的处境可能仍然不妙，但他们的后代就会由于他们饱尝成本上升及资源短缺之苦而生活得更好。

这些事情的前因后果说明了，尽管几千年来人们一直在使用（铜）锅，同时把铜用于其他目的，但不论以什么标准来衡量，今天铜锅的成本比千百年前要便宜得多。

极为重要的是应承认发现新的方法和代用品并非靠运气。它们是为应付“短缺”而产生的。甚至在新方法和代用品发现之后，直到由于成本上升而使它们为社会需要之前，这些新方法、新产品可能并不投入使用。有一点很重要：短缺和技术进步并不是竞争中互不相关的对手，而是相互影响的。

美国政府最近的一次资源调查是在 1952 年，这是由总统的“物资政策委员会”组织进行的。该委员会的报告在逻辑上有若干正确之处，但对随后 25 年的预测恰恰是错误的。报告说：没有完全满意的办法来衡量物资的长期真正成本。但是，由于生产技术的改革以及每个工人大量使用能源和资本装备，单位产量所需要的劳动小时自 1900 至 1940 年大大下降了。这种真正成本的长期下降，反映在与总的价格水平有关的各类物资价格下降的趋势之中。但是，从 1940 年起需求增长了。资源减少了，其后果是迫使真正的成本上升，有出现战时物资短缺的危险，有极大的可能使生活水平停滞或下降。

然而，在该委员会所预测的15年内，成本是下降而不是上升了。有两个原因使该委员会的预测出了毛病。了解这些原因可以使我们避免犯同样的错误。

第一个原因是把“资源是有限的”这一概念和技术停滞不前作为出发点进行分析。他们认为，在100年以前，资源似乎是无限的，改善生活条件的斗争就是创造出工具和方法使物资可以为人所用。迄今为止这种工作是过分顺利了。问题的实质可能会过分简单地表达为：几乎所有的物资的消费都在以极快的速度增长，因而对资源的压力越来越大，而资源并不能出现类似的增长。

第二个原因是该委员会夸大和曲解了某些事实。他们的报告过分强调1940至1950年期间的成本趋势。这一时期包括第二次世界大战，因而成本上升几乎是不可避免的。该委员会也知道自1900至1940年单位产量所需要的劳动小时减少了，但它过分强调了前者而忽视了后者。

我们不应当重复这样的错误。我们必须考察尽可能长时期的成本趋势，而不是只注意历史的瞬间。1973年以后，由于石油输出国组织提高油价而引起一切资源价格上涨，在我们看来与1940至1950年战时一样，都是暂时性的。长期的趋势表明，资源的生产成本由于我们收入的增长和技术的进步而继续下降。

作为经济学家或消费者，我们感兴趣的不仅是资源本身，而且是资源所提供的某种效用，比如，导电的性能，承重的性能，发动汽车和发电机的能源，以及食物的卡路里等等。

资源提供某种效用取决于：

1. 按现有的技术，使用什么原料能够提供这种效用；
2. 这类原料在不同数量的情况下是否易于得到；
3. 开采和加工这些原料的成本；
4. 以现有的技术水平，提供这种效用所需要的原料数量；
5. 以前开采的原料可以再循环的程度；

6．再循环的成本；

7．运输原料和服务的成本；

8．社会和机构的有效措施。

与我们有关的，并不是能否从现有的矿里找到原料（比如说铅），而是能否以合理的价格得到铅电池所提供的效用。问题也不在于实现这种效用用的是再生铅或永生电池，还是别的什么新鲜玩意儿。同样的道理，我们要的是洲际电话和电视联络，只要能做到这一点，我们并不在乎需要的是10万吨铜线，还是根本不用铜的仅重四分之一吨的太空通讯卫星。

让我们看一下这个“提供效用”的概念对于理解自然资源和经济具有何等重要的意义。我们还是回到煮饭锅的例子上来。人们感兴趣的是能放在火上煮东西的器皿。自从发现了铁和铝之后，令人极为满意的煮饭锅可能是用这两种材料做的，其性能也许优于铜锅。我们关心的是提供炊事效用的成本而不是铜的成本。可以设想，如果铜只能用来做锅，而铁能非常令人满意地达到同样目的，那么，只要我们有廉价的铁，铜的成本高上天都无所谓。事实上原料本身的价格及其所提供的效用的价格多年来下降了。

总之，从实际和哲学的角度来看，“有限”这个词用在自然资源上不仅是不合适的，而且显然是错误的。世界上有许多重要的争论，关于“有限”这个词的争论“仅仅是语义学的”，而有关资源短缺的语义学争论搅乱了公众的讨论，并导致了错误的决策。

“有限”这个词源于数学。对其内容，我们所知道的与小学生一样多。但是，即使是在数学中，这个词的含义也绝非含糊不清。它有两个主要意思，有时两者之间是互相矛盾的。例如，一段一英寸长的线，它受到两个终端的限制，在这个意义上讲它是有限的。但在两个端点之间包含着无限的点，这些点是不计其数的，因为没有规定的度量尺度。因此，在一英寸这段线内的点是无限的。同样的道理，我们将能获得的铜的数量也是无限的，因为没有一种方法对铜做出恰当的度量，即使是大体上衡量一下也不可能。由于“铜”的经济定义，以及制取铜的可能性或用其他物质创造出在经济上对应物的可能性等等因素，对于可以获得的铜资源就缺乏一种界限。

能源预测家塞尔登·兰伯特说，“不知道坛子有多大就想猜测里面有多少豆子”，“只有上帝才知道坛子的大小，甚至连他都未必真的知道”。兰伯特当然是在说笑话。但是说有人可能知道坛子有多大，这是欺人之谜，因为这意味着知道有标准尺寸的豆子的固定数量。我们可以得到的自然资源的数量，以及更为重要的这种资源可能向我们提供的效用，是永远不可知的，即使从大体上讲也是如此。这跟一英寸线内的点是不可数的道理一样。即使坛子的大小是固定的，也许会倒出更多的豆子。因此，不论从哪种意义上来说，资源也不是“有限”的。

关于自然资源的数量或我们现在知道资源所能提供的效用令人满意的定义，只能是对决策有用的定义。这个定义必须告诉我们在未来某一年，按一定的价格，根据我们可望知道的其他情况（如这一年之前资源使用情况），所能获得的资源量。

我们为什么对“有限”这个词如此着迷呢？这是一个心理学、教育和哲学上的有趣问题：

第一个原因大概是“有限”这个词看上去在任何情况下都具有毫不含糊的确切含义，尽管事实并非如此。

第二，我们是在数学的范围内懂得这个词的。数学的命题是反复下定义，从而可以从逻辑上表明其真伪（至少在原则上是如此）。数学不是普通意义上的科学，因为它除了本身的要素之外不与事实打交道。因此，像“有限”这个词，其数学含义与其他方面的含义不同。

第三，我们日常生活中大部分需要做出的决定是可数的，如每周或每月的工资、罐里的汽油有多少加仑、后院的宽度、去年或明年发出的贺年片的张数。既然这些都是有限的，那为什么将来可能的薪金总额，将来可能有的油罐里的汽油，或者打算寄出的贺年片等等就不该也是有限的呢？尽管这种类比是有吸引力的，但却是不正确的。正是由于使用了这种错误的类比，才使我们误用了“有限”这个词。

第四个原因是我们不能确切地说出有关资源体系的实际界限在何处，甚至说不出是否存在这样的界限。对于*A*来说，他早先的界限就是岛的海岸线。但他后来又发现了别的岛。人类为了寻找资源走得就更远了，最后到了大陆的边缘，后来又到另一个大陆。原先欧洲人局限在欧洲，亚洲人局限在亚洲，当美洲被开发时，世界一下子扩大了。各个时期都发生过相应的资源体系界限的变动。每一次，在这个界限内关于“极限”的老概念以及“资源是有限的”结论，因此统统被证明是没有根据的。现在我们已开始探索海洋，这里所蕴藏的金属和其他资源数量，与我们知道的陆地储量相比，简直是大巫见小巫。现在我们已经开始探索月球，为什么我们取得资源的界限不会像以前那样继续扩展呢？这是在原则上不把资源当作是“有限”的又一条理由。

不过，人们或许会问：那些“不能再生”的能源资源如石油、煤炭和天然气等，是否因为它们与可以重复使用的金属不同，因而上述理论对它们就不适用了呢？能源由于是“主要资源”而特别重要，能源在控制其他资源的可得性方面是个关键。即使如此，我们的能源供应也是无限的，石油就是一个重要的例证。(1) 一种特定的石油潜力很可能是可以测量的，因而是有限的（尽管随着我们采用新的办法开采难以得到的石油，一个油井的经济能力会增长）。但是，最终能产油的油井数和产油总量现在不知道，也无法测算，而且可能永远如此，因而石油就不是有限的。(2) 即使我们作这样一种不现实的假设，即地球上的潜在油井数可以全部调查清楚，以及按现在的技术（甚至可以按在今后100年内不断发展的技术）所能开采的石油数量有一个合理的估计，我们还得计算页岩油和油沙油将来可能的产量，而这是一个困难的任务。(3) 现在假定这两种油的潜在产量也是可以算出来的，我们还得计算煤转化成石油的数量，这也许能做到。然而我们仍不能认为最终的数量是“有限的”。(4) 也许我们可以不从矿物而是从新的植物中提取石油，比如棕桐油、豆油等。显然这些资源不存在限量的问题。这还不包括太阳能。“有限”这一概念在这里同样是没有意义的。(5) 如果我们允许用核能和太阳能来代替石油，因为我们真正需要的是石油提供的效用而不是石油本身，那么，“有限”这个概念就更没有什么意义了。(6) 当然，太阳最终可能毁灭。但是，即使太阳并不像它本身所显示的那样浩瀚无量，很可能在别的什么地方还存在太阳。

有些人提出资源最终是有限的这一论断，看来与能源关系最密切。但是，实际上这恰恰更加荒谬。当人们说矿产资源是“有限的”，他们总是指在地球这个界限之内。即所谓的“地球宇宙飞船”，在这里我们显然受到了限制，就像宇航员局限于宇宙飞船一样。但是，不管人们是怎么想的，即使在目前，我们的主要能源来源是太阳。这就远远超出了太阳是形成石油和煤炭的首先源泉这一事实。太阳也是食物和具有多种用途的树木中能源的源泉。在未来的年代，太阳能可能在世界许多地方被用来取暖烧水。一旦传统能源的供应价格比现在高出很多（按现在的技术，这种事情不大可能发生），我们可以更多地使用太阳能来满足需要。甚至将来地球上如果连核能也消耗殆尽（这种前景是如此遥远，以至于我们现在讨论完全是浪费时间），在别的行星上还有能源资源。因此，认为由于地球上的矿物燃料和核燃料是有限的，因而能源供应就是有限的，这完全是胡说八道。

所有这些能源究竟有没有尽头，也就是说在太阳和其他行星消耗完了之后，能源供应是否有限，这是一个纯属假设的问题，简直就像是计算能有多少天使在一个笔尖上跳舞。只要我们继续从太阳获得能源，任何关于能源最终是否“有限”的结论都与当前的决策无关。

还有人说，利润递减即使现在没有出现，但总有一天会出现，也就是开采矿产资源的成本最终必然上升。

幸亏没有迫使成本最终上升的“规律”。这种所谓利润递减的原则大概适用于这种情况，即一个因素的数量方面是固定不变的，而且技术类型也是固定不变的。但是这两点都不适用于长时期矿产开采。发现新矿，同时降低成本的新的开采技术每一天都在取得进展。因此，在长期内，成本是升是降，既取决于技术发展的程度，也取决于新矿的发现在多大程度上抵消未发现新矿之前成本上升的趋势。从历史上看，成本是持续下降而不是上升。这是我们已经看到的事实。而且并没有理由认为在最近的将来历史的趋势会反其道而行之。所以，在这里不存在利润递减的“规律”。

我冒险地做这样的概括：在经济生活中常常有小规模的利润下降，而利润增加却是大规模的。比如，从一口油井采出石油，将使随后的开采成本逐渐上升。但从所有的油井开采石油，最终将使整个能源成本下降。其部分原因就在于石油用于经济增长，而经济增长了就有更大的能力发展廉价的能源。另外的原因是当总体供应受到重大影响时，人们受到鼓励去发现新的能源资源。最终，新的资源证明比原来的更为便宜。

（选自［美］朱利安·西蒙《没有极限的增长》，
黄江南、朱磊明译）

第二十七讲　市场和自由

[印]阿玛蒂亚·森

阿玛蒂亚·森（Amartya Sen），1933年出生于印度，他在印度完成大学学业后入剑桥大学深造，毕业后任教于伦敦经济学院、牛津大学、哈佛大学，目前担任剑桥大学三一学院院长。1998年，因为在饥荒、人的发展理论、福利经济学、贫困背后的机理及政治自由主义等方面的研究而获得诺贝尔经济学奖。他的研究融合了哲学与经济学，尤其是在经济学研究中恢复了伦理的维度。其主要著作有《论经济不平等》（*On Economic Inequality*, 1973）、《贫困与饥荒》（*Poverty and Famines:An Essay on Entitlement and Deprivation*, 1981）、《以自由看待发展》（*Development as Freedom*, 1999）等。他认为：自由既是发展的工具，更是发展的目的。他的一个著名观点是：民主能够避免饥荒。

【编者按：为什么市场更好？现代经济学家普遍倾向于效率的论证，阿玛蒂亚·森则说，这种论证说对了一部分，更为重要的是，市场本身就意味着人的相当大部分自由，生产、生活、交易的自由。限制这些，干预市场，甚至实行计划经济，就令人丧失这些自由，即使实现了经济高速增长，也不可取。】

市场机制的作用是我们需要重申某些古老遗产的另一个论题。市场机制与自由的关系，以及由此产生的与经济发展的关系，提出了至少两个相当不同的问题，需要清楚地加以区分。首先，通过任意制定限制而否定人们从事交易的机会，本身就可以是不自由的一个源泉。在这种情况下，人们被禁止去做可以认为——在没有强有力的理由表明并非如此的情况下——是在他们权利范围之内的事情。这一点并不依赖市场机制的效率，或者对有无市场机制会产生的后果的详尽分析，它只是表明了无阻碍地进行交换和交易的自由的重要性。

必须把肯定市场机制的这一观点与现在非常流行的第二种观点区分开来，那就是：市场通常增加收入和财富以及人们拥有的经济机会。任意地限制市场机制，通过丧失市场所产生的后果性效应，可导致自由的减少。当不允许人们得到市场所提供并支持的经济机会和有利的后果时，其结果就是一种剥夺。

必须把以上两种肯定市场机制的观点——都与实质性自由的视角有关——区分开来。在当代经济学文献中，后者基于市场机制的有效运作及其有利的后果，几乎吸引了全部注意力。这一观点，一般来说，当然是很有说服力的。有许多经验事实说明，市场体系可以成为经济快速增长和生活标准提高的发动机。限制市场机会的政策可以造成限制实质自由扩展的后果，而这种扩展本来是可以通过市场体系，主要是通过由它产生的全面经济繁荣而获得的。但这也并不否定市场有时候会产生副作用（如亚当·斯密所指出的，特别是论及控制金融市场的需要时）。对于在什么情况下需要管制，已有认真的论证。但是，总的来说，在今天市场体系的正面作用比仅仅几十年前得到了更为广泛的承认。

然而，运用市场机制的这种理由，与认为人们本来就拥有权利去进行交易和交换的观点是完全不同的。即使这种权利不被认为是不可侵犯的——这与它们的后果完全无关——仍然可以有理由认为，否定人们互相之间经济交往的权利会产生某种社会损失。如果一种交易的后果对其他的人真的是非常糟糕，以至于可推翻允许人们随其所愿地进行交易的初始假定并对人们的交易权利进行合理的限制，哪怕在这种情况下，施加这种限制仍然会导致某种直接的损失（即使这个直接损失低于由交易对**其他人**产生的间接损失）。

经济学专业一直趋于偏离对自由的关注，转而聚焦于效用、收入和财富。虽然很难指责经济学作为一个专业没有足够地赞扬市场机制，但视角的缩小确实导致了对市场机制全面作用理解的欠缺。问题不在于赞扬的数量，而在于赞扬的理由。

举例来说，经济学中熟知的观点是：竞争市场能够达到中央集权体制不可能达到的那种效率，原因在于对信息的经济利用（每个参与市场的人无须知道太多的东西）和动力的相容性（每个人的精明行动能够恰好与其他人的行动融合）。现在来考察与通常所做的假定相反的情况，即在一个完全集中控制的体制中，所有有关生产和配置的决策都由一个独裁者做出，假定能导致相同的经济成果。这是否就是完全一样好的成果呢？

不难看出，在这种情况下缺少了某种东西，那就是人们按其意愿采取行动来决定在哪儿工作、生产什么、消费什么等等的自由。即使在这两种情况下（分别是自由选择和服从独裁者的命令），一个人按同样的方式、生产同样的商品，最后得到同样的收入而且购买同样的物品，这个人还是会有很好的理由偏好自由选择，而不是服从命令。这里存在一个区别，即“最终成果”（那就是，只看最后的结果，不看如何达到那里的过程，包括对自由的行使）和“综合成果”（注意导致最终成果的过程）的区别——我在别处曾试图更充分地分析这一区别的中心意义。市场体系的优点绝非仅仅在于它以更高效率产生最终成果的能力。

赞同市场的经济学把视角从自由转到效用是付出了一定代价才取得的：对自由的中心价值本身的忽视。希克斯（John Hicks），20 世纪中居领导地位的经济学家之一，虽然他自己更偏向于效用视角而不是自由视角，但在讨论这一论题时令人赞叹地、明晰地指出了问题所在：

> 古典经济学家（亚当·斯密或李嘉图）的那些自由或不干预原则，并不首先是经济学原则；它们是被认为适用于远为广阔的领域的原则在经济学的应用。经济自由造就经济效率的论点中只提供了次要的佐证。……我疑惑的是，我们是否有理由忘记，就像我们大多数人已完全忘记的那样，这一观点的反面。

联系到有关发展的文献通常把产生更高收入、更多消费品和其他最终成果放在优先位置的状况，在经济发展领域中讨论这一论点似乎有点古僻深奥。但是它绝非如此。在许多经济类型中，发展过程的最大成果之一便是用自由的劳动契约和不受限制的人身迁移制度，来取代人身依附性劳工和强制性劳工体制，这尤其体现在部分以传统农业社会为主的地区。以自由为基础的视角会马上注意到这个问题，而这是仅仅聚焦于最终成果的评价系统所不可能做到的。

这个问题可以用这是围绕在废奴之前美国南部奴隶劳工体制性质的论战来说明。福格尔（Robert Fogel）和恩格曼（Stanley Engerman）在这一领域所做的经典性研究（*Time on the Cross: The Economics of American Negro Slavery*）中，有一项令人瞩目的发现，即奴隶拥有相对较高的“货币收入”（关于这本著作的某些问题的争论并没有严重损害这个发现）。奴隶以实物计量的消费高于——肯定不低于——自由农业工人的收入。奴隶的寿命期望值相对来说也不是特别低——“几乎等同于法国和荷兰那样的发达国家”的寿命期望值，而且“远远高于美国和欧洲自由的城市工业工人”的寿命期望值。但是，黑奴还是逃跑，而且有极充分的理由相信，这种奴隶制度并没有很好地顾及奴隶的利益。事实上，在奴隶制废止之后，庄园主试图召回奴隶，使他们继续按奴隶的方式工作（特别是按作业组在工头带领、监督下劳动）但获取更高的工资，却未能成功。

> 奴隶获得自由之后，很多庄园主试图在付工资的基础上重组他们的作业组。尽管事实上向这些自由人提供的工资超过他们当奴隶时所得的百分之百。但是这种努力总是失败。庄园主发现，只要他们被剥夺了使用暴力的权力，就算给予额外工资也不可能维持那种作业组制度。

就业的自由以及工作中的自由的重要性，是理解这里所涉及的评值的关键。

事实上，马克思反对前资本主义劳动关系的不自由和对资本主义的肯定性评论与这个问题完全相关，它还导致马克思把美国内战概括为“现代史上的唯一重大事件”。的确，以市场为基础的自由对分析人身依附性劳动（在许多国家是常见的）以及由它转变到自由的契约劳动是有中心意义的。马克思学派的分析常与以自由而非效用为重的自由至上主义的分析相接近，这就是例子之一。

例如，拉马钱德兰（V. K. Ramachandran）在关于印度从人身依附性劳动到工资劳动的转变的一项重要研究中，为说明这一问题，以印度南部农村发生的事为例提供了一个很好的佐证：

马克思区分了（以艾欧斯特 [Jon Elster] 所使用的术语来表达）资本主义下工人的形式自由（formal freedom）与前资本主义制度下工人的真实不自由（real unfreedom）："工人改换雇主的自由使他有了在更早的生产方式中不曾有过的自由。"对农业中雇佣劳动的发展的研究从另一个视角来看也是重要的。一个社会中工人的自由延伸到出卖他们的劳动力是他们的自由的扩展，而那是一个社会的状态是否良好的一个重要测度。

奴役劳动和人身依附结合起来，在许多前资本主义农业中产生了一种特别牢固的不自由形式。从以自由看待发展的观点出发，能使我们有一个直接的路径来看待这个问题，它不再依赖于其他前提，如证明劳动市场也提高了农业生产力——虽然这本身也是一个严肃的问题，但它与契约和就业的自由是很不相同的问题。

围绕童工这个令人难受的问题的一些论战也关系到自由选择的问题。最恶劣的违反童工劳工标准的情况，通常来自一些底层家庭，这些家庭的儿童往往沦为实际上的奴隶，被迫从事剥削性雇佣劳动（而不是享受自由和可能去上学）。这一直接的自由问题是童工这个痛苦问题的不可分割的一部分。

（选自［印度］阿玛蒂亚·森《以自由看待发展》，任赜、于真译）

第二十八讲　市场是穷人的朋友

[秘] 赫尔南多·德·索托

赫尔南多·德·索托（Hernando de Soto），秘鲁经济学家；1941年出生在秘鲁，1948年随家人流亡到欧洲，在瑞士接受教育；后成为经济学家，在一些国际组织任职；曾担任秘鲁总统藤森的私人代表和首席顾问。目前，他是设在利马的自由与民主研究院（Institute for Liberty and Democracy）院长。该院被《经济学人》杂志视为全球最重要的两个智囊机构之一。德·索托最重要的贡献在于对"非正规经济"的研究。他唤醒人们注意，穷人其实是企业家，政府给他们最大的帮助莫过于承认他们中间所形成的产权。他进行了大量实证研究，由此写作出两本重要著作：《另一条道路》（*The Other Path: The Economic Answer to Terrorism*, 1986），《资本的秘密》（*The Mystery of Capital: Why Capitalism Triumphs in the West and Fails Everywhere Else*, 2000）。

【编者按：穷人其实不是穷人，他们拥有很多财富，问题仅仅在于，由于政治与法律的缺陷，穷人的这些财富没有获得合法地位，不能获得充分保护，因而难以变成资本。德·索托的政策建议是，决策者应当关注到经济的这一领域，把非正规经济的产权合法化。】

人类迷失在知识的信息海洋之中。

——T. S. 艾略特：《摇滚乐的合唱》

试想有这样一个国家——无人能确认谁拥有什么事物；住址不能方便地得到核实；人们欠债不还；资源无法方便地转化成货币；所有权无法分割成股份；对资产的描述没有一定的标准，而且不能轻松地进行比较；邻里之间，甚至街区之间管理财产的标准都有所不同。想到这些，你就已经把自己置身于一个发展中国家了。更准确地说，你已经想象出了那些国家中80%的人口的生活。正如南非的种族隔离制度把白人和黑人分开一样，他们和那些已经西方化的特权人士具有显著的区别。

和西方人经常想象的不一样，这80%的人口的命运并非彻底绝望无助。事实上，尽管这些人表面上很贫困，而且恰好生活在不同的政治制度中，他们所拥有的资产却多得让任何人都无法理解。不过，他们的资产却没有得到表述，无法产生附加值。当你迈步走出尼罗河希尔顿大酒店的大门，你身后不是一个充满传真机、制冰机、电视机和抗生素的高科技世界；但是，开罗人，包括许多在你看来相当贫穷的人，全都拥有这些物品。

在你身后的世界里，财产所有权可以合法地进行交易——借助于你的努力和资产，其中各种制度会使你获得第三方的利益。那些甚至连抵押物和能产生附加值的记账地址都没有的开罗人可能会富有得让你瞠目结舌。在开罗城外，一些最贫穷的人生活在被称为“死城”的古墓区。但事实上，差不多全部开罗人如同第三世界国家里的几乎所有人一样，都生活在一个死城之中——僵化的资本之城。在这里，资产无法像在发达国家那样得到最充分的利用。

要理解这一点，你需要再次运用你的想象力。这次，你要让你的思绪回到 200 多年以前，回到美利坚合众国从蛮荒之中创造出一个社会的年代。美国不仅从英国继承了极为复杂的土地法案，而且还继承了一个庞大的、相互重叠的土地转让体制。同一英亩土地可能是英国王室转让给某人的一大片土地中的一块，而另一个人声称这块地是他从一个印第安部落手里买来的，第三个人则是用奴隶从州议会换得这块土地——但这三个人中也许没人真的亲眼看到过这块土地。与此同时，这个国家到处都是移民。他们不等政府赋予他们相应的权利，早早地就在边界线上定居、耕田、修建房屋、转让土地、建立信用。这就是属于拓荒者和“野蛮西部”的年代。称之为“野蛮”的一个理由就是，这些移民（大多数只不过是不合法居民）“坚持认为，是他们的劳动而不是什么正式的书面所有权文件或是随意划定的边界线，才为土地带来了价值并建立起了固定的所有权”[①]。他们认为，如果他们占有了土地，并且修建起房屋和农场，使土地得以增值，这块土地就应该属于他们。但是，联邦政府和州政府不这么认为，官员们派军队来烧掉农场、摧毁建筑物。移民们予以还击。当士兵们离开之后，移民们又重建家园，继续勉强维持他们的生活。

美国历史上的这种情况就相当于第三世界国家的现实状况。美国和其他西方国家非常成功地把穷人纳入了他们的经济体制，但他们现在已经忘记了当时是如何做到这一点的，也忘记了使他们如此富裕的资本是

① 皮萨尼：《美国西部的水、土地和法律：1850—1920 年公共政策的局限性》，第 52 页。

如何创造出来的——那时，巴黎和格拉斯哥就像今天的利马和雅加达一样，充满了茅屋和村舍工业；儿童们在成堆的垃圾上玩耍；乔治·华盛顿则抱怨“匪徒”们侵入了他的农庄，并在那里不合法定居。

在 1950 年以前，还处在农业社会的大多数第三世界国家会让欧洲人觉得像回到 18 世纪的故乡一样。大多数人从事土地耕种，而土地则归极少数大地主所有。这些地主有的属于土生土长的寡头政权阶层，其余的则是殖民种植园园主。城市很小，都是作为市场中心而不是工业中心存在。占据着城市的是少数商业特权人士，他们用厚厚的规定和章程来保护自己的利益。

突如其来的革命

1950 年之后，第三世界爆发了一场经济革命。这场革命类似于 1800 年欧洲的社会和经济崩溃。新机器的应用减少了对农村劳动力的需要，新型药品和公共健康措施降低了婴幼儿的死亡率并延长了人的寿命。很快，成百上千的人沿着新建成的高速公路，来到被新的广播节目描绘得充满了诱惑力的城市。

城市人口开始急速上升。从 1950 到 1988 年，大城市太子港[①] 的人口从 14 万增加到了 155 万；到 1998 年为止，城市人口数字迫近 200 万。这些人中差不多有三分之二居住在城市贫民窟里。早在 1973 年，在人口涌入城市的最高峰到来之前，专家们就已经对城市中新定居人口的激增深感绝望。一位城市规划专家写道：“城市似乎正在解体。不知为何，城市里到处都是不加控制的建筑；下水道无法排出雨水，每天都发生堵塞。人口集中的地区根本没有基础卫生设施……德萨利恩[②] 大街

① 拉美国家海地的首都。

② 德萨利恩（1758—1806），海地皇帝，原为法属殖民地黑奴，1804 年以总督名义宣布海地独立并称帝。海地首都太子港的主要大街遂以他的名字命名。

的人行道完全被小商贩占据……这个城市已经变得无法居住。”[①]

几乎没人曾预料到这场人们生活和工作方式上的重大转变。时下，关于“发展”的流行理论试图把现代化引入农村，认为农民们根本不应该到城市里来寻找20世纪。但不管怎样，成百万上千万的人还是不断进入城市。这些新来乍到的移民面临着日益增长的敌意和对抗，还撞上了无法渗透的法律之墙，阻止他们合法地开展社会和经济活动。他们很难得到住房，很难进入正规的商业领域或找到一份合法的工作。

对取得合法地位的阻碍

为了从城市新移民的角度了解生活的艰难状况，我和我的研究小组在大多数新移民定居的利马郊区开办了一家小型服装加工作坊。我们的目标是创立一家完全合法的新企业。研究小组的人员开始填写表格、排队、坐公共汽车到利马市中心，领取根据法律文书规定在秘鲁经营一家小企业所需的全部证明文件。他们每天花6个小时从事这项工作，最终在289天之后把企业登记注册下来。尽管这家作坊只需一名工人就可以经营，办理法律注册登记却花费了1231美元——是工人最低月薪的31倍。为了得到在国有土地上建造房屋的法律许可证，我们用了6年11个月的时间——需要在52间政府办公室里履行207道行政手续。另外，我们的研究还表明，私营公共汽车、小公共汽车和出租车的司机们为了得到官方对其营运线路的认可，要面对长达26个月的官僚作风。

我的研究小组还在其他国家里，在当地同事的帮助下，重复了相同的实验。种种阻碍不比在秘鲁小，甚至往往更令人畏缩。在菲律宾，如果某人在国有或私有的城市土地上的定居点内盖起一幢住宅，他必须和邻居们组成一个协会，证明他符合国家房屋金融计划的要求，才能把住

① 建筑家、城市规划专家艾伯特·曼戈尼斯发表在《联合》杂志上的评论，1973年1—3月第119期，第11页。——原注

宅合法地买下来。整个过程包括168道手续，要同53个公共和私有机构打交道——或者说要花13—25年的时间。这还要假定国家房屋金融计划有足够的资金。但是，如果这幢住宅恰巧位于还被认为是“农业地区”的土地上，他还要再越过额外的一些阻碍，把这块土地转为城市用地——这意味着申请时间增加两年，要在13个部门里再完成45道官僚程序。

在埃及，人们想在国有沙漠上得到一块土地并合法登记下来，至少必须辗转经历31个公共和私有机构里的77道官僚程序，这要用去5—14年的时间。在前农业用地上建造合法的住宅需要同官僚主义周旋6—14年或者更长的时间。正是基于这个原因，470万埃及人选择了非法建造住宅。如果某个定居者在房屋造好之后想当一名守法公民，并买下房屋的所有权，他就要冒房屋被拆除、缴付高额罚金、被判长达10年监禁的风险。

在海地，普通公民在政府土地上合法定居的方法之一是，首先向政府租借这块地5年，然后把土地买下来。我们的研究人员和海地的同事发现，为了得到此类政府租地，要完成65道官僚手续——平均需要两年多的时间，这还仅仅是为了得到租地5年的特权。购买土地需要应付另外111道关口——这还需12年的时间。在海地获得合法土地的全部时间是19年。然而，为了把财产合法化而花费的这些时间和艰苦的努力还不能保证这些财产一直保持合法地位。

事实上，在我们调查过的每一个国家里，我们都发现，保持合法地位和取得合法地位几乎同样艰难。不可避免会出现的结果是：移民们没有违反法律，法律却背叛了他们——他们于是选择放弃法律制度。1976年，在委内瑞拉工作的人中有三分之二受雇于合法创建起来的企业；今天，这个比例不到一半。30年前，巴西超过三分之二的新建房屋用于出租。今天，如果你看一下官方记录，你会看到仅有大约3%的新建房屋是出租房。这个市场“跑”到什么地方了呢？跑到了城市中不受法律管辖的棚户地区。棚户区处于高度规范化的正规经济活动之外，根据市场的供需关系进行运作。棚户区没有租金限价，租金用美元支付，不付房租的房客会被立刻驱逐出去。

这些城市新移民一旦放弃法律制度，就变成了我所说的“不合法居民”。他们唯一的选择就是在官方法律之外生活、工作，他们制定出属于他们自己的、有约束力的非正规协议来保护和利用他们的资产。这些非正规协议来源于有选择地从官方法律系统借鉴而来的法令、特殊的临时章程、从原籍带来的或在当地形成的惯例。他们被“社会契约”凝聚在一起；这一“社会契约”受到整个社区的支持，由居民们选举出来的权威人士或机构加以执行。这些不合法的社会契约已经创造出一个生机勃勃但资本不足的社会部门，也创造出了穷人世界的中心。

资本不足的社会部门

尽管移民们被迫变成了法律之外的难民，他们几乎并没有游手好闲地陷于失业状态。在整个第三世界国家里，资本不足的社会部门中充满了艰苦的工作和大量无与伦比的独创性。

街边小屋工业四处崛起，制造出各类物品——从服装、鞋类到卡蒂亚手表和路易威登皮包的仿制品。加工车间里能建造和改装机械、轿车乃至公共汽车。新的城市贫民已经创造出了完整的工业体系和居民区，但不得不偷偷地与电力公司和供水公司连接在一起才能运转。甚至还有无照补牙的牙医。这并非只是一个“穷帮穷”的故事。这些新兴企业家同时正在弥补正统经济中的空白。在许多发展中国家，未经官方认可的公共汽车、小公共汽车和出租车占公共交通的大多数。在第三世界的其他地方，住在棚户里和来自资本不足的社会部门的小商贩在街头的汽车里，或者在他们自建房屋的货摊上，提供了市场上的大部分食品。

1993 年，墨西哥商会估计，仅在联邦区（墨西哥城）就有 15 万个街头商贩摊位，在其他 43 个中心地区还有 29.3 万个。如果这项调查中所说的墨西哥城的街头商贩把他们的摊位一个挨一个地排在人行道上，中间不留一丝空隙，其长度会超过 210 公里（130 英里）。成千上万名非正规社会部门的成员走出家门，在路边，在没有登记注册的商店、办公室和工厂里工作。1994年，墨西哥国家统计署曾尝试统计全国范围内非正规“微型企业”的总数，结果为265万个。

这都是资本不足的社会部门中经济生活的真实事例。在某些国家，你甚至可能会看到更为复杂的、未经登记在案的活动：从生产计算机硬件、软件，到制造销往国外的喷气式战斗机。

当然，俄罗斯和海地、菲律宾这样的第三世界国家的历史完全不同。然而，自从苏联解体以来，俄罗斯一直在滑向在发展中国家里很普遍的非正规所有权模式。1995年，《商业周刊》报道说：俄罗斯“1000万农民中仅有28万人拥有他们自己的土地”。另一篇报道则描绘了一幅人们所熟悉的第三世界的景象：“在苏联，土地的私有权、使用权和转让权没有恰当地划分，显然得不到法律的保护；而用于保护土地所有权的市场经济机制尚处于发展初期，因为国家本身还在继续在不属于它的土地上无限制地行使权力。”[①] 根据电力消耗估计，1989—1994年，在苏联的加盟共和国，非官方生产活动已经从生产总量的12%上升到了37%。有些人认为这个比例还会更高。

对于生活在西方国家之外的人来说，所有这些都不是新闻。你只要打开窗户或者从机场搭出租车到酒店，就会看到：城市的周边挤满了房屋，成群结队的商贩在大街上兜售物品，从汽车修理厂大门后能匆匆地瞥一眼忙乱的车间，破破烂烂的公共汽车在污秽的街道上来来往往。不合法现象就像发达国家里的黑市、贫困和失业一样，经常被看作“次要”问题。不合法的世界通常被认为是歹徒肆虐的地区，其中的种种罪恶，除了警察、玛格丽特·米德[②] 之类的人类学家和特蕾莎嬷嬷[③] 之类的圣徒

① 小伦纳德·J. 罗尔夫斯：《俄国土地私有权的斗争》，载《今日经济改革》杂志1996年第1期。——原注

② 玛格丽特·米德（1901—1978），美国人类学家、探险家、作家和教师，到过南太平洋各地，后在美国自然历史博物馆工作，出版多部人类学著作，是使公众了解人类学知识的启蒙者。

③ 特蕾莎嬷嬷（1910—1997），著名世界慈善活动家，长期在第三世界国家从事慈善活动。

以外，谁都不感兴趣。

但事实上，在第三世界国家，合法与否才是次要问题；不遵守法律已经变成了社会准则。穷人们控制了庞大的房地产和国民生产。那些国际代理机构催促它们的顾问到城市的体面街区中，到流光溢彩的玻璃大厦里和当地的“私有部门”会晤。实际上，它们只是在和一小部分企业家进行交流。第三世界国家中的真正经济权威是回收垃圾的小贩、电器制造商和大厦下面的街道上的非法建筑公司。第三世界国家政府唯一的现实选择是，要么着手把这些资源融进一个有秩序的、连贯一致的法律框架中，要么继续生活在无政府状态中，尽力和凌驾于官方法律之上的“法律”展开竞争。

僵化的资本有多少？

在过去 10 年里，我的研究小组在当地见识广博的专业人士的大力支持下，对 5 个第三世界国家的城市进行了调查——开罗、利马、马尼拉、墨西哥城和太子港，想估量一下被歧视性法律摒弃于资本经济之外的人们拥有多少财富。为了使我们的调查结果更加可信，我们把注意力放在最真实、最容易发现的资产——房地产上。

销售食品或鞋类、修理汽车或者制作假冒的卡蒂亚手表——这些活动难以量化，甚至更难以估量其价值。与之不同的是，建筑物不可能被隐藏起来。同样能起到帮助作用的是，我们能够简单地通过调查建筑材料的成本和观察建筑物的销售价格，来确定建筑物的价值。我们用了几千个工作日，一个街区一个街区地清点建筑物的数量。在得到授权的地方，我们公布了在每个国家里所得到的结果，让人们公开地研讨和评论。我们和当地人一起合作，对我们采用的方法和所得到的结果反复进行了检测。

我们发现，有多少道法律上的障碍，人们在资本不足的部门内就有多少种建造房屋的形式。大多数人立即会想到的例子就是那些建在国有土地上的棚户。但是，我们的研究人员发现，他们还会用更富有创造力的方法来回避房地产法令。例如，在秘鲁，人们组成农业合作社，从土地的前任所有者手中买下土地，然后把它转化成居民区和工业区。因为没有简便的法律方法来改变土地所有权，国有农业合作社里的农民会非法地把土地分成小块，由私人拥有。结果，几乎无人对土地拥有有效的所有权。在太子港，甚至在非常昂贵的财产易手时，也不会有人去费力地通知登记处——如果这样做，结果肯定是把事情无望地积压在那里。在马尼拉，在仅仅划作工业用地的土地上，住宅楼拔地而起。在开罗，早先四层公共住房的居民在楼顶上非法地加盖三层公寓，然后把公寓卖给亲友和刚从农村迁来的移民。还是在开罗，公寓的租金在 20 世纪 50 年代初期就已冻结在现在每年不到 1 美元的价格上；公寓的合法承租人把房屋分隔成小型公寓，然后以市场价格出租。

有些住宅从出现的第一天起就不受法律支配，是违反各种法律建造起来的。其他的建筑物——例如，太子港的房屋、开罗的租金限价公寓——都起源于法律制度，然后随着保持其合法地位变得代价太高、太复杂而难以遵守，才退到了法律制度之外。不管怎样，在我们调查过的城市里，几乎每一处住房都以某种方式脱离了合法的框架——脱离了本可以向他们提供创造资本所需的表述和制度的法律。也许某人手中还存有房契或某种记录，但这些资产真正的所有权地位已经从官方登记系统中流失，剩下的只是过时的记录和图纸。其结果就是，大多数人所拥有的资产从商业角度和财务角度来讲都是无形的。

什么人拥有什么，在什么地方，什么人负责履行义务，什么人对损失和欺骗行为负责，什么样的体制可以用于执行对服务费用和货款的支付——没人真正了解这些情况。因此，这些国家中的大多数潜在资产没有得到确认或了解，资本数量少得可怜，经济交流受到限制，经济落后，发展缓慢。

这就是发展中国家里资本不足的社会部门的状况。其景象令人震惊，完全不同于对发展中世界的常规想象。但大多数人就生活在这个资本不足的地区里；资产的所有权难以查证，也不受法律所公认的一整套规定的管理；资产本身潜在的有价值的经济属性没有得到描述和组织；

资产无法通过多重交易来换取剩余价值，因为有太多的误解、混淆、协议变更和错误的记忆；不稳定性和不确定性所造成的代价太高，无法利用资产来获得更高额的价值。资产全变成了僵化的资本。

这些僵化的资本价值几何？

每个发展中国家的街头都有堆积如山的僵化资本。根据我们的计算，在菲律宾，57%的城市居民和67%的乡村居民的住房都是僵化的资本。在秘鲁，53%的城市居民和81%的农村人口都居住在不受法律控制的住宅区。

海地和埃及的统计数字更富有戏剧性。还是根据我们的调查，在海地，68%的城市居民和97%的农村居民的住宅没有明确的所有权证明。在埃及，变成僵化资本的房屋为92%的城市居民和83%的农村人口提供了栖身之处。

根据西方标准，多数这些住宅单个来看并不值多少钱。太子港的一间棚屋仅值500美元，马尼拉污染的航道旁的小屋仅值2700美元，开罗城外小镇上的一幢相当大的房子只值5000美元左右，利马周围山上的一处带车库和大型落地窗的高档平房也仅仅价值2万美元。但正如我们所看到的那样，这类住宅数量很多，它们的总体价值明显超过了富人的全部财富。

在海地，城市和农村里所有权不明的房地产总值为52亿美元左右。从总体来看，这个数字比海地所有合法经营的公司的全部资产价值大4倍，比政府拥有的全部资产价值大9倍，比到1995年为止海地历史上所接受的外国直接投资总额大158倍。

海地是否是个例外情况呢？它毕竟曾是法属美洲殖民地的一部分，孤零零地位于美洲大陆上，由于杜瓦利埃[①] 政权才推迟了其系统化的法

① 杜瓦利埃（1907—1971），1957—1971年任海地总统，实行独裁统治。他死后，他的儿子继续实行独裁统治，1986年被推翻。

律制度的创立。

有这个可能。那我们考虑一下秘鲁。秘鲁是一个融合了西班牙文化和印加文化的美洲国家，和海地相比，秘鲁具有完全不同的传统和种族结构。在秘鲁，城市和农村里没有正式所有权的房地产总值达 740 亿美元，比利马股票市场在 1998 年暴跌之前的总值大 5 倍，比有可能私有化的国有企业和设施的价值大 11 倍，是有历史记载以来外国在秘鲁所有直接投资总额的 14 倍。

你可能会反驳说，秘鲁的正统经济也曾受到古代印加帝国传统的阻碍，或者受到了西班牙殖民者腐败的影响，还有同激进组织圣得罗阵线之间的战争的影响。

很好，那我们看一下菲律宾。菲律宾是美国在亚洲的前被保护国。其国内所有权不明的房地产价值逾 1330 亿美元，是在菲律宾股票市场上市的 216 家国内公司资本总额的 4 倍，比全国商业银行存款总量大 7 倍，比国有企业的全部资本大 9 倍，是外国直接投资总额的 14 倍。

但菲律宾也可能是一个反常的例子，它的情况受到了基督教在这块前西班牙殖民地上的发展的影响。如果是这样，那我们看一下埃及的情况。根据我们和埃及同事所做的计算，埃及房地产上的僵化资本价值 2400 亿美元左右，是开罗股票市场上所有股票总值的 30 倍，是外国直接投资总额（包括苏伊士运河和阿斯旺大坝）的 55 倍。

撇开这些国家遭遇的种种不利因素和缺乏明确的所有权制度不谈，在我们所调查过的每一个国家里，穷人所拥有的企业家智慧也已经创造出了巨大的财富——这些财富恰好也是目前用于发展的潜在资本的最大来源。这些资产不仅仅大于政府所拥有的资产、当地的股票市场价值和外国直接投资，而且比来自发达国家的所有援助和世界银行提供的贷款大许多倍。

当我们把从四个国家调查得来的数据推广到整个第三世界国家的时候，结果甚至会更加令人震惊。我们推算出，在第三世界国家，大约 85%的城市土地不能用于创造资本。我们估计，其 40%—53%的农村土地也是僵化的资本。把所有这些资产加在一起，其结果必然是一个粗略的数字。但我们相信，我们的估计已经尽可能地精确了，而且还相当保守。

根据我们的计算，在第三世界国家，穷人所掌握但并不合法拥有的房地产的总值至少有 9.3 万亿美元。

9.3 万亿美元！这是一个值得推敲一会儿（和试图理解）的数字。9.3 万亿美元大约是美国流通中货币量的 2 倍，几乎是世界上 20 个最发达国家的主要股票市场里的全部上市公司（包括纽约股市、东京股市、伦敦股市、法兰克福股市、多伦多股市、巴黎股市、米兰股市、纳斯达克和其他十多个股票市场）的总值，是自 1989 年之后的 10 年间，所有第三世界国家所接受的外国直接投资总额的 20 多倍，是世界银行在过去 30 年里贷款总额的 46 倍，也是自那时起所有发达国家对第三世界的发展援助总额的 93 倍。

风水宝地

西方人听到“国际化的贫穷”这个词的时候，很容易想到睡在加尔各答街头的贫穷的乞丐和在沙漠上嗷嗷待哺的非洲儿童的画面。这些画面当然是真实的。的确，地球上正有几百万同胞需要我们的帮助，也值得我们帮助。然而，关于第三世界最肮脏的一面的描述并不是其最准确的写照；事实上，这种描述完全不能接受，因为它把人们的注意力从那些小企业家历尽艰辛所取得的成就上转移开去。那些小企业家们已经战胜了每一个能想象得出的障碍，创造出他们所处的社会中较大的财富。

第三世界国家里的人民——以及他们的困难和潜力——的最真实情况是，男男女女辛辛苦苦地进行储蓄，为自己和孩子建造住房，建立起没人以为他们能建成的企业。我痛恨把这些企业家描绘成全球化贫穷问题的根源所在的说法。

他们不是问题的根源，而是问题的解决方法。

美国内战后，一位名叫鲁塞·康维尔的演说家往返于美国各地，传播一则激发起百万美国民众的寓言。他讲述了一个印度商人的故事：有位预言家对这个商人说，只要他去寻宝，他肯定会富有得超出任何想象。这个商人走遍了世界各地，结果只是老迈、忧伤、一事无成地回到家乡。他重新走进被他遗弃的家门，想喝口水。但是，井已经被淤泥填满了。他疲惫不堪地拿出铁锹，挖了一口新井，立刻就发现了戈尔康达[①]——世界上最大的金刚石矿。

康维尔的故事在100多年后的今天，对第三世界国家还是很有帮助：它们的领导人不需要花大量时间在各国的外交部长之间和国际金融组织的大门前徘徊，以寻求财富。回到它们最贫穷的社区和棚户区的家里，就算那里没有风水宝地，只要能揭开如何把资产转化成活的资本的奥秘，那里也会有上万亿的美元可以投入使用。

（选自［秘鲁］赫尔南多·德·索托《资本的秘密》，王晓冬译）

① 印度南部的一个古都，曾以出产金刚石而著称。

选文书目

《十三经注疏》，[清] 阮元校刻，中华书局（2009）

《老子道德经注》，[魏] 王弼注，中华书局（2011）

《史记》（三家注本），中华书局（1975）

《蜜蜂的寓言——私人的恶德，公众的利益》，[荷] 伯纳德 · 曼德维尔著，肖聿译，中国社会科学出版社（2002）

《道德情操论》，[英] 亚当 · 斯密著，蒋自强等译，商务印书馆（1997）

《国民财富的性质和原因的研究》，[英] 亚当 · 斯密著，王亚南、郭大力译，商务印书馆（1974）

《人口原理》，[英] 托马斯 · 马尔萨斯著，朱泱、胡企林、朱和中译，商务印书馆（1992）

《政治经济学及赋税原理》，[英] 大卫 · 李嘉图著，周洁译，华夏出版社（2005）

《和谐经济论》，[法] 弗里德里克 · 巴斯夏著，许明龙等译，中国社会科学出版社（1995）

《国民经济学原理》，[奥] 卡尔 · 门格尔著，刘絜傲译，上海人民出版社（2001）

《资本实证论》，[奥] 欧根 · 冯庞巴维克著，陈端译，商务印书馆（1997）

《人的行为：经济学研论》，[奥] 路德维希 · 冯 · 米塞斯著，夏道平译，台湾银行经济研究室（1976）

《经济发展理论——对于利润、资本、信贷、利息和经济周期的考察》，[奥] 约瑟夫 · 熊彼特著，何畏等译，商务印书馆（2000）

《自由的逻辑》，[匈] 迈克尔 · 波兰尼著，冯银江、李雪茹译，吉林人民出版社（2002）

《哈耶克与古典自由主义》，[美] 拉齐恩 · 萨丽等著，秋风译，贵州人民出版社（2003）

《个人主义与经济秩序》，[英] 弗里德里希 · 冯 · 哈耶克著，邓正来译，生活 · 读书 · 新知三联书店（2003）

《法、立法与自由》，[英] 弗里德里希 · 冯 · 哈耶克著，邓正来译，中国大百科全书出版社（2000）

《致命的自负》，[英] 弗里德里希 · 冯 · 哈耶克著，冯克利、胡晋等译，中国社会科学出版社（2000）

《论生产的制度结构》，[英] 罗纳德 · 科斯著，陈郁、盛洪等译，上海三联书店（1994）

《人民与国家——管制经济学论文集》，[美] 乔治 · 斯蒂格勒著，吴惠林等译，远流出版事业股份有限公司（1991）

《自由选择：个人声明》，[美] 米尔顿· 弗里德曼著，胡骑等译，商务印书馆（1998）

《宪政经济学》，[美] 詹姆斯 · 布坎南著，冯克利等译，中国社会科学出版社（2004）

《西方世界的兴起》，[美] 道格拉斯· 诺斯，罗伯斯· 托马斯著，厉以宁、蔡磊译，华夏出版社（1999）

《没有极限的增长》，[美] 朱利安 · 西蒙著，黄江南、朱磊明译，四川人民出版社（1985）

《以自由看待发展》，[印] 阿玛蒂亚 · 森著，任赜、于真译，中国人民大学出版社（2002）

《资本的秘密》，[秘] 赫尔南多· 德· 索托著；王晓冬译，江苏人民出版社（2005）